베트남
　　베트남 사람들

Customs, Character and Habits of the Vietnamese plus Business Etiquette

Copyright ⓒ2000 by Vu Son Thuy
Korean Translation Copyright ⓒ2002 Daewonsa Publishing Co.
Korean translation edition is published by arrangement with
Mr. Vu Son Thuy. All rights reserved.

이 책의 한국어판 저작권은 저자와 독점 계약한 '대원사' 에 있습니다.
저작권법에 의해 한국 내에서 보호를 받는 저작물이므로 무단 전재나 복제를 금합니다.

베트남 언론인의
생생한 현지 리포트

베트남 베트남 사람들

부썬투이 지음　배양수 옮김

대원사

저자 서문

1986년 베트남은 내부적으로 도이머이를 그리고 1991년에는 외부에 대한 문호개방을 선언했습니다. 그 뒤로 수백만 명의 외국인이 사업, 연구, 학업 그리고 관광을 위해 찾아왔습니다. 그중에는 약 50만 명 이상의 한국인 기업가, 학자, 학생 그리고 관광객이 있었습니다. 베트남인과 같이 무언가를 할 계획이 있다면, 한국인을 포함한 외국인들은 베트남인들의 일상적인 관습을 이해할 필요가 있습니다. 관습을 알기 위해서는 그들의 성격을 알아야 합니다. 성격을 이해하기 위해서는 베트남 풍속을 알아야 합니다. 간단히 말해서 베트남에서 성공하고 베트남인과 비즈니스를 효과적으로 하기 위해서는 이들의 풍속과 성격 그리고 관습을 알 필요가 있습니다.

유감스럽게도 지금까지는 베트남어로 베트남에서 출판된 몇 권의 책을 제외하고는 위와 같은 문제에 관해 쓰여진 책이 없었습니다. 사실 영어와 불어로 된 베트남 관련 서적이 있기는 합니다. 그런데 불어는 읽을 수 있는 사람이 한정돼 있습니다. 현재 영어로 쓰여진 베트남 관련 서적은 약 1,000권 정도가 있습니다. 그 가운데 95%는 베트남 전쟁과 군대와 관련된 것입니다. 약 4% 정도는 정치, 경제 그리고 관광안내 서적입니다. 문화 관련 서적은 약 1% 정도 되는데, 베트남인의 성격과 관습에 대해서 언급한 책은 한 권도 없습니다. 베트남 문화에 대해 쓰여진 영어 책들은 열 손가락으로 헤아릴 정도입니다. 또 이러한 책들의 대부분은 베트남 문화에 대한 초보적인 소개 수준이며, 주로 사진이 대부분을 차지하고 글의 내용 역시 빈약합니다. 또한 베트남 풍속에 대한 책도 없습니다. 베트남 풍속은 베트남 문화 관련 서적의 말미에 요약 소개되어 있을 따름입니다. 요약하면, 현재까지 베트남 관련자들을 위해 베트남 문화를 심도 있게 소개한 책이 없었습니다. 그리고 베트남인의 풍속과 성격에 대한 책은 더욱 없습니다.

한국에서도 베트남 관련 서적은 수요에 비해서 아주 적습니다. 이것은 한국과 베트남이 외교관계를 맺은 지 얼마 안 되고 그로 인해서 이제 서로를 연구하기 시작했다는 점에서 이해할 수 있는 일입니다. 현재 한국에는 베트남의 정치, 경제, 관광 및 문화를 소개하는 책이 몇 권 있습니다만 베트남 문화에 관련된 책은, 더욱이 베트남인의 풍속, 성격과 관습에 관한 책은 없습니다. 현재 약 7,000명의 한국인이 베트남에 있고, 2만 명의 베트남인이 한국에서 일하고 있으며, 매년 약 6만 명의 한국인이 베트남을 방문합니다. 또한 2000년에서 2005년 사이에는 약 50만 명의 한국인이 베트남을 방문할 것으로 예상되고 있으며, 그중에 적어도 25% 이상은 베트남인과 베트남 문화에 대한 효과적인 정보를 필요로 하는 사람들입니다.

제가 이 책을 쓴 것은 한국에서 얻기 힘든 베트남에 관한 정보를 일정 부분 채워주고자 하는 것이며, 특히 위에 언급한 사람들의 정보 수요를 충족시키기 위한 것입니다. 이 책은 6장으로 구성되어 있습니다. 1장에서는 베트남의 자연, 사람, 사회, 문화에 대해 개략적으로 살펴보았고 2, 3장에서는 가정과 사회생활에서 볼 수 있는 베트남인의 풍속에 대해 다루었습니다. 그리고 4장에서는 베트남인의 대표적인 성격을, 5장에서는 베트남인의 열 가지 관습에 대해 언급하였습니다. 마지막에는 베트남에서 사업을 원하는 기업인들에게 필요한 안내 자료를 제공하였습니다.

독자 여러분, 특히 기업인과 학자들은 베트남인의 성격과 관습에서 비롯된 여러 풍속으로부터 그들과 어떻게 일을 할 것인지에 이르기까지 체계적으로 접근하는 방법을 찾게 될 것입니다. 다른 독자들께서는 베트남인의 풍속과 성격 그리고 관습이 서로 간에 어떻게 밀접한 관련을 맺고 있는지를 알게 될 것입니다. 베트남에도 베트남인의 관습에 관한 책이 없습니다. 일부 언론에서만 잠깐 다루었을 뿐입니다. 저는 베트남인의 풍속을 살펴보는 것이 베트남을 이해하는 데 가장 효과적이라고 생각하고, 그 과정에서 베트남 공동체의 특성을 찾아보고자 했습니다. 그리고 비즈니스에서 외국인들이 지켜야 할 예절에 대해서는 이미 일부에서 다룬 적이 있습니다만 대부분은 외국인들이었습니다. 기업인들은 이 책을 통해서 베트남인의 눈을 통한 비즈니스 방법을 보게 될 것입니다.

이 책은 제가 한국에서 연구활동을 하는 과정에서 쓰여졌습니다. 저는 한국의 독자 여러분께 이 책을 소개하게 되어 매우 기쁩니다. 이 책은 실제로 베트남인의 풍속과 성격 그리고 관습에 대해서 최초로, 그리고 체계적으로 쓰여진 책입니다. 그것은 또한 베트남어로 된 베트남 문화에 대한 최신 자료이기도 합니다.

 마지막으로 이 책을 번역해주신 부산외국어대학교 베트남어과 배양수 교수님께 감사드립니다. 또 이 책이 나오기까지 도와주신 부산외국어대학교 베트남어과 졸업생 구본석 군, 이미선 양과 고려대학교의 안혜선, 정현엽, 김이영, 김선아, 이명림, 오택섭 님께 감사를 드립니다. 끝으로 이 책에 대해 독자 여러분의 의견 개진과 비평을 받게 되기를 희망하며, 이 책을 출판해준 대원사 사장님과 임직원 여러분께 감사드립니다.

2000년 4월 서울에서
부썬투이(Vu Son Thuy)

| 베트남
| 베트남 사람들 | 차례

저자 서문 · 4

◉ 제1장 | 베트남의 자연과 문화 **11**
   1. 자연   2. 사람   3. 사회   4. 문화

◉ 제2장 | 일상생활 **51**
   1. 음식   2. 의복   3. 학습   4. 일   5. 수면   6. 오락

◉ 제3장 | 사회 풍습 **85**
   1. 가정 내 풍습   2. 사회 풍속

◉ 제4장 | 베트남 사람들 **179**
   1. 공동체 사회   2. 뿌리 깊은 도덕의식
   3. 정감 넘치는 사람들   4. 재치와 사려 깊은 마음씨
   5. 미신과 신앙   6. 다양한 의례와 페스티벌   7. 문학 사랑

◉ 제5장 | 일상의 열 가지 관습 **209**
   1. 토지 숭배   2. 상부상조   3. 끼어들기   4. 손님접대
   5. 가부장제   6. 선물 주고받기   7. 평균주의(균등분할)
   8. 외제 선호   9. 술 마시기   10. 사택 방문

◉ 제6장 | 외국인이 지켜야 할 예절 **229**
   1. 베트남의 외국 기업인   2. 중개인과 파트너 만나기
   3. 합의에 이르는 길   4. 삼각관계(베트남측, 투자자, 유관기관)
   5. 기공식   6. 직원과 노동자의 채용
   7. 동기 부여와 격려   8. 알아 두면 좋은 정보

역자 후기 **254**
참고문헌 **256**
베트남어 찾아보기 **262**

일러두기
1. 베트남의 인명과 지명은 모두 원음에 가깝도록 표기하였다. 다만 우리나라에서 일반적으로 통용되고 있는 것이 원음과 다를 경우에는 통용되는 발음으로 표기하였다.
2. 베트남어의 모든 음절은 붙여쓰기를 하였다. 참고로 베트남어는 음절마다 띄어쓰기를 하고 있다.
3. 찾아보기에서는 본문 가운데 나오는 베트남의 인명과 지명을 원어로 밝혀 두었다. 단 확인되지 않는 경우에는 표기를 생략하였다.
4. 본문에 실린 사진 가운데 저자가 제공한 사진이 아닌 경우에는 사진 출처를 밝혀 두었다.

제1장 베트남의 자연과 문화

제1장 베트남의 자연과 문화

1. 자연

베트남은 동남아시아 대륙에 위치한 국가로, 동경 102° 10′에서 109° 24′, 북위 8° 30′에서 23° 22′까지 걸쳐 있다. 북쪽으로는 중국, 서쪽으로는 라오스와 캄보디아 그리고 남쪽과 동쪽은 태평양과 접하고 있다.

베트남의 육지 부분은 한반도와 유사한 S자형이고, 북에서 남까지 15°의 위선을 지나며 해변의 길이가 3,000km에 이른다. 면적은 33만 991km²이고, 폭이 가장 넓은 곳이 650km, 가장 좁은 곳은 50km이다. 국토의 3/4이 산악이지만 대부분은 낮은 산으로 85%가 해발 1,000m 이하이다. 비록 높은 산이 국토에서 차지하는 비율은 2%로 낮지만 산악의 길이와 높이는 동남아시아에서 견줄 곳이 없다.

동북쪽에는 2,274m의 떠이꼰링봉을 정점으로 활 모양의 석회암 산이 다섯 갈래로 뻗어 있다. 북쪽에는 동남아시아에서 가장 높은 3,143m의 판시판봉을 정점으로 호앙리엔선산맥이 200km 이상 뻗어 있다. 서쪽에는 쯔엉선산맥이 2,000m 내외의 높은 봉우리들과 함께 거의 국토의 끝까지 뻗어 인도차이나반도를 동서로 양분하는 형세이다. 쯔엉선산맥 동쪽

에 베트남이 있는데 아주 경사가 가파르며, 서쪽은 경사가 덜 심하고 라오스와 캄보디아 영토이다. 베트남의 서쪽과 서북쪽은 크고 작은 산과 강, 하천이 중첩되어 둘러싸고 있다.

이러한 지형은 베트남이 산쪽으로 등을 대고 바다쪽으로 얼굴을 내민 모습과 같다. 그러나 역으로, 예로부터 지금까지 베트남인들은 바다쪽으로 등을 대고, 산쪽으로 얼굴을 돌리는 방식으로 행동해왔다. 즉 바다쪽보다는 내륙쪽 개발에 더 힘써왔다. 자세히 살펴보면 이러한 행동방식은 베트남 산맥이 높지 않고 아주 길기 때문에 더 합리적인 것이다. 각 산맥들은 베트남의 기후 형성에 중요한 역할을 한다. 그리고 기후는 예로부터 인간의 행위 형성에 중요한 영향을 끼쳐왔다.

베트남은 완전한 열대 몬순기후 지역에 속하지만 변형된 몬순기후를 갖고 있다. 몬순기후 지역에 속한 나라들은 건기와 우기가 분명히 나타나지만 북부 베트남은 건기가 거의 없다. 베트남의 평균 태양복사열은 100kcal/cm² 이상으로, 태양으로부터 받는 총열량은 연간 1,000℃이고 평균기온 22~27℃를 유지하며, 대양으로부터 수증기를 머금은 바람을 빨아들인다. 바닷바람을 가로막는 세 산맥이 있어 베트남은 강우량이 많은 국가이다. 빙투언으로부터 타잉호아에 이르는 1,500km 이상의 쯔엉선산맥 동쪽 기슭은 강우량이 1,500~4,000mm에 이르고, 이 지역에는 200개 이상의 크고 작은 강이 있다. 남부의 평균강우량은 2,330mm이고, 평균기온은 26.5℃이다. 북부 산악지역의 평균강우량은 3,000mm이고 평야지역은 2,000mm이다. 북부의 연평균기온은 23℃이지만 겨울의 평균기온은 15.5℃이다.

비가 많고 수증기의 증발은 적기 때문에(평균습도가 85~100%), 그 빗

메콩강 지류. 메콩강의 두 개의 지류가 베트남을 지나가는데, 유량이 풍부하여 비옥한 메콩델타를 형성하게 되었다.

물은 10km 이상의 강만도 2,360개나 만들었다.[1] 이러한 강들의 98%가 모두 베트남 영토 내에 있다. 또한 인도차이나반도를 지나는 두 개의 큰 강이 베트남을 통과하여 바다로 흘러간다. 하나는 북쪽의 홍강으로 매년 1,220억m³의 물을 바다로 흘려보내고, 타이빙강과 함께 우리가 흔히 홍하델타라고 부르는 북부 평야지대를 이룬다. 이 평야는 1만 5,000km²의 면적을 갖고 있다. 다른 하나는 메콩강이다. 두 개의 지류가 베트남 영토를 지나며 하구쪽에서는 아홉 개의 지류로 갈라지기 때문에 구룡강이라고 부른다. 유량(流量)이 1조 4천억m³에 이르고, 4만km²의 비옥한 메콩델타를 형성했다. 오늘날 메콩강의 부사토가 이 지역의 영토를 매년 바다쪽으로 70~80m씩 뻗어나가게 하고 있다. 홍하델타와 메콩델타는 먼 옛날 베트남을 수경벼의 고향으로 만들었으며 오늘날에는 세계 3위의 쌀 수출국으로 끌어올렸다. 그러나 중부와 북부 베트남은 바다에 인접한 높은 산맥이 바람을 가로막기 때문에 매년 7, 8차례의 태풍으로 홍수가 발생하여

하노이 근교의 농촌. 도심과 바로 인접한 농촌으로 북부 홍하델타의 논농사 지역이다. 사진 배양수.

인적 물적 피해를 입고 있다.

바다 역시 아주 넓다. 1977년 베트남 정부는 12해리 영해와 200해리의 경제수역 그리고 약 4,000개 섬에 대한 주권을 선포했다. 베트남 바다는 연중 따뜻하다. 북부 바다는 여름에 25℃이고 겨울에는 21℃이다. 중부 바다는 28℃와 25℃이며, 남부 바다는 29℃와 27℃이다. 베트남 바다에는 두 개의 큰 해류가 흐르는데, 하나는 겨울에 활동하며 동북쪽에서 서남쪽으로 흐르고, 다른 하나는 여름에 그 반대로 흐른다.

일조량과 비가 많고 증발은 적어 베트남은 열과 습기가 풍부한 곳이다. 이것은 생물이 자라기에 좋은 조건이다. 이러한 기후 덕분에 베트남 영토에는 대략 1만 2,000종의 야생식물이 있고, 그중 꽃씨식물은 7,000종에 이른다. 식물이 풍부하기 때문에 동물 역시 다양하다. 약 300종의 포유동물과 1,000종의 조류, 290종의 파충류가 있다. 수산물도 6,840종이 있으며 그중에 생선류가 2,200종, 게류가 300종, 새우가 80종 등이 있다.[2]

동남아시아에서 재배되는 270종의 식물 가운데 200종 이상이 재배되는데, 그중에서 가장 중요한 것이 벼이다. 습도가 높고 안정된 기후로 인해 베트남, 특히 메콩델타 지역은 수경벼 재배에 이상적이며 아시아에서 1년 내내 벼를 재배할 수 있는 유일한 지역이다. 1970년대에는 모내기를 하지 않고 벼가 익으면 농민들이 들판에 나가 수확만 하면 되는 야생벼가 있었고, 1980년대까지도 메콩델타의 롱수엔성에는 스스로 자라는 야생벼가 수천 헥타르에서 자라고 있었다.[3] 오늘날에는 태국의 챠오파야평야와 말레이시아 북부 그리고 베트남의 메콩델타가 바로 수경벼의 고향이라는 주장을 뒷받침할 만한 증거들이 많이 있다.

2. 사람

　오늘날의 베트남인은 지금으로부터 50만 년에서 30만 년 전인 신생대 제3기 홍적세 시기에 이곳에서 살았던 사람들의 자손이다. 그러나 오랜 역사 변천단계를 지나오면서 여러 종족이 혼합되었으며, 오늘날 적지 않은 베트남인들이 태국-인도네시아인 유전자와 중국인 유전자라는 양성 유전자를 갖고 있다는 증거가 있다.[4]
　1999년 4월까지 베트남 인구는 54개 종족에 7,600만 명 이상이며, 그중 베트남족(경족)이 90%를 차지하고 있다. 근래 몇 세기 동안에 인구가 아주 빠르게 증가했는데, 특히 20세기 들어 3배로 증가했다. 서기 초에는 약 100만 명 정도였고, 18세기에는 600만 명, 20세기 중반에는 3,100만 명, 50년이 지난 후에 7,600만 명이 된 것이다. 인구는 전국에 걸쳐 비교적 고르 베트남 소수종족. 베트남에는 54개 종족이 있으며 그중에 경족이 90%를 차지한다.

게 분포되어 있지만 홍하델타에 많이 집중되어 있다.

가장 큰 도시는 호치민으로 약 500만 명이 살고 있고 그 뒤를 이어 하노이가 약 300만 명이다. 하이퐁은 200만, 다낭은 약 50만 명 정도이다. 근래에 들어 10년마다 인구조사를 하는데, 1970년대와 1980년대는 인구증가율이 3.4%이던 것이 1990년대 말에는 1.7%로 둔화되었다.

베트남어는 베트남의 공식 언어로 경족 전부와 약 200만 명의 해외동포가 사용한다. 베트남어는 북부, 중부, 남부의 방언이 있고 비엣-므엉 어군에 속한다. 비엣-므엉 어군에 속하는 언어는 비엣어, 므엉어, 쯧어, 토어가 있다. 비엣-므엉 어군은 아시아의 4개 주언어계의 하나인 오스트로-아시아틱(austro-asiatic) 어계의 몬-크메르(Mon-Khmer) 소어계에 속한다.

비엣-므엉 어군 외에도 베트남에는 50개 종족의 7개 어군이 있다. 중국과의 문화교류 과정을 통해서 베트남어는 많은 한자를 유입했고, 현재까지 베트남어 어휘의 1/3 이상이 한자에 근원을 두고 있다. 오늘날의 베트남어는 성조를 제외하면 라틴 알파벳과 유사하고 문법도 거의 유럽 언어에 가깝다. 그러나 현재 많은 언어학자들은 서구 문법의 원형을 베끼고, 심지어 초·중등학교에서 유럽식 문법만 가르치고 있어 베트남어의 혼을 점점 잃고 있다고 경고한다. 현재까지 베트남은 한자의 영향을 받은 국가 중에서 유일하게 문자를 라틴화한 나라이다. 이것은 서양과의 문화 교류 및 베트남 사회의 현대화에 유리하게 작용하고 있다.

3. 사회

역사

많은 증거들이 베트남이 인류의 발상지라는 것을 보여준다. 베트남의 선사시대는 지금부터 약 30만 년 전에 시작되었다. 고고학적 증거는 초기 신석기 문화 즉, 지금부터 1만 7,000년에서 1만 2,000년 전에 베트남에 선비 문화가 존재했다는 것과 1만 1,000년에서 8,000년 전에 호아빙 문화가 존재했다는 것을 분명히 보여주고 있다.

고고학자들은 여러 증거를 가지고, 이 두 문화에 이어 초기 청동기 문화인 풍응웬 문화(기원전 4,000~기원전 2,000년)와 초기 철기 문화인 동선 문화(기원전 2,000~기원전 700년)가 홍하델타에 출현했다고 확인하고 있다. 동시에 중부지역의 사후잉 문화(기원전 2,000~기원전 300년)와 남부지역의 동나이 문화(기원전 30만 년) 유적들을 찾아냈다. 기원전 1세기경에는 북부지역이 중국의 속국이 되고, 중부지역에는 참파왕국(2~15

세기)이 존재했으며, 남부지역에는 옥-에오 문화의 푸난왕국(1~6세기)이 있었다.

선사시대 베트남 문화

시 대	베트남 문화	연 대
구석기시대	선비(Son Vi) 문화	2만 년 전
신석기시대	호아빙(Hoa Binh) 문화 박선(Bac Son) 문화	1만 년 전
후기 신석기~ 초기 청동기시대	풍응웬(Phung Nguyen) 문화 사후잉(Sa Huynh) 문화	기원전 4,000~기원전 2,000년 기원전 2,000~기원전 300년
청동기~철기시대	동선(Dong Son) 문화	기원전 2,000~기원전 700년

출처 : Truong Huu Quynh c/b. 1998. *Dai cuong Lich su Viet Nam, Tap Ⅰ*. NXB. Giao duc. Ha Noi. pp. 7~30.과 본문을 근거로 역자가 작성.

기원전 2,000년 동안 북부지역에는 논농사를 경제적 기반으로 한 조기 봉건국가인 훙왕의 반랑국이 존재했다. 기원전 275년에 반랑국은 베트남과 중국 국경 지대의 수령인 툭판에게 패하여, 지금도 존재하고 있는 꼬로아성을 수도로 하는 어우락국이 세워졌다. 기원전 179년에 툭판은 중국 진나라의 장군이었던 찌에우다에 패하였다. 그 전에 찌에우다는 진나라를 대체한 한나라에 승복하지 않고, 중국 남부지역에 남비엣(南越南)이라는 별도의 국가를 세웠다. 찌에우다는 스스로 왕을 칭하고 어우락을 남비엣에 합병시켰다. 기원전 111년에 한나라가 남비엣을 합병함으로써 북부 베트남 지역은 중국의 속국이 되었다.

서기 40년에는 쯩짝과 쯩니 두 자매가 중국에 대항하여 봉기를 일으키고 독립국가를 세웠지만 43년에 다시 중국에 패하였다. 그 뒤에도 수백 건의 크고 작은 봉기가 일어났으며, 바찌에우(248년)와 리비(544년), 마이툭로안(722년), 풍흥(766년)의 봉기가 유명하다. 마지막으로 응오꾸엔이

938년에 중국 남송을 물리치고 1,000년 이상의 중국 통치를 종식시키고 독립을 쟁취했다.

응오꾸엔으로부터 시작된 새로운 베트남 역사는 응오왕조(939~965년)를 거쳐 딩(丁)왕조(968~980년)가 국토를 통일하고, 국호를 다이꼬비엣(大瞿越)이라 칭했다. 이어서 레(黎)왕조가 중국 송나라의 침입을 물리치고 독립을 지켰다. 1009년에 리꽁우언이 리(李)왕조를 창건하고 다음 해에 수도를 지금의 하노이인 탕롱으로 옮겼다. 이 베트남 봉건왕조는 214년(1009~1225년) 동안 집권하게 된다. 리왕조 역시 1077년에는 송나라의 침입을 받았다. 그 뒤를 이어 원나라 몽고군을 물리친 쩐홍다오장군이 쩐(陳)왕조(1226~1400년)를 세우게 된다. 당시 세계 최강국이었던 몽고의 침략을 세 차례나 물리친 쩐왕조는, 이전의 리왕조와 더불어 동남아시아에 강력한 베트남 국가가 존재했다는 것을 증명하고 있다.

1400년에 호뀌리는 쩐왕조를 찬탈하여 호(胡)왕조를 세우고 개혁정책을 실시했다. 그러나 호왕조의 국가방위 정책이 실패함으로써 명나라의 침입을 받았고 1406년 이후 다시 속국이 되었다.

1428년 레러이는 응웬짜이의 도움을 받아 명나라를 몰아내고 레왕조(1428~1788년)를 세우는데, 베트남 봉건왕조 중 가장 오랫동안 집권하게 된다. 15세기는 베트남 봉건왕조가 가장 발전한 시기로 기록되어 있으며, 특히 네 번째 황제인 레타잉똥은 사회의 현대화를 꾀하고 홍덕법(洪德法)을 제정하여 제도를 정비하는 데 큰 공헌을 하였다.

16세기인 1527년 막당중은 레왕조를 넘어뜨리고 막(莫)왕조를 세웠다. 이로써 4세기에 걸친 베트남 변동의 역사가 시작된 것이다. 레왕조의 재상이었던 응웬낌은 레왕조의 후손을 데리고 라오스로 피신했다가 귀국하여, 막왕조에 대항하는 레왕조를 부활시켰다. 응웬낌은 죽기 전에 사위인 찡끼엠에게 권한을 위임하였다. 찡씨는 탕롱을 재점령하고 막씨를 베트남-중국 국경지대로 몰아낸 뒤, 레왕을 수도로 데려다가 왕위에 앉혔으나 실제로는 찡씨가 실권을 쥐고 있었다. 응웬낌의 아들인 응웬호앙은 찡씨가 죽일 것을 두려워하여 중부로 내려가 지방관이 되었다.

베트남 왕조별 연대기

국 호	왕조명		연 대	비 고
반랑(Van Lang)	훙(Hung) 왕조		기원전 2879~기원전 258	18명의 왕
어우락(Au Lac)	안즈엉브엉(安陽王)		기원전 257~기원전 207	
남비엣(Nam Viet)	찌에우(趙) 왕조		기원전 207~기원전 111	5명의 왕
안남	중국 지배기		기원전 111~938	
-	응오(吳) 왕조		939~968	4명의 왕
다이꼬비엣 (Dai Co Viet)	딩(丁) 왕조		968~980	2명의 왕
	띠엔레(前黎) 왕조		980~1009	3명의 왕
다이비엣 (Dai Viet)	리(李) 왕조		1010~1225	9명의 왕
	쩐(陳) 왕조		1225~1400	12명의 왕
	호(胡) 왕조		1400~1407	2명의 왕
	허우쩐(後陳) 왕조		1407~1413	2명의 왕
꽌자오찌(Quan Giao Chi)	중국 명나라의 지배		1414~1427	
다이비엣 (Dai Viet)	허우레(後黎) 왕조 I		1428~1527	9명의 왕
	남북조시대 (1528~1592)	남조	1533~1599	4명의 왕
		북조	1527~1592	5명의 왕
	찡, 응웬분쟁기 (1600~1771)	응웬家	1558~1802	10명의 主
		찡家	1570~1786	10명의 主
	허우레(後黎) 왕조 II		1533~1788	17명의 왕
	떠이선(西山) 왕조		1788~1802	3명의 왕
비엣남(Viet Nam)	응웬(阮) 왕조		1802~1945	12명의 왕

출처 : Nguyen Dinh Dau. 1999. *Viet Nam quoc hieu & cuong vuc qua cac thoi dai*, TP. HCM : NXB.Tre.를 근거로 역자가 작성.

응웬씨는 60여 년을 중부 지역에서 정권을 잡고 있었기 때문에 찡씨에 대해 독립적인 세력을 갖고 있었다. 응웬낌의 손자들은 참파국을 침공해서 메콩델타까지 영토를 확장하고, 북쪽에 있던 찡씨와 전쟁을 벌였다. 전쟁은 100여 년(1627~1772년) 동안이나 이어지다가 결국 휴전을 맺고 쟈잉(Gianh)강을 경계로 남북으로 나누어졌다. 찡씨가 속했던 북부를 당응와이, 응웬씨의 남쪽을 당쫑이라 불렀다.

오랜 전란으로 인해 농촌은 황폐해졌으며, 북부에서는 공공 토지가 일부 지주의 손에 들어가자 배고픈 농민들이 봉기하였다. 이로써 찡씨는 점점 쇠약해졌다. 중부 지역에서는 응웬씨가 무역에 힘입어 상당기간 번성하다가 17세기 중반에 이르러 동아시아 시장의 감소로 인해 점차 대외 의존 경제는 파탄에 이르게 되었다. 농민에 대한 착취가 심해지자 농민들의 봉기도 빈발하게 되었다. 1771년 응웬냑, 응웬후에, 응웬르 삼형제가 농민들을 모아 떠이썬(西山) 봉기를 일으켰고, 1774년에는 응웬씨 세력을 넘어뜨렸다. 응웬씨의 마지막 손자였던 응웬아잉은 태국으로 도망쳐 구원을 요청했다. 1785년 태국은 2만 명의 병력과 응웬아잉을 데리고 떠이썬군을 공격했지만 패배하였다. 떠이썬군은 승세를 몰아 북부로 진격하여 찡씨-레왕조를 무너뜨렸다. 레찌에우통은 청나라로 도망쳐 구원을 요청하고 청나라는 20만 명의 병력으로 수도인 탕롱을 점령했다. 1788년 후에에서 왕위에 오른 응웬후에는 북쪽으로 진격하여 1789년에 청나라군을 물리치고 수도를 탈환하여 떠이썬왕조를 창건했다.

응웬후에는 황제의 자리에 올라 연호를 꽝쭝이라 하고 토지와 문화 개혁을 효과적으로 실시했으나, 3년 만에 사망하게 된다. 한편 응웬냑은 남쪽에서 중부를, 응웬르는 남부를 통치하고 있었으나 점점 쇠약해지고 있었다. 한편, 응웬아잉은 여러 번 실패를 거듭하면서 프랑스에 구원을 요청하여 떠이썬에 대항하는 장기간의 전투를 벌였다. 응웬아잉은 프랑스 세력을 등에 업고 1802년 떠이썬군을 물리친 뒤, 후에를 점령하고 왕위에 올라 연호를 쟈롱이라 했다.

응웬왕조는 1945년 공산당에 의해 무너지기 전까지 국토의 통일, 농업, 문화, 무역 면에서 적극적인 정책을 실시했다. 유교를 국교로 삼고 기독교를 탄압하고, 결국 프랑스를 밀어내면서 중국을 제외한 모든 국가에 대해 쇄국정책을 실시하여, 30여 나라의 외교관계 수립 제안을 거절했다. 18세기부터 프랑스는 동양에서 다른 강국들과 시장쟁탈전을 벌였다. 응웬왕조의 일관성 없는 정책에 항의하고 무역의 자유화를 요구하던 프랑스는 1858년 제1차 베트남 침공을 감행했다. 격렬한 대항으로 인해서 프랑스는 30년 후에야 비로소 베트남을 통치할 수 있었다.

1887년 인도차이나 전체를 점령한 프랑스는 프렌치인도차이나를 설립하고, 베트남 북부·중부·남부와 캄보디아, 라오스의 5개 지역으로 분할했다. 중부에는 여전히 응웬왕조가 존재했지만 실권은 프랑스에 있었고, 다른 지역은 식민지 혹은 보호령 상태에 있었다. 프랑스의 착취정책은 베트남인들의 분노를 샀고, 대항할 방법을 찾게 만들었다. 20세기 초에는 프랑스 식민통치에 대한

프랑스 패잔병. 베트남인늘은 프랑스 식민통치에 항거하였으며 호치민을 비롯한 베트남 공산주의자들은 봉건왕조를 무너뜨리고 베트남민주공화국을 설립했다.

여러 형식의 항거운동이 일어났다. 판보이쩌우는 일본의 힘을 빌어 프랑스를 몰아내고자 했고, 응웬타이혹은 중국에 의지해서 프랑스를 치려고 했으며, 판쭈찡은 비폭력 문화운동을 주장했다. 그리고 호치민(응웬아이꾸옥)은 국제공산당운동을 주장했다. 그러나 호치민의 공산당운동을 제외하고는 모두 실패하였다. 그 뒤 1940년에 인도차이나는 일본 군벌의 손에 들어갔다. 일본이 동맹국에 투항한 기회를 틈타서 베트남 공산주의자들은 민중을 동원해서 봉건 응웬왕조를 무너뜨리고 호치민을 주석으로 하는 베트남민주공화국을 수립했다. 이로써 베트남 역사의 새 장이 열리게 되었다.

일본군의 무장해제를 위해 들어온 영국군의 후원으로 1945년 9월 프랑스는 제2차 베트남 침공을 감행했고, 1946년에 하노이를 점령했다. 베트남 정부는 북부 산악지대로 피신해서 투쟁하였다. 중국과 소련 및 다른 나라들의 도움으로 1954년 디엔비엔푸 전투에서 승리함으로써 프랑스는 베트남민주공화국을 인정하는 제네바 협정을 체결해야 했다. 프랑스군은 북부 지역에서 철수하여 남부에 머물면서 북위 17°를 경계로 하여 남부의 베트남민주공화국군은 북으로, 프랑스군과 이들을 따르는 베트남인들은 남으로 이주하게 된다. 제네바 협정에 따르면 1954년 이후 2년이 되면 남북 베트남은 통일을 위한 총선거를 실시하기로 되어 있었고, 그로부터 베트남은 한시적으로 둘로 갈라졌다. 즉 북위 17°를 경계로 하여 북부에는 베트남민주공화국이, 남부에는 미국의 지원을 받는 베트남공화국이 탄생하였다.

이러한 상황으로 인해 남북 관계는 긴장감이 감돌았다. 남부 베트남에서는 베트남민주공화국의 후원을 받는 남부 베트남해방전선과 미국의

하노이 주석궁. 1976년 베트남사회주의공화국이 선포되면서 하노이는 통일베트남의 수도가 되었다. 사진 배양수.

지원을 받는 베트남공화국 간에 치열한 전투가 벌어졌다. 해방전선측과 베트남민주공화국측은 조국의 통일을 원했고, 베트남공화국측과 미국측은 베트남 영토에 두 개의 별도의 국가를 유지하기를 바랐다. 해방전선에 대한 북베트남 정부의 지원을 끊기 위해 미국은 1964년부터 1972년까지 북쪽에 엄청난 수의 공군과 해군을 동원해서 수만 차례의 폭격을 실시했다. 남부 베트남에서 미국은 연인원 600만 명 이상의 미군과 동맹군으로 베트남공화국을 지원했다. 이러한 상황에서 베트남민주공화국은 중국과 소련의 도움으로 베트남 전쟁에 종지부를 찍고, 1973년 철군에 관한 파리협정을 체결하였다. 1975년 북베트남군의 후원하에 해방군이 사이공을 점령했으며, 이로써 베트남공화국 정부가 투항하고 해산되었다. 1976년 남북 베트남에서 통일국회를 구성하는 총선이 실시되었으며, 통일 베트남은 하노이를 수도로 하고 사이공을 호치민시로 바꿈으로써 베트남사회주의공화국이 탄생되었다. 2000년까지 베트남사회주의공화국은 세계 200여 개국으로부터 공인을 받았다.

경제 사회

예로부터 베트남은 벼농사가 주생활원이었다. 오늘날에도 농업지역, 주로 논농사지역은 국민경제에서 높은 비중을 차지하고 있다. 베트남에 있던 프랑스 당국은 20세기부터 공업, 특히 광산과 교통개발에 투자하기 시작했다. 1954년 프랑스가 철수한 후 베트남에는 광산, 기계, 교통, 직조, 전력과 같은 소규모 공업기반이 남아 있었다. 1945년부터 1975년까지 남부의 경제 발전은 미국의 경제 원조가 주된 것이라 두드러지는 현상은 없지만, 교통과 서비스 분야는 아주 발전했다. 북부에서는 공업화 정책이 바라는 대로 효과를 거두지는 못했지만 제철, 에너지, 시멘트, 비료, 경공업, 은행, 교통 등의 분야에서 새로운 출발이 있었다.

그러나 1976년에서 1986년까지 경제정책의 실패로 인해서 베트남은 전면적인 경제공황에 빠지게 되었다. 1986년 베트남 정부는 대내적으로 도이머이(쇄신) 정책을 선언하고 외부에 문호를 개방하기 시작했다. 2000년까지 기본적으로 도이머이 정책은 성공했다. 식량이 부족한 상태에서 이제는 미국, 태국에 이어 세계 3위의 쌀 수출국이 되었다. 경제도 고성장을 계속했다(연평균 7%). 예전에는 주로 사회주의 국가들의 경제 지원을 받아왔으나 이제는 60개국 이상이 수천 개의 프로젝트에 약 400억 달러 이상을 투자하고 있다. 국민 생활도 분명히 개선되었고, 기본적으로 배고픔을 탈피했다.

1990년 초부터 베트남은 '성공적인 사회주의 건설'이라는 구호 대신에 사회주의 정향(定向)에 따른 '베트남 개발'이라는 구호를 사용하고 있다. 1997년 베트남 정부는 2010년까지 공업국으로의 진입을 목표로 공업화, 현대화 정책을 선언했다. 2000년에는 증권시장을 개설했고, 2001년부터는 지식산업을 언급하기 시작했으며 정보통신산업 투자를 서두르고 있다. 그러나 베트남은 아직도 개발도상국이며 1인당 국민소득도 500달러 이하이고, 국내총생산도 250억 달러이며 빈곤층이 30~40%를 차지하는 나라이다. 경제의 구조조정과 세계경제로의 편입과정에서 매춘, 마약과 기타 사회문제가 발생하고 있다. 2001년부터 베트남은 모든 국가의 신뢰할 수 있는 상대이며 친구라는 구호와 부민강국, 공평, 민주, 문명사회의 건설이라는 구호를 사용하기 시작했다.

호치민시 전경. 도이머이 정책을 실시한 이후, 베트남은 고도성장을 거듭하고 있다.

4. 문화

수도작 문명

지금부터 7,000~8,000년 전 수경벼는 주요 재배식물이었고 그 뒤로 계속 베트남의 주경제원이었다. 수천 년 동안 벼농사와 밀접한 관련을 맺고 있었고 심지어는 벼농사가 유일한 것이었기 때문에 베트남의 문화는 논농사 문화의 흔적에서 벗어날 수 없었다. 실제로 물질적 구조에서 사고방식 그리고 사회구조까지 모두 논농사와 관련이 깊은 것을 볼 수 있다. 그러한 모든 활동과 구조는 타문명과 대비되는 문명을 형성했는데 그것이 바로 수도작 문명이다.

베트남의 수도작 문명은 공공 소유지에서의 벼농사와 음양에 의한 균형적 사고방식과 마을 공동체 사회에 기반을 두고 있다. 실제로 이 문명은 아주 오랜 기간을 두고 형성되고 존재해왔기 때문에 베트남에서 주도적인 문화가 되었다. 그 후로 여러 외국 문화가 유입되었지만 수도작 문명은 여전히 그 본질을 잃지 않고 오늘날까지도 베트남 문화로 진화되어 왔다. 베트남 문화에서 수도작 문명의 흔적은 민간신앙과 풍속, 성격, 관습에 잘 표현되어 있다.

베트남의 민간신앙은 몇 가지 특징이 있다. 첫째는 자연숭배로 비신, 바람신, 천둥신과 정령 등에게 제사를 지내는 것이다. 둘째는 번식신앙으로, 자연과 인간의 번식을 존중하는 것이다. 그래서 옛날에는 생식기(남녀 생식기의 변형물)에 대해서 제사를 지내고 심지어 성교행위도 제사를 지냈다. 셋째는 조상신에 대해서 제사를 지내는 것이고, 넷째는 많은 신에 대해서 제사를 지내는 것이다. 그중에서도 성황신과 여신에 대한 제사

베트남 서부 고원지대의 계단식 논. 베트남의 문화는 논농사와 밀접한 관련을 맺고 있다.

가 두드러진다. 이처럼 많은 신에게 제사를 지내는 것은 마을 문화의 공동체성을 반영한다. 여신에 대한 제사는 땅－음－여자를 중시하는 수도작 문명의 영향이고, 마을을 지키는 성황신에 대한 제사는 베트남 마을 문화의 자치성을 반영한다. 성황신 중에서 가장 많은 수를 차지하는 것은 민족 영웅을 신격화한 것이다. 이것은 외침에 대항하는 전쟁들을 치르면서 많은 영웅들이 나타났음을 알려준다.

외국 문화의 영향

베트남은 서기 초부터 전쟁과 문화 교류를 통해서(한편으로는 강제적으로, 한편으로는 자원해서) 외국 문화를 받아들이기 시작했다. 그중에서 중요한 역할을 한 것은 인도, 중국 그리고 서양 문명이었다.

불교 인도와 중국의 해양 교류축에 위치하고 있었기 때문에 베트남은 불교의 영향을 피할 수 없었다. 동남아시아에서 가장 일찍이 생성된

나트랑에 있는 포나갈탑. 9세기 초에 세워진 참파 유적으로 내부에는 여신 포나갈을 모신 신상이 있다.

그리고 가장 큰 불교 국가는 현재의 베트남 영토에 존재했던 푸난과 참파였다. 이것은 소승불교이다. 베트남 문명의 발상지인 홍하델타에도 서기 초에 불교가 들어왔다. 역사 자료를 보면 서기 159년에 인도의 승려가 북부 베트남에 처음으로 모습을 나타냈다. 그리고 161년에는 카우드라 혹은 수드라라고 하는 인도 승려가 박닝성에 절을 세우고 불교를 전파했다. 이 역시 소승불교로, 동남아시아 해로를 통해서 베트남으로 들어온 다음 다시 홍하델타로 올라온 것이다.

대승불교는 좀 늦게 중국을 통해서 들어왔는데, 주로 선종과 정토종 그리고 밀교의 3개 종파였다. 그중 베트남에서 적극적으로 활동한 것은 선종과 정토종이었다. 선종은 주로 상류계층에서 유행하고 정토종은 주로 일반인들 사이에 유행하였다. 불교는 현재 베트남에서 가장 많은 신도를 거느린 종교로 약 300만의 수행자가 있으며 1,000만 명이 상시로 절을 찾는다. 사찰 체계 역시 유입된 종교 중 가장 발전된 조직망을 갖고 있다.

그렇지만 베트남의 불경은 주로 한문으로 되어 있어 인도 불교와는 많은 차이가 있다. 그것은 한자로 된 불경이 인도의 산스크리트 원문에 충실하게 번역되지 않았기 때문이다.

베트남에 유입된 외래 문화의 일반적인 특징은 토착화라고 할 수 있다. 베트남 불교 역시 그러한 현상이 분명하게 나타난다. 부처가 남성인 데 반해 수도작 문명(여성 중시)의 영향으로 여성화되었다. 베트남 불교의 조상은 붓다가 아니라 만느엉의 딸이고, 만느엉은 불모(佛母)이다. 베트남의 많은 사찰이 여성의 이름을 따르고 있는데 바다사, 바다잉사, 바저우사 등이다. 20세기 초에 남부에서 불교와 토착신앙이 결합된 호아하오교가 출현했는데, 실제로 이 종교는 불교가 완전히 토착화한 것이라고 할 수 있다.

유교 유교가 베트남에 소개된 것은 서기 초이지만 주로 상류층에 유행했다. 일반인들은 유교를 반대했으며 논농사 마을의 문화에 따라 생활했다. 11세기에 리왕조가 주공(周公)과 공자(孔子)의 사당인 문묘를 세우고, 학교를 세워 유교를 가르치면서 비로소 베트남 사회에 침투하기 시작했다. 15세기에 이르면 유교는 베트남 사상 체계에서 독점적 위치를 차지한다. 16세기에는 도교, 불교와 함께 존재했고 17, 8세기에는 기독교로 인해 위협을 받기도 했으나 응웬아잉이 왕위에 올랐을 때 다시 독점적 위치를 회복했다. 그러다가 1918년 프랑스 식민당국에 의해 버림을 받았다.

유교가 베트남에 전파된 것은 아주 오래 전이나 그 영향은 그리 크지 않았다. 그 이유로 첫째는 유교가 베트남에서 많은 부침을 겪었고, 둘째는 항상 다른 종교와 경쟁해야 했기 때문이다. 셋째는 수도작 문명에 습합되어 토착화되었기 때문이다. 유교의 주된 이념인 충효사상도 베트남에 들어오면서 변형되었다. 왕에 대한 충성심은 그 대상이 조국으로 확대되었으며, 부모에 대한 효도 부모와 마을, 국가에 대한 효로 바뀌었다.

도교 유교와 반대로 중국 도교는 베트남에서 처음부터 받아들여졌다. 2세기부터 중국 도인(道人)들이 베트남에 도교를 들여왔다. 도교 신도는 옥황상제 및 남조(南曹)와 북두(北斗)에 제사를 지낸다. 도교 신도는 이러한 신들이 생사, 재난, 행운에서 결혼, 학업, 출장과 바람, 태풍, 가뭄, 홍수 등과 같은 자연현상까지 인간생활의 모든 것을 다스린다고 믿는다. 이러한 것들은 고대 베트남인의 자연숭배신앙과 유사한 점이 많기 때문에 빠르게 받아들여졌다. 그러나 베트남인들은 도교의 신선 마귀 부분만을 주로 받아들였으므로 베트남의 도교는 주로 신선 도교이다.

오래 전부터 베트남 도교는 다른 종교처럼 강성하지는 않았지만 신앙 면에서 그 영향이 아주 컸다. 특히 미신에 있어서 그러하였다. 오늘날 베트남인들은 점, 풍수, 관상 보기를 아주 좋아한다. 한편 도교 역시 다른 종교, 특히 불교와 섞이게 되었다.

천주교 16세기 말부터 서양의 상인들이 출현하면서 그들의 뒤를 따라 기독교 선교사가 들어왔다. 1615년에서 1624년 사이에 포르투갈의 예수교 선교사들이 베트남에서 선교하였다. 그들은 베트남어를 아주 잘했으며, 얼마 되지 않아 놀라운 수완으로 상당한 수의 신도를 확보했다. 그러한 상황에 의해 주교 임명의 필요성이 제기되었고, 이에 1658년 교황은 북부와 중부 지역에 각각 빨루와 람베르트라는 두 명의 프랑스 신부를 주교로 임명하였다. 그리고 1664년 파리선교회가 설립되면서 교황은 베트남 선교의 독점권을 부여했다. 1862년 교황은 다시 예수회 선교사들에게 베트남에서 철수하라고 명령을 내렸다. 그때부터 베트남에서의 선교는 전적으로 프랑스 선교사들에 의해 이루어졌다.

베트남에 있던 프랑스 선교사들의 정보활동을 포함한 일부 불분명한 활동으로 그들은 북부 및 중부 조정의 걱정거리가 되었다. 그래서 결국 기독교가 금지되는 일이 발생하였고, 베트남에 있던 주교는 프랑스 정부에 무력 침략 계획을 제안하게 된다. 1858년 프랑스 신교사의 노움을 받아 프랑스군이 다낭에 발을 디디면서부터 베트남을 침략하게 된다.

베트남을 점령한 이후, 프랑스 식민지 당국은 프랑스 선교사에게 아주 많은 특권을 주었다.

하노이 대성당. 천주교는 프랑스 선교사들에 의해 전파되어 오늘날 베트남에서 두 번째로 큰 종교로 자리잡고 있다. 사진 ⓒ 배양수.

그리고 베트남인 선교사들은 1993년(천주교가 베트남에 들어온 지 4세기 이후)이 되어서야 비로소 최초의 주교가 될 수 있었다.

오늘날 천주교는 베트남에서 두 번째로 큰 종교로서 전체 인구의 약 10%를 차지하고 있다. 그러나 일부 주교와 신부들은 여전히 반체제 활동을 하고 있기 때문에 정부는 천주교에 항상 관심을 기울이고 있다.

브라만교 베트남어로 바라몬교라고 불리는데 서기 초에 인도에서 들어왔다. 이 종교가 유입된 지역은 전에 푸난왕국의 영토였던 메콩델타이다. 현재 이 종교는 베트남에 공식적으로 존재하지는 않으며 민간신앙이나 다른 종교로 흡수되었다.

까오다이교 동서 문화교류의 결과로 베트남에 새로운 종교가 출현하였는데, 그것은 까오다이교로 1924년 떠이닝성에서 탄생되었다. 까오다이는 각 종교와 각종 사상체계를 결합할 것을 주장했는데, 그중에서도 유교, 불교와 도교를 기초로 삼았다. 현재 까오다이교는 약 200만 명의 신도가 있고, 여러 나라에 교회가 세워졌다.

베트남 전통 문화

수도작 문명과 외국 문명 사이의 문화 접변에 기초하여 탄생된 베트남 문화는 두 가지 특징을 갖고 있다. 그것은 공동체성에 치우치고 자치성이 두드러진다는 것이다. 이 두 특징은 베트남 문화를 구성하는 모든 부분—문학, 언어, 예술, 건축 또는 풍속, 종교를 막론하고—에서 실현되고 있다. 심지어 그것은 베트남인의 성격과 관습에도 분명히 반영되어 있다. 우리는 계속해서 이 부분에 대해 알아볼 것이다.

종교 베트남은 종교라는 정의에 대해 아주 모호한 나라라고 할 수 있다. 수천 년의 역사 동안 어느 특정 종교만을 신앙한 적도 없으며 지금까지 어떤 종교도 국교로 인정받은 적이 없다. 반대로 베트남인들은 국가적인 신앙을 갖고 있다고도 말할 수 있다. 그것은 조상숭배교 또는 더 폭넓게 말해서 가정종교라는 것이다. 아마도 베트남의 모든 가정은 조상과 부모에 대한 제단을 갖고 있을 것이다. 보통은 5대까지 제사를 모시며, 그 밖에도 여러 신을 모신다. 예를 들어 땅의 신인 토꽁, 가족의 업을 주관하는 턴따이, 전에 땅의 주인으로 이제는 죽은 영혼인 턴띠엔쭈 등이 있다.

조상의 사당. 베트남인들은 특별한 종교가 없이 전통적으로 조상숭배교, 더 폭넓게는 가정종교의 형태를 가지고 있다.

다른 동남아시아 국가들과 마찬가지로 베트남도 종교들의 집합체이다. 위에 언급한 바와 같이 세계의 모든 종교는 대부분 베트남에 모습을 드러내고 있다. 베트남인들은 모든 종교를 배척하거나 용인하는 것도 아니며 서로 융화하고 있다. 예로부터 지금까지 베트남에서는 자신이 원하는 종교를 자신의 뜻에 따라 선택하고 있다.

문학 베트남 문학은 아주 오랜 전통을 갖고 있으며 54개 종족 모두는 자신들의 고유한 문학을 가지고 있다. 그중 베트남족의 문학이 주도적 위치를 점하고 있다. 아직까지도 구비문학은 베트남 문학에서 높은 위치를 차지하며, 베트남 사회사를 충실히 반영하고 있다. 베트남 문학은 몇 가지 특징이 있는데 아래와 같다.

첫째, 베트남은 강대국의 침략을 수시로 받아온 작은 나라이지만 속국에 만족하지 않고 여러 차례 봉기를 일으키고 민족 독립을 쟁취했다. 그 영향으로 베트남 문학은 애국성이 짙다. 둘째, 마을 공동체를 통한 수도작 문명의 형성과 발전에 따라 베트남 문학은 공동체의 단결성과 동양의 심오한 사상을 반영하고 있다. 셋째, 논농사는 수천 년 동안 이어온 베트남인의 주요한 생활 터전이었다. 수경벼는 기후와 날씨에 민감하고, 베트남인들의 생활을 자연에 깊이 예속되게 만들었다. 그렇기 때문에 베트남 문학은 특별히 자연을 중시했다. 초기의 예술은 자연과 밀접한 관련을 갖고 있다. 넷째, 베트남인은 근면하고 유교의 영향으로 학업 선호사상을 가지고 있다. 따라서 베트남 문학은 세계문학 주로 중국, 프랑스, 러시아 문학의 정수를 계승, 발전시켰다. 그러나 베트남 문학은 주로 시가(詩歌)가 발전했으며 산문은 약 1세기 전부터 나타나기 시작했다. 시가에서 가장 발전한 것은 구비문학이지만 현재 세계적으로 널리 알려진 작품은 응웬주의 「쭈엔끼에우」로 기록 문학이다. 20세기 초에 들어서면서 베트남 문학은 프랑스 문화의 영향으로 소설과 시를 포함해서 내용과 형식에 있어서 일대 혁명을 이루었다. 그렇지만 현재까지 베트남 현대문학은 세계 문단에서 일부 비평가들이 이야기하는 것처럼 아마추어적 수준에 머물고 있다.

예술 지금까지 알려진 베트남 최초의 미술 작품은 약 1만 1,000년 전의 호아빙 문화에 속하는 한 동굴의 삼두상(三頭像) 조각이다. 오늘날 베트남 예술에서 두드러진 분야는 회화이다.

베트남 민화는 서양의 것과는 반대되는 특징을 갖고 있다. 서양이 사실의 묘사와 구체성을 중시한다면 베트남은 형식보다는 내용, 작품의 아

쥐의 결혼식 민화. 베트남 민화는 내용과 인물의 심리를 중시한다. 유명한 동호 민화와 항쯩 민화를 보면 생략과 강조의 기법이 두드러진다.

름다움보다는 인물의 심리를 중시한다. 그래서 베트남의 예술적 기법은 서양과 중국의 전통적 기법과 다르다. 베트남에서 유명한 동호 민화와 항 쫑 민화를 살펴보면 분명히 드러난다.(항쫑, 동호는 베트남 민화를 전문적으로 생산하는 마을 이름이다. 이 민화는 컬러로 찍어내는 판화로 표현된다-역자주) 이 두 민화는 제재의 인물을 강조하기 위해 생략과 강조의 기법을 사용한다. 쥐의 결혼식 민화는 그것을 분명히 보여주고 있다. 통치계급을 대표하는 고양이는 뒤에 크게 그리고 쥐의 노예인 말은 축소하여 작게 그림으로써, 말은 쥐보다 약간 크게 나타나는 데 반해 고양이는 말보다 몇 배나 크다.[5] 20세기 초부터는 서양의 회화를 받아들이면서 유화가 발전했다.

건축 베트남의 건축은 지금부터 4,000년 전에 출현했으며 수로 성곽, 궁전, 누각, 사원과 탑, 사당의 다섯 가지 형태가 있다. 그러나 계속된 전쟁 특히 중국 봉건왕조의 여러 차례에 걸친 침략과 베트남 문화 말살정책으로 북부지역의 고대와 중대 건축물은 거의 파괴되었다. 전쟁이 끝날 때마다 다시 복원되기도 했지만 거의 원형을 찾아볼 수 없다. 현재 남아 있는 건축물로는 중부지역의 참파탑과 후에의 왕궁 그리고 하노이에 남아 있는 프랑스식 건축물과 일부 딩(亭)과 사당, 사원 등이 있다. 베트남은 건축에 관해 재능 있는 민족은 아니므로 유명한 건축물은 거의 없다고 할 수 있다. 그렇지만 베트남의 건축 방식은 서방의 것과는 다르다. 이 부분은 제3장의 '집짓기' 편(본문 95쪽)에서 자세히 고찰하겠다.

극 베트남 극예술은 쩨오, 수상인형극, 뚜옹, 까이르엉 등이 발전했다. 쩨오는 홍하델타 지역에서 약 11세기경에 출현했는데, 연극과 같이 무대가 있는 것이 아니라 천으로 무대를 만들어 공연하는 한국의 마당놀

수상인형극. 베트남에만 있는 전통적인 극예술로 도구, 소재, 무대 모두가 논농사를 짓는 사람들의 음양사상을 반영한다.

이와 비슷하다. 관객들은 무대 주변을 둘러싸고 구경을 한다. 쩨오는 문학적 줄거리와 춤, 노래, 음악이 어우러진 예술형식이다. 쩨오 공연에서는 현장에서 배우의 연기를 지도하는 극단의 원로가 매우 중요한 역할을 한다. 쩨오는 내용과 표현형식에 있어서 역시 서양의 극예술과는 다르다. 예를 들어, 인물의 연기를 표현하기보다는 심리를 표현하기 위하여 풍경에서 일정한 원칙을 사용하고, 연기에서도 정해진 동작의 규범을 따르고 손 동작을 사용하는 데 치우쳐 있다.

수상인형극은 아마도 베트남에만 있는 것 같다. 수중무대에서 인형만 보이고 사람은 보이지 않는다. 옛날에는 마을의 연못에서 공연되었는데, 사면을 천으로 가리고 공연했다. 인형을 조종하는 사람이 무대 뒤에 있고 악단이 동원된다. 이 수상인형극은 도구, 소재, 무대 모두가 논농사를 짓는 사람들의 음양사상을 반영하고 있다. 현재 베트남 수상인형극단은 관심 있는 많은 나라로부터 초청을 받고 있다. 또한 하노이를 방문하는 외국인들은 이 독특한 수상인형극을 보기 위하여 하노이딩 띠엔호앙 거리에 있는 수상인형극장을 방문한다.

뚜옹은 중국에서 유입된 예술이다. 그렇지만 베트남에서의 공연은 중국의 것과는 다르다. 베트남의 뚜옹은 말, 노래, 춤에 대한 규칙이 엄격하다. 시간, 공간, 줄거리 등이 노랫말과 춤 동작에 축약되어 있다. 그것을 통해서 관객은 맑은 날인지 비가 오는지, 오전인지 오후인지, 평화로운 마을인지 아니면 포연이 피어오르는 전쟁터인지를 스스로 상상해야 한다.

까이르엉은 동서 문화교류의 성공작이다. 그것은 메콩델타에서 베트남의 쩨오와 뚜옹과 서양 경음악의 결합에 기초해서 탄생되었다. 이 극은 노래가 많은 무대예술이다. 여기에 사용되는 악기는 기타와 월금(月琴)이다. 남부의 독특한 토속음이 가벼운 음외 강짐에 기초했기 때문에 까이르엉은 가사와 음조가 청중을 매료시킨다. 현재 까이르엉은 가장 발전된 무대예술이다.

음악 베트남인들은 옛날부터 음악을 사랑하고 창작하기를 즐겼다. 먼저 악기에 대해서 알아보면, 베트남 악기는 기술적 구조면에서는 간단하다. 그러나 그 악기에서 발산되는 음은 자연의 소리에 가깝다. 단다라고 불리는 돌악기는 약 3,000년 전에 만들어진 것으로, 서로 다른 모양과 규격의 돌을 두름처럼 엮어서 만든 것이다. 대나무로 돌덩이를 두드리면 아주 부드러운 소리가 난다. 단뜨룽 역시 대나무를 엮어서 실로폰과 비슷하게 만든 것으로 두드리면 아주 맑은 소리가 난다. 단크롱풋은 직경 5~8cm, 길이 60~200cm의 대나무로 양끝 혹은 한쪽에 구멍을 뚫는다. 양손으로 끝을 감싸서 입에 대고 불면, 공기가 손을 통해서 대나무로 들어가며 소리를 낸다. 이것은 농사꾼의 악기라고 하는데, 단크롱풋은 벼의 어머니가 거주하는 곳으로 간주하기 때문이다. 그래서 이 악기는 여성들만이 사용한다. 왜냐하면 벼는 암컷 즉, 음으로 간주되기 때문이다. 단다이는 세 줄로 된 현악기로 깊은 소리를 내기 때문에 시를 읊거나 기생들이 노래할 때 사용한다. 단버우는 대나무에 한 줄을 건 현악기로 튕기면 거의 사람의 음성에 가까운 소리가 난다.

노래 중에서 베트남인이 가장 좋아하는 것은 핫꽌호이다. 이것은 실제로 청춘남녀가 인연을 맺는 풍속으로, 매년 봄에 한 차례씩 야외에서 실시되는데, 오늘날에는 꼭 인연을 맺어야 하는 것은 아니다. 핫꽌호는 악기는 없으나 가락이 좋고, 가사가 아름다우며, 연기가 예의 바르기 때문에 관객을 끌어들인다. 특히 핫꽌호에서의 어려움은 연기자가 두 역할을 소화해내야 한다는 것이다. 첫째는 가수의 역할이요 둘째는 시인의 역할이다. 즉, 시를 지어야 하고 그 시를 이용해서 노래를 불러야 하는 것이다.

위/ 단다. 서로 다른 모양과 규격의 돌을 두름처럼 엮어서 만든 것으로, 대나무로 돌덩이를 두드리면 아주 부드러운 소리가 난다.

아래/ 핫판호. 실제로 청춘 남녀가 인연을 맺는 풍속이자 거기서 불러지는 노래이다. 악기는 없으나 가사가 아름다우며 연기가 예의 바르기 때문에 관객을 끌어들인다.

핫반은 종교음악으로 소리가 아주 두드러진다. 가사와 멜로디 그리고 두드러진 소리가 듣는 사람으로 하여금 정신이 육체에서 빠져나가는 듯한 느낌을 준다. 현재 북부의 여러 지역에서는 이 핫반과 굿이 결합하여 죽은 자의 영혼을 부르는 고혼제 의식에 사용되고 있다. 후에음악은 궁전에서 공연된 음악으로 점점 사회로 퍼졌다. 이것은 베트남과 중국 그리고 참파의 음악이 결합되고, 귀족 음악과 평민 음악이 결합된 예술이다. 그것의 특징은 후렴과 악기이다. 어떤 것은 노래하는 사람은 없고 단지 악기만 연주하는 것도 있다.

20세기에 베트남은 연극, 현대무용, 발레, 교향악, 팝 등과 같은 서양 음악과 극예술을 유입했다. 정보통신의 발달로 오늘날에는 세계의 현대 예술과 음악 장르 모두를 베트남에서 볼 수 있다.

베트남 전쟁 필자가 이 책을 쓰고 있다는 것을 안 한국의 지인(知人)들이 베트남 전쟁과 도이머이 운동에 대해서 많은 관심을 보였다. 하지만 이 책에서는 간략하게 언급하고자 한다.

베트남 역사에서는 수백 번의 전쟁을 볼 수 있다. 당쫑(베트남 중부)과 당응와이(베트남 북부) 간의 전쟁처럼 100년 이상을 끈 전쟁도 있었고, 1,000년의 중국 지배 시기도 있었으며 100년 가까운 프랑스 지배기도 있었다. 대부분 세계에서 가장 강력한 군대를 가진 나라들이 베트남을 침략했다. 그 가운데 가장 격렬했던 것은 20세기 중반 미국 침략에 대항하여 싸운 소위 베트남 전쟁이었다. 현재까지 베트남 전쟁에 대해서 언급한 미국의 책은 수천 권에 이르며 아직도 멈출 줄을 모르고 있다. 그러나 사람들은 그 수천 권의 책에서 말한 미국의 패배 원인에 대해 아직도 만족하지 못하고 있다. 전쟁에 참여한 사람들이나 각 책의 저자들은 주요 원인을 정치, 경제, 군사, 전술, 전략 등에서 찾고 있으나 그 원인은 문화 속에서 찾아야 할 것이다. 베트남 같은 작고 낙후되고 가난한 나라가 수천 배나 큰 나라의 침략을 물리친 것은 바로 베트남 문화에 기인한 것이지 결코 다른 이유에서가 아니다. 베트남인의 성격과 풍속을 자세히 이해하는 것은 그 원인을 보다 분명하게 해줄 것이다.

　베트남 전쟁에서 미국은 연인원 660만 명의 미군과 동맹군을 참전시켰고, 가장 많은 수가 주둔할 때는 50만 명에 이르렀다. 미국이 인도차이나, 주로 베트남에 투하한 폭탄은 750만t으로, 제2차 세계대전에서 미국이 사용한 양의 3배, 일본에 투하한 양의 47배, 한국전쟁에 사용한 양의 10배였다. 미국은 또한 베트남 전쟁에서 6,760억 달러를 사용했다. 미군과 동맹군의 사망자도 약 36만 명에 이른다. 전쟁기간 동안 300만 명의 미국 청년들이 참전을 피하여 캐나다와 유럽으로 도망갔다. 미국은 전쟁이 끝난 후에 수십 년 동안 베트남 후유증을 앓게 되었고, 1980년대 미국 사회에서 여러 면에 쇠퇴를 가져오는 등 심각한 문제에 시달리고 있다.

　베트남에서는 남북을 막론하고 모두 전쟁에 참전하게 되었다. 약 400만 명의 인명 손실이 있었다. 물질적 손실은 헤아릴 수도 없으며 이 전쟁으로 인해 베트남 발전이 수십 년 후퇴했다고 결론을 내릴 수 있다. 베트남 전쟁에 대해서 이야기할 때 고엽제 후유증을 빼놓을 수 없다. 1961년부터 1971년까지 10년 동안 미국은 공산게릴라를 소멸시키기 위해 남부 베트남에 고엽제 7,200만t 약 9,100만kg을 투하했는데, 이는 1ha당 28kg을 투하한 것이다. 고엽제에는 다이옥신이란 맹독성 물질이 들어 있는데 이는 인체에 축적되어, 전쟁 후에 태어난 많은 사람의 유전자를 변형시켰다. 현재 베트남에는 미군이 고엽제를 뿌린 지역에 근무했던 사람들의 자

베트남전. 이 전쟁으로 인해 베트남은 헤아릴 수 없는 인적, 물질적 손실을 감수해야 했다.

식으로, 머리가 두 개이거나 손발이 없는 경우 혹은 무뇌증, 귀머거리, 언청이 등의 선천성 장애를 겪고 있는 이들이 수만 명에 이른다.

베트남 전쟁에서 미국은 서방과 아시아에서 수십 개국의 동맹군을 참전시켰는데, 그중에서 전투군을 파견한 나라는 한국, 태국, 호주, 필리핀, 뉴질랜드였다. 한국군이 5만 명으로 가장 많았고, 태국이 1만 3,000명, 호주 7,000명, 필리핀 2,000명, 뉴질랜드가 600명이었다. 실제로 베트남에 있던 한국군이 가장 잔인했다. 한국군이 지나갔던 지역에 살던 주민들은 지금도 학살 광경을 회상할 때 전율한다. 베트남 참전 이후에 한국군은 베트남 여성과의 사이에 수천 명의 혼혈아를 남겨 놓았는데, 그중 일부 모자는 한국에서 남편 및 아버지와 재회했다. 베트남인은 적개심을 갖기보다 화합을 좋아한다. 아마도 오늘날에는 한국에 대해 한을 갖고 있다고 말하는 사람 혹은 베트남 주민을 학살한 한국군에게 복수할 방법을 찾는 사람은 없을 것이다.

오늘날 베트남인들은 한국인을 상호이익을 위한 비즈니스 상대로 받아들이고 있다. 일부 한국의 참전용사들은 베트남의 옛 전쟁터로 돌아와 지역 건설에 지원을 하고 있다. 1992년에 베트남과 한국은 외교 관계를 수립했으며, 그때부터 지금까지 50만 명 이상의 한국인이 사업 혹은 관광차 베트남을 방문했다. 그들 모두는 좋은 대우를 받았다. 현재 한국의 기업인들은 베트남에 있는 외국기업들 중 선두 위치를 차지하고 있다. 심지어 최근에 베트남에서는 한국 열풍이 불고 있다. 베트남 정부는 한국의 경제모델을 배우고, 사회적으로는 한국이 문화적 정체성을 유지한 경험을 찾고 있으며, 청년들은 한국의 드라마를 좋아하고, 여성들은 한국의 화장품을 선호하고 있다.

도이머이 운동 이는 베트남 역사상 아주 보기 드문 운동이라고 말할 수 있다. 19세기 초에 외국에 나갔던 응웬쯔엉또와 판타잉쟌과 같은 일부 지식인이 응웬조의 왕에게 개혁을 건의한 적이 있었다. 이것은 실질적으로 일본의 메이지(明治)유신, 태국 라마 4세의 개혁과 같은 것이었지만 이 건의는 모두 응웬조의 왕으로부터 거절당했다. 도이머이 운동은 집권층에 의한 것이 아니라 민중들에 의해서 먼저 진행된 것이다.

베트남 전쟁 이후로 베트남에는 식량부족 현상이 나타났다. 남부의 빙롱과 프억롱성의 기초행정기관과 주민들은 근무일에 의해 노동의 결과를 계산하는 방식 대신에 농업 합작사 내의 가정별로 잉여수확물을 분배하는 방식에 대해서 생각하기 시작했다. 이 방법은 가시적인 결과를 나타냈다. 그 경험을 총괄하여 1981년에 베트남공산당 서기국은 100호 지시를 내렸다. 이는 전국에 걸쳐 잉여농산물 분배를 허용한 것이었다. 그 결과 벼 생산이 불과 3년 만에 1,200만에서 1,500만t으로 증가하였다.

1988년 베트남공산당 정치국은 더 개선된 의결 10호를 발표했다. 이는 합작사 사원에게 경작지를 교부하여 그들이 주도적으로 경작할 수 있도록 한 것이다. 예전에 토지는 마치 총을 관리하는 것처럼 국가에 의해 아주 긴밀히 관리되었다. 의결 10호 시행 결과, 베트남은 쌀이 남아서 수

출을 할 수 있게 되었다. 1990년에 벼 생산량은 1,920만t에 이르렀고 매년 고르게 증가했는데, 1996년에는 2,630만t 그리고 2000년에는 15년 전에 비해 3배가 증가한 3,200만t에 이르렀다.

항상 식량부족으로 곤란을 겪던 베트남은 식량의 자급자족은 물론 수출도 가능하게 된 것이다. 이것은 베트남공산당이 1986년에 제시한 경제의 도이머이 정책에서 가장 중요한 요소였다. 이 정책은 베트남을 최근 10년간 아시아에서 경제성장속도가 가장 빠른 나라 가운데 하나로 만들었고, 1990년에서 2000년까지 1인당 국내총생산을 두 배로 늘렸다. 이러한 경제적 성취는 베트남 외교정책의 도이머이를 위한 여건을 조성했다.

1991년 전통적 동맹국인 소련이 붕괴하자 베트남 정부는 1980년대 말부터 외교관계의 다양화, 다각화로 전환하였다. 그 결과, 불과 60여 개국과 외교관계를 맺고 경제봉쇄 조치로 고립되었던 베트남은 1991년에서 1996년 사이에는 100개국 이상으로부터 공인을 받았고, 지금은 세계의 거의 모든 나라로부터 공인을 받고 있다. 경제 도이머이의 성공은 베트남 공산당이 경제 구조의 개혁, 행정 개혁, 법률 체계의 개혁, 교육 개혁, 정치 개혁 등과 같은 사회의 전면적인 도이머이 정책을 실시할 수 있는 여건을 조성했다. 결국 1986년부터 1996년에 걸친 도이머이 정책의 성공을 기반으로 하여, 베트남 정부는 2010년까지 공업국으로 발돋음하겠다는 야심찬 계획을 세우게 되었다.

베트남의 도이머이 운동은 중국의 개혁 운동과 유사한 점이 많으나, 구소련의 페레스트로이카와는 전혀 다르다고 할 수 있다. 구소련에서 정치개혁으로부터 국가의 진흥을 시작한 것과는 반대로 중국과 베트남은 경제 즉 농업으로부터 개혁을 시작하였다. 그러나 베트남의 도이머이는 중국 개혁의 복사판이 아니라는 것을 분명히 볼 필요가 있다. 적어도 베트남 농업에서 잉여농산물 분배제도라는 개념과 경험은 중국의 개혁보다 수십 년 먼저 출발했다.

도이머이로 인해 베트남에서 배고픔의 그림자는 사라졌다. 15년 전의 베트남에 비해서 모든 것들이 아주 많이 달라졌다. 경제의 공업화, 사회생활의 현대화, 국제화합, 지식산업, 정보통신 기술 등은 현재 베트남에서 일상적으로 사용하는 용어들이다. 그리고 바로 이러한 것들은 베트남에서 도이머이 운동이 계속 앞으로 나갈 수 있도록, 이전의 농업용 토지 교부와 잉여생산물 분배제도와는 다른 새로운 기반을 조성할 것이다.

이로써 우리는 베트남의 자연, 인간, 사회 및 문화 영역과 익숙해졌다. 이것은 바로 수천 년 동안 베트남인들의 풍속, 성격, 관습을 만들고 발전을 이끈 요소이다. 이는 다음 장을 읽어가는 데 큰 도움이 될 것이다.

오늘날의 논농사. 도이머이 운동을 실시한 이후, 항상 식량부족으로 곤란을 겪던 베트남은 식량의 자급자족은 물론 수출도 가능하게 되었다.

1) Le Ba Thao. 1997. **Vietnam: The Country and Its Geographical Regions**. Hanoi: The gioi Publishers. pp.76~77.
2) Hoang Dao Thuy (chu bien - c/b). 1989. **Dat Nuoc ta** (우리나라). Ha Noi: NXB. Khoa hoc xa hoi. p.27.
3) Bui Huy Dap. 1985. **Van minh lua nuoc va nghe trong lua Viet Nam** (수도작 문화와 베트남 벼농사). Ha Noi: NXB. Nong Nghiep. p.7.
4) Ivanova, R.; Astrinidis, A.; Vu Trieu, A. N.; et al. 1999. "**Mitochodrail DNA Polymorphism in the Vietnamese Population**". Eropean Journal of Immunogenetics, Vol. 26, No. 6.
5) Tran Ngoc Them. 1997. **Tim hieu van sac van hoa Viet Nam** (베트남 문화의 본질 고찰). HCM: NXB. TP.HCM. pp.355~356.

제2장 일상생활

제2장 일상생활

1. 음식

　인간의 생활은 어디에서나 음식부터 시작된다. 특히 베트남에서 음식은 아주 중요시된다. 또한 베트남어에서 먹는다(an)는 동사는 대부분의 행동을 표현하는 동사에 사용될 정도로 다양하게 쓰인다. 예를 들면 입다(an mac), 거주하다(an cu), 공부하다(an hoc), 말하다(an noi), 놀다(an choi), (남녀가) 잠자다(an nam), 훔치다(an cap), (장기 둘 때) 먹다(an quan), 등쳐먹다(an nguoi), 도둑질하다(an trom), 빨아들이다(an hut) 등의 단어가 있다. 언제나 그렇지만 먹는 일은 지역과 종족의 풍속 그리고 자신과 가족의 경제적 능력에 따라 달라지게 된다. 제1장에서 우리는 수도작 문명에 대해서 자세히 살펴보았다. 아마도 베트남에서 먹는 것만큼 수도작 문명으로부터 강한 영향을 받은 풍속도 없을 것이다.

　수경벼를 재배하는 사람들의 최고의 음식은 쌀이다. 특히 옛날 북부지방에서 수경벼를 재배하던 사람들은 거의 쌀, 즉 밥만 먹었다. 그러나 오늘날 베트남인들의 먹거리는 쌀로 만든 과자류를 포함해서 쌀이 65~70%를 차지한다. 최근 몇 년 동안 생활수준의 향상으로 도시지역에서는

야채상가. 베트남의 채소와 과일은 맛과 향이 뛰어나다. 그 이유는 태양복사열을 많이 받고 습도가 높은 기후조건 때문이다.

쌀이 차지하는 비율이 50% 이하로 떨어질 때도 있다.

그러나 베트남인들의 일상의 먹거리 중에서 없어서는 안 될 것이 밥이다. 밥은 멥쌀을 익힌 다음 작은 불로 뜸을 들인다. 찹쌀은 쪄서 소이(일종의 술밥같이 만든 음식으로 땅콩이나 돼지고기를 말린 것과 같이 먹는다. 주로 간단히 아침식사를 하거나 휴대가 간편하기 때문에 여행을 할 때 먹기도 한다－역자주) 혹은 떡을 만든다.

베트남에는 1만 2,000종의 식물이 있고 그중 7,000종은 종자식물이다. 또한 야생 채소류 중에도 먹을 수 있는 것만 수십 종에 이르고 재배하는 채소류는 수백 종이 있다. 또 각 종류별로 수십 가지 종자가 있다.

많은 나라를 여행하고 돌아온 베트남인들은 어느 곳도 베트남만큼 야채가 많고 맛있는 곳이 없으며, 베트남에서도 홍하델타의 야채만큼 맛있는 것이 없다고 말한다. 이 지역에서는 채소류부터 돼지, 닭, 새우, 생선 등에 이르기까지 모두 작지만 정말 독특한 향과 진한 맛이 있다. 예를 들어 북부의 땀텀, 낭흐엉, 낭텀과 같은 쌀은 생산량은 적지만 품질이 아주 좋아서 밥을 지으면 아주 차지고 향기로우며 맛이 있다. 리라고 하는 닭, 이라고 하는 돼지, 재라는 거위는 작지만 아주 맛이 좋다. 잠이라고 하는 파, 띠에우라는 고추, 재라는 생강, 버우라는 죽순 같은 양념류 역시 생산율은 낮지만 비할 데 없이 품질이 좋다. 유감스러운 것은 오늘날에는 생산량을 중시하기 때문에 이러한 종류가 점점 사라지고 있다.

북부 베트남의 채소와 과일은 품질이 좋다. 이유는 간단하다. 우리가 제1장에서 살펴본 바와 같이 이곳은 태양복사열을 많이 받고 습도가 높기 때문이다. 베트남에서 볼 수 있는 몇 가지 주요 과일을 열거하면 오렌지, 텐쥬린, 자몽, 바나나, 복숭아, 자두, 살구, 망고, 리치, 용안, 감, 인도빵나무, 커스터드 애플, 청룡, 파인애플, 파파야, 코코넛, 망고스틴, 수박, 구아바 등이 있는데 모두 맛과 향이 뛰어나다.

베트남은 면적이 30만km^{2}가 넘고, 10km 이상 되는 강만도 2,360개가 있다. 북부 평야는 1만 5,000km^{2}이고 호수 면적도 400km^{2}나 된다. 메콩델타는 평균 1km²에 2~4km의 강이 있다. 그리고 베트남 국경선의 반이 바다와 접해 있다. 이와 같이 물이 풍부한 환경은 베트남으로 하여금 6,840종이 넘는 강과 바다 동물을 갖게 해주었다. 그중에는 2,200종의 어류와 300종의 게, 300종의 패류, 80종의 새우가 있다.

이러한 여건으로 인해 베트남은 벼와 채소류를 주로 재배하였고, 더불어 어업이 발전했다. 어업은 실제로 생선, 새우, 조개류, 뱀장어, 개구리, 거북이 등과 같은 해산물을 대상으로 하며 양식의 개념은 없었다. 20세기 중반 이전, 베트남에서 화학비료와 농약을 사용하기 전에는 북부지역의 논 어디서나 게나 물고기를 볼 수 있었고, 물이 빠지면 야채를 재배할 수 있었다. 메콩 델타에는 물고기와 새우가 얼마나 많았는지 건기에 물이 마르고 나면 물고기가 죽어 그 뼈가 땅위 수십 센티미터까지 쌓였다.[1] 또한 반세기 전에는 물고기가 풍부해서 큰 것은 잡아먹고, 작은 것은 거름으로 사용할 정도였다. 그와 같은 자연과 사회적 환경은 밥, 야채, 생선 세 가지의 전통적인 먹거리를 만들었다.

현재 외국 우유회사들이 베트남 시장에서 제품 판매에 어려움을 겪고

메콩강 수상시장. 남부 메콩강 유역에서 나는 풍부한 농산물과 야채, 과일을 편리한 운송수단인 배로 싣고 와서 사고파는 수상시장이 곳곳에 많이 있다.

있는데 그것은 베트남인들의 우유와 육류 소비가 적기 때문이다. 농학자인 부이후이답은 사육 전통이 없는 것은 수도작 문명의 특징 가운데 하나라고 결론지었다.[2] 왜냐하면 평야지역은 벼를 심어야 했고, 논은 대부분 물에 잠겨 있어서 사육할 풀이 충분하지 않았기 때문이다. 따라서 베트남인들에게 육류 및 우유 소비의 전통이 없는 것은 쉽게 이해할 수 있다. 소는 밭벼(陸稻)와 관련이 깊고, 인도에서는 신앙의 대상이며 고대 중국에서는 가족의 부유함과 권력의 상징으로 취급되었다. 이러한 풍습은 베트남인에게는 생소한 것이다. 심지어 오늘날까지도 일부 베트남인들은 쇠고기와 우유를 먹지 못한다. 우유 제품은 20세기 초에 프랑스 사람들이 베트남에 소개했을 때 비로소 소비하기 시작했지만 지금까지도 우유, 버터, 치즈, 초콜렛과 같은 우유 제품은 대도시에서 제한된 양만 판매된다.

동남아시아와 같이 물이 풍부한 환경에서는 물고기와 새우 외에 물소가 번성했다. 그렇기 때문에 옛날 베트남인들이 먹은 육고기는 바로 물소 고기였다. 물소 머리는 명절 때 마을의 원로들에게만 드리는 음식이었다. 또한 수도작 농업과 관련된 돼지, 닭, 오리, 거위, 백조 등과 같은 육고기도 좋아하지만 베트남은 더운 지방이기 때문에 균형을 유지하기 위해 성질이 찬 해산물을 좋아한다.

베트남인들은 찬 음식과 더운 음식의 균형을 유지해야 한다고 생각한다. 예를 들어 생강은 아주 더운 음식이기 때문에 찬 음식인 야채, 배추, 호박 등의 양념으로 사용하고, 고추 역시 더운 음식이기 때문에 찬 음식인 생선, 새우, 게 등과 같이 먹는다. 심지어 이러한 균형 식사에 관한 공식이 까자오(歌謠. 베트남의 전통적인 구비문학의 하나로, 원래 민요에서 가락은 없어지고 가사만 남아서 전해지고 있다 - 역자주)로 표현되기

다양한 음식. 베트남에서는 밥, 야채, 생선 세 가지의 전통적인 먹거리 외에 풍부한 식품 자원을 바탕으로 다양한 음식을 구경할 수 있다.

도 했다. 닭은 레몬 잎과, 돼지는 파와 먹어야 한다. 여기서 닭은 더운 음식이고 레몬은 찬 음식이다. 그런데 베트남 중부와 남부는 북부보다 더 더운데도 불구하고 고추를 많이 먹는다. 그 이유는 그들이 찬 음식인 해산물을 많이 먹기 때문이다.

수경벼를 재배하는 사람들은 만병이 음양의 부조화(찬 것과 더운 것의 균형 상실)에서 기인하는 것이라고 생각했다. 때문에 그들은 냉(冷)과 열(熱)의 균형을 잡는 식사법으로 병을 치료했다. 예를 들어 더위로 인한 복통에는 찬 음식인 검은 콩, 타피오카 분말, 레몬을 마셨다. 감기에는 생강차를 마시고 마늘을 먹었다. 열로 인한 여드름에는 찬 과일인 수세미나 덩랑 잎을 먹는다. 베트남에서는 차가운 것과 시원한 것을 균형 있게 먹는 식사와 치료를 수천 년간 반복해왔으며, 이것은 건강을 유지하는 데 있어 실질적으로 효과가 있었다. 오늘날 우리는 이를 두고 과학적으로 차가운 것(음)과 더운 것(양)의 균형, 즉 음양의 조화라고 한다.

음식에 대해서 말할 때 일부 사람들은 자기들의 음식을 너무 과장해서 칭찬하는 경향이 있는데, 실제로 그 음식의 뿌리는 다른 나라인 경우가 많다. 다른 나라 사람들이 베트남의 튀김 요리를 본다면, 맛있는 재료가 풍부한 자연조건을 갖고 있음에도 불구하고 잘 만들지 못한다고 생각할 것이다. 베트남 음식에 대해 자세히 쓴 책들이 많으므로 이 책에서는 단지 베트남인의 음식 문화에 대해서만 언급하는 것에 대해서 독자 여러분의 양해를 바란다.

여기서 가장 베트남다운 세 가지 음식을 소개하겠다. 둘은 북부 음식이고 나머지 하나는 남부 음식이다. 첫째는 죽순돼지혀 탕이다. 주재료는 죽순인데 말린 것을 사용한다. 말린 죽순과 돼지혀, 족발로 만든 햄을 같이 끓인 국으로 명절과 결혼식 때 먹는다. 다음은 죽순물소고기(쇠고기)볶음인데, 이 죽순은 보통의 대나무 죽순이 아니라 버우라고 하는 대나무의 죽순이다. 버우 대나무는 대나무류에서 가장 큰 종류로 다른 대나무와는 달리 뿌리가 무리를 이루지 않고 각각 뻗는다. 가장 많이 나는 곳은 이엔바이성과 뚜엔꽝성이다. 이 죽순은 땅속에 있는데 어떤 때는 뿌리로부터 20~30m, 깊이 30~50cm의 땅속에 있다. 이 죽순은 봄비가 내릴 때 나온다. 이것은 땅위로 나온 것이 아니기 때문에 볼 수 없고, 땅을 파서 캔다. 따라서 음부의 야채라고 부른다. 캐낸 죽순의 껍질을 벗기고 물소고기(없을 경우 쇠고기)와 마늘을 같이 볶으면 대다수의 베트남인도 그 맛을 보지 못한 음양이 조화를 이룬 아주 맛있는 음식이 된다. 이는 북부 산악지역의 음식이지만 하노이의 시장과 식당에서 찾을 수 있다.

세 번째는 북부 바닷가 평야지역의 음식이다. 그것은 갯지렁이 요리로 베트남인들에게 익숙하다. 갯지렁이는 땅속에서 살며 1년에 두 번만 땅 위로 나온다. 베트남에는 '9월은 20일이요 10월은 5일이다' 라는 속담이 있다. 수십 세기 전 기후변화가 지금보다 적었을 때에는 음력 9월 20일과 10월 5일에 북부 평야지대에 비가 왔다고 한다. 이것은 논농사 지역의 음양력에 따른 연중의 마지막에 내리는 비다. 이때 산란을 위해 갯지렁이가 나온다. 그 수가 얼마나 많았던지 '갯지렁이처럼 무수한' 이라는 말도 있다. 이 갯지렁이를 잡아서 뜨거운 물로 깨끗이 씻은 다음 하노이와 동북부지역의 시장에 판다. 갯지렁이 요리 중 가장 맛있는 것은 달걀과 생선 소스 그리고 신선한 파와 함께 튀김을 한 것인데 쭝둑즈어이라고 한다. 그 밖에도 돼지고기와 귤 껍질을 함께 볶은 요리도 있고 혹은 소스를 만들기도 한다. 그러나 쭝둑즈어이가 가장 신기하고 맛있으며 정력에 아주 좋다.

남부의 메콩델타는 생선이 많기로 유명한데 그중에서도 가물치가 가장 맛있다. 이 생선은 검고 살이 많으며 뼈가 적다. 이것으로 수십 종류의 요리를 만들 수 있는데, 가장 맛있는 요리는 느엉쭈이로 호수나 연못가에서 바로 구워 먹는 것이다. 이렇게 먹는 것은 수렵과 채집시대부터 유래한 것인데, 현대인에게는 자연 가운데서 먹는다는 점이 맛을 더해준다. 타익프엉의 남부민간문화 연구팀이 이 음식에 관한 정보를 제공해주었다.[3]

타익프엉과 그의 팀에 따르면, 연못의 물을 퍼내고 손바닥 크기만 한 가물치를 잡아서, 둑에 있는 갈대를 사용하여 아가미를 꿰어 줄줄이 엮어서 준비된 검불과 마른 잎으로 불을 지펴 익힌다고 한다. 검게 그을린 껍질을 벗기면 아주 맛있는 흰살이 드러난다. 이것과 돗웅에, 돗붕, 해느억, 모움과 같은 야생 야채와 미리 준비한 번쭈어, 캐슈넛, 바잉짱, 소금, 술과 같이 먹는다. 구운 생선의 달콤한 맛, 돗붕과 짜이디에우의 시고 떫은 맛,

어패류 시장. 물이 풍부한 환경으로 인해 베트남에는 6,840종이 넘는 강과 바다 동물이 생존하고 있다.

고추와 생강과 술의 매운 맛이 어우러져 아주 오묘한 맛이 된다. 그러나 더 특별한 것은 손님이나 관광객뿐만 아니라 연못의 주인, 물을 푸는 일꾼, 구경꾼, 목동 등 모든 사람이 상하의 구별 없이 같이 먹는다는 것이다. 자연 속의 들판에서 잔치가 벌어지는 것이다. 이 음식은 베트남 남부 사람의 활달하고 직선적이고 민주적이며 공동체적인 성격을 잘 나타내고 있다.

다채로운 음식과 거기에 담긴 베트남인들의 성격과는 반대로, 집안에서 식사할 때 베트남인들은 '먹을 때는 솥을 보고, 앉을 때는 방향을 본다'는 말을 지킨다. 즉 식사할 때 다른 사람의 몫까지 다 먹어서는 안 된다는 뜻이다. 왜냐하면 베트남인들은 서양 사람들처럼 각자 자기 몫을 따로 먹는 것이 아니고 큰 그릇에 놓인 음식을 작은 그릇에 덜어서 먹는다. 이는 서양 문화가 개인을 중시하는 특징이 있는 데 반해 베트남 문화는 공동체를 중시하기 때문이다. 이처럼 공동으로 식사를 하기 때문에 식사하면서 음식을 서로 권하고 이야기하는 것을 좋아한다. 음식을 권하는 풍습은 상대방을 존중하고 정감을 표시하는 것이라고도 하지만 이미 배부르거나 먹기 싫은 음식이 있는 경우에는 곤혹스럽기도 하다. 아무튼 공동 식사는 베트남인의 공동체 문화를 잘 보여준다.

음식을 먹기 전에 아랫사람은 먼저 윗사람에게 권해야 한다. 이러한 풍습은 중국에서 들어온 것 같다. 베트남인은 젓가락과 작은 밥그릇을 사용해서 식사를 한다. 모든 음식과 요리는 큰 그릇이나 접시에 담아 둔다. 지금도 대다수의 가정에서는 바닥에 둘러앉아서 식사를 한다. 농촌에서는 침대에 단단한 나무판을 올려 놓고 식사를 하며, 잔치나 제사 때는 남녀가 따로 식사를 한다. 그러나 도시의 부유층은 부엌의 식탁이나 응접실 탁자에 앉아서 먹는다.

음료는 주로 차인데 홍차가 아니라 떫은 탄닌 맛이 있는 자연 상태의 차를 즐긴다. 이러한 차는 커피에 맞먹는 자극성을 갖고 있다. 차 기르기에 가장 좋은 땅은 타이응웬이다. 중부와 남부 사람들은 얼음을 넣은 묽은 차를 마시는데 얼음차라고 부른다. 북부 사람들은 또 느억보이를 즐겨 마신다. 보이 잎사귀는 해갈에 좋은데, 음력 5월 5일(단오)에 잎을 딴다.

술은 오래 전부터 즐겨 마셨는데 특히 북부지방의 겨울에 그렇다. 평상시에는 쌀로 집에서 빚은 맑은 술을 마셨고, 명절에는 색깔이 있는 술을 마셨다. 또한 남자의 정력에 좋은 뱀술을 만들었는데 보통 뱀 세 마리 또는 다섯 마리를 넣었다. 또 도마뱀술도 만들었는데 딱께라고 부른다. 옛날 주법에는 '차는 셋, 술은 넷'이라고 하여 차를 마실 때는 세 명이 있어야 맛이 있고, 술을 마실 때는 네 명이 마셔야 즐겁다고 했다.

20세기 초에 프랑스 사람이 맥주 제조기술을 들여와서 맥주를 생산하기 시작했으며, 그때부터 베트남인들이 맥주를 마시기 시작했다. 최근에 전국적으로 맥주 붐이 일었는데 특히 남부지방은 주목할 만하다. 남부 사람들은 맥주 마시는 것을 녀우라고 부른다. 일부 사람들은 보통 오후 3시부터 밤 11시까지 일상적으로 마시는데, 한 사람이 매일 5~8 l 의 맥주를 마신다. 이 술자리는 즐거운 자리가 될 수도 있지만 어떤 때는 싸움이 벌어지는 볼썽사나운 모습을 보일 때도 있다. 중요한 일, 이를테면 매매계약이나 큰 비즈니스 혹은 임금 인상 같은 일들이 술자리를 통해서 이루어지기도 한다.

흡연 전통적으로 베트남인들은 투옥 라오라고 불리는 잎담배를 피운다. 잎담배를 피우는 것은 동남아시아 여러 나라의 오래된 풍습이다. 잎담배를 피우는 도구인 담뱃대는 직경이 5cm, 길이가 50~70cm 정도 되는 대나무로 만든다. 한쪽 끝은 밀폐시켜 물을 넣어 두고 다른 쪽 구멍은 입을 대고 흡입하도록 되어 있다. 물이 고여 있는 곳에 깔대기 모양의 것을 연결시킨다. 잎담배를 깔대기에 놓고 불을 붙여 빨며 연기가 물을 통과한다. 이 잎담배는 필터담배와 같은 종류이지만 니코틴 함량은 훨씬 높다. 그럼에도 불구하고 사람들은 잎담배가 필터담배보다 덜 해롭다고 말한다. 연기가 물을 통과하면서 니코틴을 걸러준다고 믿기 때문이다. 담뱃대를 휴대하는 것이 불편하기 때문에 지금은 잎담배를 피우는 사람이 많지 않다. 1940년대에서 1990년까지 베트남의 흡연 인구는 아마도 세계에서 가장 많았을 것이다.

라오담배를 피우는 어부. 라오담배는 길이 50~70cm 정도 되는 대나무의 한쪽 끝을 밀폐시켜 물을 넣어 두고 다른 쪽 구멍에 입을 대고 흡입하도록 되어 있다.

2. 의복

'첫째는 먹는 것, 둘째는 입는 것'이라는 속담이 있다. 베트남인에게 먹는 것 다음으로 중요한 것이 입는 것이다. 비록 더운 곳이지만 베트남 여성이 노출이 심한 옷을 입는 것은 낯선 일이다. 상고시대부터 지금까지 베트남에는 나체 풍속이 없다. 심지어 사체(死體)도 옷을 입히지 않고는 매장하지 않는다.[4] 그렇지만 '먹는 건 배부르게, 입는 건 질긴 것'이라는 속담이 있듯이, 베트남인들의 입는 것에 대한 첫번째 기준은 모양새가 아니라 질긴 정도이다.

이러한 기준은 북부와 남부 모두에 적용된다. 옛날 북부지역 농민들은 갈색 옷을 즐겨 입었다. 이것은 바나나 나무에서 채취한 실로 짠 옷인데, 후에는 면실로 바뀌었다. 흰색 천을 짠 후에 북부 산악지역에서 나는 갈색뿌리 물에 담근다. 이 뿌리는 마치 갈색의 송진 같고, 흡착력이 매우 좋다. 이것을 다시 진흙에 하룻밤을 담갔다가 따가운 햇빛에 며칠을 말려 옷을 지어 입는다. 어떤 지방에서는 진흙에 담갔다 말리기를 보름 동안에 열다섯 번이나 하기도 한다.[5] 옷을 만들기 전에 천을 그렇게 단련시키는 것은 농민들이 논에서 혹은 물고기를 잡기 위해 하루종일 물속에 몸을 담갔다가 다시 햇빛에 말려도 쉽게 상하지 않게 하기 위한 것이다. 음(진흙과 물)과 양(햇빛)이 조화를 이루어서인지는 모르겠지만 이 천은 옛날 직조제품 중에서는 최고로 질기다.

남부는 강이 많기 때문에 농민들은 하루종일 강물 속에서 산다. 따라서 더 질긴 천이 필요하다. 그러나 이 지역은 갈색뿌리 염료가 없기 때문에 두꺼운 천으로 옷을 지어 입는다. 가장 보편적인 의복은 검고 두꺼운 천으로 만든 옷이다. 이 옷은 말레이시아 바바족의 의상에서 기원했다고 해서 검은 바바옷이라고 부른다. 다음으로 널리 알려진 것은 체크무늬 수건으로 캄보디아로부터 들어왔는데, 여러 종류가 있다. 이 지역 기후의 특징은 덥고 물이 많다. 따라서 더울 때는 모자 대신 머리에 두르고, 물속에서 나오면 수건처럼 사용하며, 잠잘 때는 이불로, 여성이 아기를 안고 다니다가 피곤하면 아기를 매는 포대기로도 사용된다.[6]

'사람이 예쁜 것은 비단(옷) 때문이요, 벼가 좋은 것은 거름 때문이다'는 속담처럼, 옷이 질긴 것이 우선이고 다음은 모양새이다. 비단은 주로 부유층과 관리들이 사용했고, 농민들은 명절에나 입을 수 있었다. 18세기 초부터 남성과 여성 모두 아오자이를 입었지만 형태는 달랐다. 남성용 아오자이는 소매가 좁고, 단추가 오른쪽에 달렸으니 윗도리가 무릎까지 내려온다. 바지는 통이 헐렁하고 천으로 된 허리띠를 사용했다. 여성용 아오자이는 좀더 복잡하다. 우선 여성은 사다리꼴의 작은 천을 위쪽은 목에 걸고 허리에는 뒤로 끈을 묶어 가슴을 가린다. 그 위에 발끝까지 내려오는 윗도리를 입는다. 아랫도리는 북부의 경우 치마를 입고 남부는 바지를 입는다. 바지나 치마 모두 통이 넓게 입고 파란색 혹은 붉은색의 천으로 된 허리띠를 맨다.[7] 그러나 남부가 북부보다 대체로 옷을 잘 입는다.

응웬푹쭈(1765~1777년) 시대에는 남녀가 모두 옷깃을 세우고 짧은 팔에 무릎을 가린 아오자이를 입었다. 여성은 모두 옷깃에 꽃을 수놓은 비단옷을 입었다. 금은을 모래같이 여겼고, 쌀을 흙같이 여겨 사치가 극에 달했다고 레뀌돈의 『푸비엔땁룩』에 기록되어 있다. 사치를 좋아하는 것은 남부인들의 성격 중의 하나다. 그리고 지금도 남부인들이 북부인보다 옷을 잘 입는다. 남부 사이공의 양복(양장)점이 북부 하노이로 진출하여 언제나 경쟁업체의 선두에 선다.

옛날 북부에서 관리들은 남색의 옷을, 평민들은 뿔색, 검정색, 갈색 옷을 입었다. 신부는 결혼식에 행운의 색이라고 여기는 붉은색 옷을 입었다. 특히 오행에서 행토(行土)에 속하는 금색(황색)은 왕만이 입을 수 있었다. 음양오행설에 따르면, 행토는 언제나 중심에 자리잡는다. 그것은 땅을 대표하기 때문이며, 금색이다. 왕

전통 남녀 복장. 베트남인들은 입는 것에 대해 첫번째로 질긴 정도를, 그 다음으로 모양새를 중요하게 여겼다.

은 토지의 소유주이고 왕국의 중심이기 때문에 언제나 금색의 옷을 입었다. 관리의 복장은 문관과 무관이 달랐고, 예복과 평상복이 있었다. 이러한 복장은 중국 조정의 모형을 따랐으며, 부분별로 색깔과 천의 종류가 세밀히 규정되었다. 집안에서는 남녀 모두 수건을 둘렀다. 여성은 머리를 올리고 수건을 둘렀는데, 젊은 여성은 수건을 마치 까마귀 부리 모양으로 둘렀다. 옛날에는 외출시에 남녀 모두 논(삿갓)을 썼으나 후에는 여자는 논을, 남자는 천으로 된 모자를 썼다. 오늘날에는 남녀 모두 모자를 쓰지만 논은 여전히 시(詩)의 소재로 사랑받고 있다.

여기서 논이라고 불리는 삿갓에 대해서 언급할 필요가 있다. 베트남인들은 뜨거운 햇빛을 피하기 위해 논을 쓰기 시작했다. 논은 가볍게 말

아오자이. 베트남 여학생들은 흰색 아오자이를 교복으로 입는다.

린 나뭇잎을 이용하여 원뿔형으로 만든 것이다. 후에에서는 종이에 시를 쓴 뒤 나뭇잎 사이에 끼워서 논을 만드는데, 햇빛에 비추어 보면 시를 읽을 수 있다. 그래서 이 논을 시 삿갓이라고 부른다. 대다수의 외국 관광객은 후에를 떠날 때 이 삿갓을 가지고 간다. 오늘날에는 주로 농촌에서만 사용하고 있지만, 그럼에도 아오자이와 함께 오늘날 베트남 전통복장의 하나로 간주된다.

옛날 농촌에서는 맨발로 다녔다. 심지어 오늘날에도 더운 농촌에서는 맨발로 다닌다. 발을 직접 땅과 접촉하는 것은 음양이 만나는 것이기 때문이다. 그러나 페스티벌에서는 나무신이나 슬리퍼를 신으며, 도시에서는 거의 모두가 신발을 신는다.

20세기 초에 프랑스가 베트남에 서구 문화를 전파하였다. 남부의 대도시는 그 문화를 처음 그리고 열성적으로 받아들인 지역이다. 그곳에서 신문과 국어사용운동이 시작되었으며 서구식 옷을 입기 시작하였다. 그러나 서구식 복장은 1930년대에 이르러서야 도시지역에 널리 퍼졌다. 1945년 공산혁명 이후로 전통적인 검은색 아오자이와 남성의 장발이 사라졌다. 현재 대다수의 도시인들은 서구식 의상을 입지만 서구식 기준에 따라 입는 것은 아니다.

오늘날 우리는 베트남 여성들이 신식 아오자이를 입는 것을 보게 된다. 아오자이는 원래 긴 윗도리라는 뜻인데, 이 아오자이가 이제는 세계 어로서의 아오자이가 되었다. 즉 윗도리도 길고 바지도 긴 옷이 된 것이다. 정해진 규정은 아니지만 일반적으로 여학생은 흰색, 중년층은 꽃이 있는 파란색 혹은 밝은 색, 노인은 검은색, 갈색, 보라색을 입는다. 윗도리는 몸에 딱 맞게 바느질하고 바지는 아주 헐렁하게 입는다. 윗도리는 단추를 가운데로 하지 않고 오른쪽에 달고 옷자락을 허리까지 갈라 놓는다. 아오자이는 젊은 여성의 몸매가 더욱 드러나게 한다. 서양 남자들이 아오자이를 입은 베트남 여성을 보고는 넋이 나가는 경우가 많다. 그들은 아주 섹시하다고 말한다. 아오자이는 여성의 신체 곡선을 모두 드러내도록 재단하고, 그러면서도 맨살이 드러나지 않게 하였기 때문이다. 아오자이의 매력은 서양 여성의 옷처럼 신체를 직접 드러내지 않고 감추도록 되어 있다는 것이다.

많은 사람들은 아오자이가 베트남의 민족성을 표현하고 있다고 말한다. 만약 아오자이가 (여성의) 민족의상이라고 한다면 맞는 말이지만 민족성을 나타낸다고 하면 적절하지 않다. 왜냐하면 아오자이는 베트남에만 있는 것이 아니기 때문이다. 이 문제를 좀더 분명히 하기 위해 우리는 잠시 과거사로 돌아갈 필요가 있다.

반랑국 시대부터 남자는 허리싸개를, 여자는 치마와 앞가리개를 입었다. 동선 지역의 동고(銅鼓 : 청동으로 만든 북)에 새겨진 많은 남녀상은 우리에게 그것을 분명히 보여주고 있다. 치마를 입는 것은 이 지역이 덥기 때문이며, 바지를 입는 것은 추운 북방인의 전통이다.[8) 중국 한나라가 침략했을 때 바지를 베트남에 들여왔다. 15세기에 이르러서는 바지를 입는 것이 보편화되었다. 1666년 레왕조의 후옌똥은 북부지역 여성들에게 전통적인 풍속을 보존하기 위해 바지 대신 치마를 입으라는 명령을 내렸다.[9] 그런데 중부지역에서는 독립국가라는 것을 나타내기 위해 1774년 응웬푹코앗(무왕, 1738~1765년)은 북부에서처럼 상스럽게 치마를 입지 말고 중국처럼 바지를 입으라는 명령을 내렸다. 그때부터 남부 여성들은 치마를 입지 않게 되었다. 1882년 밍맹왕은 청나라의 예를 따라 모든 전국 여성들은 바지를 입도록 했다(이때는 전국이 통일되었기 때문에 북부와 중부를 모두 포함한다). 그러나 도시지역에서는 그 명령을 따랐지만 북부 농민들은 여전히 치마를 입었다.[10]

문학에서는 신시(新詩)가, 교육에서는 보통교육이, 도시생활에서는 의복의 서구화가 이루어졌다. 아오자이를 입고 수건을 두르던 의생활이 양복에 넥타이, 양산과 신발을 신는 모습으로 바뀌었다. 그러한 배경에서 레포와 깟뜨엉이라는 두 화가가 북부 전통의 아오자이를 개선하자고 주장했다. 우선 색깔의 다양화가 이루어지고, 몸에 붙게 재단하고, 옷자락을 짧게 하고, 앞가리개를 하지 않게 되었다. 이것은 모두 서구식인데 여성의 신체 곡선이 두드러지도록 한 것이다.

지난 반세기 동안 여러 사람의 노력으로 오늘날의 아오자이가 탄생하였는데, 이로써 여성의 신체 곡선을 드러내는 서구식 미가 전통 베트남 아오자이 속에 공존하게 되었다. 그리고 중국 전통의 바지와 같이 입게 되었다. 그래서 아오자이는 베트남 역사와 국제 문화교류에서 나온 베트남 문화의 산물이라고 할 수 있다. 이는 또한 민족 전통 문화와 세계 문화의 결합이라고도 볼 수 있다. 그리고 바로 우리가 제3장에서 설명할 베트남 문화의 진화과정인 것이다. 그렇기 때문에 아오자이가 베트남 민족의 본질은 아니다. 그러나 베트남인의 자부심이다. 그리고 그 자부심은 세계가 인정한다. 아마도 베트남인들의 의복 형태는 질긴 것에서 아름다운 것으로 전환하는 과정에 있는 것 같다.

3. 학습

베트남인의 식생활과 의생활은 논농사의 조건과 기후가 규정한다면 학업은 주로 외국 문화의 영향에 의해 규정되었다. 근래 몇십 년 동안 일부 사람들은 한나라가 침략하기 이전에 오랫동안 존재했던 훙왕 시대의 문자에 대해서 언급했지만 자료가 너무 적다. 실제로 비엣-므엉족이 기원전에 문자를 갖고 있었다고 하더라도 베트남 역사에서 큰 의미를 갖지는 못한다. 왜냐하면 북부지역에 한나라가 들어오면서부터 베트남의 역사는 다른 길로 가기 시작했기 때문이다. 천년이 넘는 지배과정에서 중국 봉건세력은 베트남을 중국화하려고 결심했다. 상층문화에 속한 것은 모두 없애버렸고, 문자 역시 중국식 교육체계와 한자로 대체시켜버렸다. 한 학자인 판응옥은 이 문제에 관해 주목할 만한 연구를 했다.

베트남에 한자를 처음 전파한 사람은 사섭(176~226년)이라는 관리로 현재 베트남에서는 그의 상을 모시고 제사를 지낸다. 그러나 천년의 중국 지배 시기에는 유교뿐만 아니라 불교도 주요한 사상 교류의 역할을 했다. 그로 인해 유교는 학당이 아닌 절에서 교육되었다. 그리고 시험을 보고자 하는 사람은 중국에 가야 했다. 11세기까지 베트남 문화를 대표한 자는 바로 승려였다. 승려 반하잉은 1006년에 리꽁우언을 왕으로 세워 리왕조를 창업하게 했다. 그리고 그때부터 한학은 큰 규모로 교육되기 시작했다. 1070년에 리왕조는 탕롱(하노이)에 문묘를 세우고, 뒤이어 유교를 가르치는 최초의 대학인 국자감을 설립했다. 리왕조 시대에는 다섯 번의 과거시험이 치러졌다. 그러나 쩐왕조에 이르러서야 과거제는 비로소 틀을 갖추었고 널리 확대되었다. 1232년 쩐왕조는 3등급으로 된 과거시험을 처음으로 치렀으며, 이러한 과거제는 1919년까지 800여 년 동안 크게 바뀌지 않고 실시되었다.

농촌에서 먹고 살 형편이 되는 집안은 아들이 조상에 대한 제사를 모시고 족보를 읽을 정도의 한자를 알기를 바랐고 만약 더 잘하면 마을에서 조그만 직책을 갖기를 바랐다. 더 욕심을 내면 과거를 통해서 관리가 되기를 바랐고, 그렇지 못하면 최소한 마을의 훈장, 약사, 제수, 점쟁이라도 되기를 바랐다.[11]

학생을 가르치는 훈장은 과거에 떨어진 사람이나 급제는 했으나 관리가 되기를 원하지 않던 사람들이었다. 그래서 학생들은 사립학교에서 그러한 선생들에게서 교육을 받았다. 당대에 이름을 날린 선생들로는 쭈반안, 르엉테빙, 응웬빙키엠 등이 있는데 이들이 가르치는 학교의 학생 수는 수백 명에 이르렀다. 당시의 교과서는 중국의 오경(五經)이었다. 학생들은 그 책의 일부 내용과 송나라 유학자들의 해설을 외어야 했고, 그 내용에 대해서 이의를 제기할 수 없었다.

국가는 3년에 한 번씩 향시(鄕試), 회시(會試), 정시(廷試)의 과거를 실시했다. 향시는 성에서 치르는 시험으로, 응시 전에 예비시험을 거쳐 현의 독학(督學, 현의 교육담당 관리)에게서 응시자격이 충분하다는 인정을 받아야 했다. 향시에 급제한 사람은 다시 뚜따이와 끄년으로 나누어졌는데, 끄년은 오늘날의 학사 자격과 같은 것으로 관리가 될 수 있었다. 뚜따이는 마을로 귀향하여 마을의 직책을 받았으며, 끄년은 수도에서 실시되는 회시에 응시할 수 있는 자격이 주어졌다. 이 회시에 급제하면 띠엔시(進士)라고 하는데, 등급에 따라 장원(壯元)과 방안(榜眼), 탐화(探花)라고 불렀다. 회시에서는 매번 대략 10여 명이 띠엔시가 되었다. 마지막 시험은 정시 즉, 궁궐의 마당에서 치르는 것으로 왕이 직접 시험을 주관했다. 여기서 1등으로 합격한 사람은 정원(廷元)이라고 불렀는데, 판딩풍이라는 사람이 있다. 판딩풍은 대불 항전에서 지도자로 활동하다가 프랑스 당국에 의해 죽임을 당했다. 현재 하노이의 한 아름다운 거리에는 그의 이름이 붙여져 있다. 향시, 회시, 정시를 모두 통과한 사람을 땀웅웬(三元)이라 불렀다.

과거에 합격한 사람은 관리가 되고 봉록을 받는 것 외에도 사회에서 존중을 받았다. 예를 들어 끄년에 합격한 사람이 귀향할 때, 물소를 잡아 잔치를 베풀거나 집 한 채를 지어주었다. 띠엔시에 합격하면 환영의 깃발을 세우고, 비석에 이름을 새겨 대대로 전해지게 했다(현재 하노이의 문묘에는 약 80명의 띠엔시 명단이 새겨져 있다). 남편이 과거에 급제하거나 과거에 급제한 사람을 남편으로 맞이하는 것은 당시 모든 여성의 바람이었다. 따라서 남자는 시험을 치르기 위해 모든 노력을 기울였다. 어떤 사람은 네 번을 응시하고 떨어지는 경우도 있었다. 또한 70세가 넘은 사람이 시험을 치르는 경우도 있었다.

위에 언급한 학업과 시험제도는 몇 가지 점에서 적극적인 면이 있다. 그것은 산업혁명 이전의 유럽 각국에 비해서 베트남의 문자 해독률이 더 높을 정도로 학문의 보편화[12]를 가져왔다. 또한 인재 발탁에 기여했고(20

베트남의 대학생. 베트남의 교육체계는 정부 수립 이후 기존의 한학교육체계 대신 선진국 모형을 따르게 되었다.

세에 띠엔시가 된 사람도 있음), 도시에서 농촌까지 온 백성이 공부하는 덕성을 갖게 했다. 과거에 합격한 판딩풍, 호앙지에우, 판보이쩌우, 응웬트엉히엔, 쩐뀌깝, 르엉반깐과 같은 많은 지식인들이 훗날 민족의 영웅이 되었다. 베트남 각 도시에서는 이들의 이름을 붙인 거리들을 종종 찾아볼 수 있다. 그리고 후잉툭킹은 호지민 주석 다음으로 1945년에 베트남민주공화국의 부주석이 되었다.

그러나 유교적 학업과 시험제도는 위험한 결과를 낳기도 했다. 하나는 책에 근거하여 모든 것을 결정함으로써 독립적인 사고를 가로막고, 어떤 것이든지 개별적인 의견이 있을 수 없고 오직 유교에서 주장하는 것에 근거해야 했다. 그것은 베트남을 포함하여 주자학을 공부하는 나라들의 발전을 더디게 만들었다.[13] 둘째는 교육과정으로, 윤리 문제를 제외하고는 체육, 기술 등 다른 과목이 없다. 이러한 상황은 철학자, 과학자, 문인, 기술자가 나올 수 있는 토대가 없다는 뜻이기도 했다.[14]

1906년 프랑스 식민당국은 교육체계 및 시험제도를 개혁했지만 그리 두드러진 것은 아니었다. 이어 1919년에는 한학교육체계를 폐기하라는 명령을 내리고 다음해에는 한문교육을 없앴다. 1945년 베트남 정부가 탄생했을 때 인구의 90% 이상이 글을 몰랐다. 정부는 문맹을 없애고 교육체계를 개혁할 목적으로 평민학무국을 설치하고 '무지'라는 적에 대항할 투쟁 프로그램을 실시했다. 그때부터 베트남의 교육체계는 선진국 모형을 따르게 되었다. 1945년부터 1991년까지는 초기에 중국의 학제가 일부 남아 있기는 했으나 소련의 교육 모형을 따랐다. 1991년 이후로는 서구 모형을 따르는 추세이다.

지금까지 베트남은 이웃 나라들에 비해 훈련된 노동자를 많이 갖고 있다는 것에 자부심을 느낀다. 최근에 정부는 인재 양성을 국책으로 삼고 있다. 그러나 현실적으로 베트남의 교육은 여전히 많은 취약점을 갖고 있다. 교육시설은 물론 교육과정과 교원 모두 현대화할 필요가 있다.

4. 일

베트남 풍속 연구가인 또안아잉은 농촌가정의 일에 대해서 아주 구체적인 글을 썼다.[15] 베트남 인구의 대부분은 농민이므로 여기에서는 주로 농민의 일을 고찰하겠다.

수십 세기 동안 베트남 농민의 노동은 주로 손과 초보적인 농기구 그리고 물소의 힘으로 이루어졌다. 베트남에서 물소는 인도와 중국 농민의 소, 서구 농민의 말과 같다. 그러나 땅이 좁고, 논은 고르지 않으며, 소규모 영농이기 때문에 여전히 손과 초보적인 농기구를 선호하였다. 베트남 농촌은 거의 100% 자급자족하므로 각 가정은 모든 것을 다 해야 한다. 베트남 농가는 다음과 같은 일들을 한다.

논농사로 쌀, 구황작물, 야채, 과일을 생산한다. 물소 혹은 소(1~3마리), 돼지(1~4마리), 닭(5~30마리), 거위 혹은 백조(2~6마리), 오리(4~20마리), 개(1~2마리)와 같은 가축에 필요한 사료를 농가에서 만든다. 강이나 호수, 연못에서 직접 만든 도구로 물고기를 잡는다. 어류로 간장이나 건어물을 만든다. 실을 뽑아 천을 짜고 염색한 후 옷을 지어 입는다(천을 사서 염색하고 옷을 짓는 곳도 있다). 소규모 농기구는 자체 수리를 한다. 명절에 먹는 음식과 물품을 스스로 만든다. 농산물과 수산물을 자체 소비하고 소량을 시장에 팔아서 세금을 내거나 다른 일에 쓴다.

이러한 일들을 다 하려면 농민들은 거의 1년 내내 일해야 한다. 그 가운데 특히 벼농사와 구황작물 재배에 거의 300일을 소비한다. 농민들은 보통 새벽 4시에 일어나서 들판에 나가 11시까지 일하고, 다시 오후 1시

들판의 물소떼. 수십 세기 동안 베트남 농민들은 주로 손과 초보적인 농기구, 그리고 물소를 이용하여 농사를 지어왔다.

에서 6시까지 일한다. 저녁을 먹고 나서는 집안일(방아찧기)을 밤 11시까지 한다.

벼농사는 씨를 뿌려서 수확할 때까지 논갈기, 씨뿌리기, 모내기, 거름주기, 제초작업 등과 같은 적어도 18단계의 큰일이 있다. 가장 간단하고 쉬운 일이 제초작업인데 그 또한 30여 종의 풀과 싸워야 한다. 집안일을 돌보는 농촌 여성은 하루종일 일한다. 들판에서 일하는 사람이 하루에 세 나절을 일한다면 이들은 새벽, 아침, 점심, 오후, 밤 등 하루에 다섯 나절을 일한다. 또안아잉이 기술한 여성의 일거리를 세어보니 밥짓기, 돼지밥 주기, 물긷기, 장작패기, 방아찧기, 쌀빻기, 상차리기 등 32가지 일이 있다. 까자오는 농촌의 젊은 부인의 고생을 다음과 같이 노래하고 있다.

"남편과는 한끼 식사, 잠은 한밤중에."

왜냐하면 밤 11시에 잠들어 새벽 4시면 일하러 가기 때문이다. 오늘날 농촌 상황은 많이 나아졌는데, 농기계의 도움으로 농민의 노동이 줄었기 때문이다. 벼농사에서 논갈기, 벼베기, 탈곡, 방아찧기는 기계와 기타 농기구를 사용하고 옷과 생활용품 그리고 일부 식품은 도시의 공장에서 공급되고 있다. 그러나 베트남 농촌은 여전히 개발도상국의 가난하고 낙후된 모습을 띠고 있다.

베트남의 공업도시는 19세기 서구의 침략 이후에 출현했다. 19세기 초부터 1945년까지 공업생활은 광산과 도시에서 확장되기 시작했다. 그리고 1945년부터 1985년까지의 공업은 전쟁의 색채를 띠고 있어서 아직은 초보적이고 한시적인 성격을 갖고 있었다. 1985년 이후로 도시와 공업단지 지역에서는 현대화되고 정규화된 모습을 보이고 있다. 그러나 현재 베트남의 공업이 국내총생산에서 차지하는 비중이 30%라고는 하지만 도시인 전체에게 미치는 영향은 아직도 적다고 할 수 있다. 현재 주 5일 근무에 1일 8시간을 일하고 있지만 노동생산성은 낮고, 농업생산방식의 느슨하고 게으른 현상은 아직도 널리 퍼져 있다.

여기서, 베트남인들은 근면하기로 유명한데 왜 가난하게 사느냐는 질문을 할 수도 있다. 우리는 이 장의 '학습' 편(본문 70쪽)에서 그 해답의 일부를 찾을 수 있다. 옛날 베트남 사회는 사농공상(士農工商)의 사회였다. 즉, 지식인이 이끌어가는 사회였다. 그러나 지식인은 처음부터 길을 잘못 들었고 천년 동안이나 계속 잘못된 길을 걸어왔다. 절대 다수의 옛날 베트남 지식인은 관리가 되려는 목표가 있었다. 그리고 주요한 지식은 문장과 역사였는데, 그 역사도 남의 나라 역사였다. 일부는 시험을 치르고 나서 체제나 관직에 염증을 느껴, 낙향하여 술을 마시거나 시를 짓거나 학문을 가르쳤다. 즉 자신과 같은 무력한 사람을 만들어냈다.

베트남 지식인들이 남긴 책은 한자와 쯔놈으로 된 5,038권의 저술이 있는데, 그중 어문과 관련된 책이 2,536권(시가는 845권)으로 반이 넘고, 역사가 976권이며 종교 관련 서적이 898권이다. 점성술, 제문, 제사, 도술 관련 책도 아주 많다. 논농사로 유명한 베트남이지만 논농사 기술과 관련된 책은 한 권도 없다. 어업이나 임업과 관련된 책도 없다. 단지 기후에 관한 책이 한 권 있을 뿐이다.[16] 이러한 불균형의 문화유산은 현재 베트남인들의 사상에 영향을 미치지 않을 수 없었다. 실제로 일반인들뿐만 아니라 지식인 혹은 심지어 학자들도 미신을 믿는 것을 볼 수 있다. 그렇기 때문에 현재 베트남 농촌의 현대화는 교육의 현대화 문제와 분리될 수 없는 것이다. 이 문제에 대해서는 제4장 '베트남 사람들' 편에서 다시 다루겠다.

5. 수면

베트남에서는 남녀가 따로 잠을 잔다. 남자들이 한 침대에서 같이 잠을 자지만 큰 문제는 없다. 옛날 농촌의 보통 집은 남향으로 짓고, 세 칸 혹은 다섯 칸에 두 칸짜리 우리가 있었다. 가운데 칸은 신주를 모시거나 중요한 손님을 접대하는 곳이고, 옆칸은 부모의 침실이다. 아들의 방은 서쪽 끝인데 떠이퐁(西房)이라 부르고, 딸의 방은 동쪽 끝인데 동퐁(東房)이라 부른다. 남향집이 아닌 경우에도, 아들 방과 딸 방은 양쪽에 따로 두고 가운데에는 부모의 방을 둔다. 별도의 방이 없는 가난한 집에서는 아들과 딸을 별도의 침대에서 자게 한다.

침대는 여러 형태가 있다. 농촌은 네 개의 받침대가 있는 나무침대에 돗자리를 깐다. 침대 바닥은 나무판자인데, 돗자리가 미끄러지지 않도록 홈을 파놓았다. 또는 대나무 평상으로 대나무를 쪼개서 바닥을 만들었는데, 주로 여름에 낮잠을 자거나 밤에 마당에서 잘 때 사용한다. 도시에서는 주로 방바닥에서 잔다. 여름에는 바로 바닥에서 자고, 겨울에는 요를 깐다. 그러나 형편이 좋은 집에서는 서구식 침대에서 잔다. 도시와 농촌을 막론하고 희귀한 나무에 정교한 조각을 새긴 것이 있는데, 이것을 섭이라 한다. 옛날에는 관리나 지주, 부유층만 이 섭을 사용할 수 있었다.

오늘날 절대 다수의 베트남인들은 돗자리를 깔고 잔다. 겨울에는 일부 가정에서 요를 깔기도 한다. 옛날 농촌에서는 따뜻하기 때문에 짚덤불에서도 잤다. 베개는 등나무베개나 목침을 사용했는데 최근에는 솜베개를 사용한다. 오리털이나 닭털베개를 사용하는 사람도 있다.

베트남인들의 잠자리에서 가장 중요한 것은 모기장이다. 모기장이 없다면 많은 사람들이 잠을 잘 수 없다. 모기장은 서양 사람들이 야영할 때 사용하는 텐트와 비슷하게 생겼는데, 사이즈는 침대와 같다. 고온다습한 지역이므로 모기가 많아서 이를 막기 위한 것이다. 현재 대부분의 큰 호텔은 창문에 철망을 설치해서 모기의 침입을 막기 때문에 따로 모기장을 사용할 필요가 없다.

베트남인들의 수면과 관련하여 두드러진 점은 점심 식사 후 오침(午寢)을 하는 것이다. 이 습관은 학업 또는 일 때문에 선진국에 갔을 때, 베트남인들에게 적잖은 고통을 준다. 그 시간만 되면 졸려서 이겨내기 힘들다. 많은 사람이 회의장에, 교실에 앉아서 꾸벅꾸벅 존다. 베트남 노동자들의 오침 습관은 외국 관리자와 노동자 간의 분쟁을 일으키고 심지어 싸움이 벌어지기도 한다. 베트남인의 오침 습관은 아주 오래되었다. 베트남은 열대지방이어서 태양복사열이 높고, 연중 불같이 더운 날이 많다. 대부분 논농사를 하던 베트남인들은 낮에는 집에서 혹은 나무 그늘 아래서 더위를 피했다. 더위가 가시기를 기다리는 동안에 그들은 오침을 즐겼다. 수천 년을 그와 같이 했기 때문에 이 습관은 빨리 고치기 어렵다. 외국인이 베트남인과 일할 때 그것을 이해한다면 양측은 문화의 차이를 쉽게 극복할 수 있을 것이다.

6. 오락

베트남인은 힘들게 일하기도 하지만 오락을 즐길 줄도 안다. 휴식과 오락은 여러 종류로 나누어진다. 농촌에서는 보통 봄에 축제가 많이 벌어지고 특히 모내기한 이후와 추수 이전에 한다. 북부 평야지역에는 마을마다 축제가 있는데, 만일 하루에 한 곳씩 구경을 한다면 적어도 두 달이 필요하다.

이러한 축제는 대상에 따라 여러 가지 놀이가 있다. 노인들을 대상으로 한 놀이는 또똠놀이(베트남식 화투), 인간장기, 시짓기, 새날리기 등이 있다. 청년들 놀이로는 노래대항, 그네뛰기, 씨름, 노젓기 경주, 공던지기, 나무오르기 등이 있고, 아이들 놀이는 다잉펫, 다잉캉, 다잉다오, 다잉꽈이 등이 있다. 그리고 모든 사람을 위한 놀이로는 수상인형극, 눈가리고 염소잡기, 향사(香寺) 축제 등이 있다.

농민들은 1년 내내 고된 농사일을 하므로 봄에 있는 축제 때만이라도 마음껏 즐긴다. 그리고 다시 일을 시작한다. 그런데 왜 그들은 개인적으로 쉬지 않고 단체놀이를 즐기는 것인가? 그것은 논농사를 하는 사람들이 일을 하거나 놀 때 모두 공동체 혹은 집단사상 즉 공동체 의식을 따르기 때문이다. 다른 면으로는 그러한 관습이 오래 전부터 전해졌기 때문에 그대로 받아들였다. 열광적인 분위기의 단체놀이에 참여하는 것은 그들로 하여금 덥고 고생스럽게 일했던 기억을 말끔히 씻어준다. 게다가 이러한 봄 축제는 바로 젊은 남녀들이 서로 사귀고 사랑하게 되는 기회가 된다.[17] 마을 축제에 대해서는 제3장에서 구체적으로 다루겠다.

도시의 오락도 몇 가지 형태가 있었다. 건전한 오락으로는 악기연주, 장기, 또똠, 화초기르기 그리고 심지어 아편 흡입(적당한 정도)도 있었다. 둘째는 도박으로 속디아, 잇시, 따이반, 다잉벗 등이 있었고, 세 번째로 기생놀이가 있었다. 아래에 몇 가지 놀이를 소개하고자 한다.

악기연주는 우아한 놀이로, 독주와 다른 종류의 악기를 같이 연주하는 합주가 있다. 일반적인 악기는 단버우(우리의 가야금 같은 모양에 한 쪽에는 박을 달고 외줄로 된 베트남 전통 악기로, 줄을 퉁기면 박에서 공명이 일어 소리가 난다 – 역자주), 니(2현금絃琴 – 역자주), 단응웻(월금月琴으로 두 줄의 현악기 – 역자주), 단다이(기타 모양과 유사한 3줄 현악기 – 역자주), 단짜잉(16현금 – 역자주), 사오(대나무로 만든 베트남 전통 피리 – 역자주), 띠바(비파琵琶), 단땀텁룩(36현금) 등이다. 이 중에서 베트남 것은 단버우와 단다이, 사오뿐이다. 오늘날에는 전문악단과 녹음기와 방송의 출현으로 이 오락은 없어졌다.

장기는 주로 중국의 장기를 두는데 인도에서 왔다는 말도 있다. 오행기 놀이와 장군기 놀이도 있고, 최근에는 체스도 즐긴다. 체스는 도시 대학생들이 많이 즐기고, 오행기와 장군기는 주로 농촌 어린이늘이 즐긴다. 그것은 단순해서 땅에 판을 그려 놓고 소이를 사용해서 놀 수 있기 때문이다.

술은 도시와 농촌을 막론하고 즐기는 것이다. 도시에서는 현재 전통 술보다는 맥주를 더 많이 마신다. 그리고 주로 남성이 즐긴다. 베트남 여성은 술이나 맥주를 마시는 경우가 극히 드물다. 담배는 더욱 그렇다. 남자가 술을 마시거나 담배를 피울 때 여성은 다른 일을 즐긴다. 전에는 남자가 술, 담배, 차를 마실 때 여성은 빈랑을 씹었다. 베트남 속담에 '빈랑 씹기는 이야기의 시작이다' 라는 말이 있다. 빈랑씹기를 권하고 나서야 비로소 자신의 속내를 드러내는 이야기를 시작했던 것이다. 빈랑씹기는 쩌우라는 잎사귀, 빈랑, 나무껍질, 석회와 잎담배를 섞어서 씹는다. 이것은 담배와 같이 취하거나 중독을 일으킨다. 오늘날에는 남성이 담배를 피우거나 맥주를 마실 때 여성은 화장, 잡담을 하거나 수박씨를 씹거나 혹은 소금에 절인(염장) 살구를 먹는다.

옛날에 아편 흡입은 아주 보편적인 오락이었다. 부유층, 관리, 예술가들은 상시로 피웠다. 그러나 그때는 건전한 것으로 간주되었다. 그것은 한계를 정하고 피웠기 때문이다. 1945년 혁명 이후로 이것은 완전히 금지되었다. 그러나 최근 몇 년 동안 다시 증가 추세에 있으며, 특히 마약은 학교를 중심으로 대학생은 물론 초중고생에까지 침투했다. 정부는 5kg 이상의 마약을 소지하거나 판매하는 자에 대해서는 사형을 시키는 등 여러 근절책을 실시하고 있다.

빈랑을 파는 아주머니. 빈랑을 쩌운 잎사귀, 나무껍질, 석회와 잎담배를 섞어서 씹으면, 담배와 같이 취하거나 중독을 일으킨다.

도박으로 현재까지 전해지는 것은 또똠이다. 이것은 120장의 패를 가지고 다섯 명이 즐기는 놀이다. 치는 방법은 아주 복잡하지만 매우 재미있다. 근래에 도시에서 출현한 새로운 도박이 있는데, 다잉데라고 부른다. 이것은 국가에서 실시하는 복권을 기초로 하고 있다. 이 도박을 실시하는 사람은 당첨액의 3% 가격으로 판다. 정부는 매일 복권을 추첨한다. 일등상은 통상 7자리 내지 9자리 숫자로 되어 있는데, 일등의 마지막 두 자리 숫자를 맞추면 이기게 된다. 이긴 사람은 자기가 산 돈에다 그 돈의 70배를 더 받게 된다. 즉, 3원에 사서 이기면 모두 210원을 받게 된다. 숫자를 못 맞춘 사람은 처음에 걸었던 돈을 잃게 된다. 얼마동안은 그대로 두었다가 이 도박이 건전치 못하다는 것을 알고 정부가 금지시켰으나 여전히 비밀스럽게 이루어지고 있다.

　기생놀이는 예전에 부유층이나 관리들만 즐겼다. 기생집이 따로 있었고, 노래는 젊고 예쁜 아가씨들이 한다. 노래를 부른 후에는 술을 마시거나 매춘을 하는데, 이것은 일본의 게이샤와 비슷하다. 약 10년 전부터 베트남에는 일본의 가라오케가 유입되었다. 현재 대도시에는 많은 가라오케가 출현했고 대다수는 건전하게 운영되고 있지만 간혹 불미스러운 일들로 언론에서 비판받는 곳도 적지 않다.

　농촌에서 놀이는 대부분 밖에서 벌어진다. 그러나 도시에서는 대부분 집안에서 논다. 최근에 호치민시에는 두 곳의 놀이공원이 생겨 많은 사람들을 끌어들이고 있다. 북부지역 역시 2000년 들어 하노이에 수변 놀이공원이 만들어졌다. 베트남에는 야외에서 즐기는 오락이 아주 적지만 놀이공원이 가진 교육성으로 볼 때 이들의 숫자가 늘어나는 것은 바람직한 일이다.

　근래에는 프랑스에서 들어온 춤이 다시 부활했다. 댄싱클럽이 대도시를 중심으로 출현하기 시작했다. 젊은이들은 현대적 춤을 즐기고 중년층은 고전적인 춤을 즐긴다. 전자오락실 역시 도시지역에 나타났으며, 정부는 전자오락 영업에 대해서 엄격히 통제하고 있다. 하지만 아직까지는 춤과 전자오락을 즐기는 사람이 많지 않다.

1) Thach Phuong, Ho Le va NNK. 1992. **Van hoa dan gian nguoi Viet o Nam Bo** (남부 베트남인의 민간문화). Ha Noi: NXB. Khoa hoc xa hoi. p. 50.
2) Bui Huy Dap. 1985. **Van minh lua nuoc va nghe trong lua Viet Nam** (수도작 문화와 베트남 벼농사). Ha Noi: NXB. Nong Nghiep. p.74.
3) Thach Phuong, Ho Le va NNK. 1992. 위의 책. pp.50~53.
4) Nguyen Van Huyen. 1996. **Gop phan nghien cuu van hoa Viet Nam** (베트남 문화연구에 대한 기여). Tap II. Ha Noi: NXB. Khoa hoc xa hoi. p.465.
5) Toan Anh. 1966. **Phong tuc Viet Nam** (베트남 풍속). Sai Gon: NXB. Khai Tri. p.96.
6) Thach Phuong, Ho Le va NNK. 1992. 위의 책. p.121.
7) Nguyen Van Huyen. 1996. 위의 책. p.466.
8) 쩐응옥템에 따르면 바지를 입는 것은 목축과 말타기에 익숙한 북방 유목민의 전통이며, 치마를 입는 것은 논농사 지역의 전통이라고 한다.
9) Toan Anh. 1966. 위의 책. p.408.
10) Dao Duy Anh. 1938. **Viet Nam van hoa su cuong** (베트남 문화사강). Sai Gon: NXB. Bon Phuong. p.173.
11) Phan Ngoc. 1998. **Van sac van hoa Viet Nam** (베트남 문화의 본질). Ha Noi: NXB. Van hoa thong tin. p.250.
12) Phan Ngoc. 1998. 앞의 책. p.250.
13) Phan Ngoc. 1998. 앞의 책. p.256.
14) Phan Ke Binh. 1992. **Viet Nam phong tuc** (베트남 풍속). HCM: NXB. TP. HCM. p.159, 251.
15) Toan Anh. 1966. 위의 책. pp.156~192.
16) Phan Ngoc. 1998. 위의 책. 제9장 참조.
17) Toan Anh. 1968. **Nep cu xom lang Viet Nam** (옛 베트남 마을 풍속). Sai Gon: NXB. Phuong Quynh. p.329.

제3장 사회풍습

제3장 사회 풍습

1. 가정 내 풍습

혼인

일반적으로 한 가족의 생활은 혼인에서부터 시작된다. 베트남 속담에 '여 십삼, 남 십육' 이라는 말이 있는데, 이는 여자 나이 열셋, 남자 나이 열여섯이면 출산 능력이 있다는 것을 뜻한다. 이에 따라 부모가 자식을 일찍 결혼시키는 풍속이 있었는데, 이를 조혼(早婚)이라고 한다. 오늘날 이 풍습은 사라졌지만 씬베라고 하는 풍습은 지금까지 이어져 내려오고 있다.

씬베 풍습은 예식을 치른 후, 신부가 친정으로 돌아가 일정기간 머무는 것을 말하며 이는 3개월 때로는 3년까지 이어지는 경우도 있었다. 신랑이 처가에 와서 신부를 데려갈 것을 허락받은 후에야 비로소 신부는 시가에서 살게 된다. 이러한 풍습은 지금부터 약 3,000년 전인 훙왕 때부터 있었다. 1980년대에 이르기까지 푸토와 하떠이 같은 일부 지방에서는 여전히 이 풍습이 행해졌으나, 신부가 친정에 머무는 기간은 전보다 짧아졌다. 풍습의 주요한 내용은 다음과 같다.

결혼식 당일 신부는 시댁에서 하루를 묵는다. 그날 신부의 친구들이 신부와 함께 자는데 이를 '친구와의 밤'이라고 한다. 다음날 아침 일찍 신부와 그 친구들은 바로 친정으로 돌아간다. 하떠이성 단프엉현 하모마을에서는 1970년대까지 신랑이 그 친구들과 함께 첫날밤을 보내는 풍습이 남아 있었다.[1] 또한 혼례식 당일 신랑 신부가 흙을 먹는 풍습이 있는데, 이는 1970년대까지 이어졌다. 심지어 빙푸 등 일부 지역에는 식용으로 쓰이는 흙을 파는 시장도 있었다.

혼례를 치른 후 신부는 낮에는 친정에서 머물고, 저녁이 되어서야 가끔 시댁에 들르곤 했는데, 임신을 한 다음에는 친정에 머무는 기간이 줄어들었다. 이 의례는 먼저 양가가 합의를 한 후에 이루어졌다. 1,500년 이상 한(漢)문화의 영향을 받았음에도 불구하고 15세기에 이르기까지 씬베 풍습은 여전히 보편적으로 행해졌으며, 어떤 곳은 결혼 3, 4년 후에야 시댁으로 들어가는 경우도 있었다.

1471년, 레타잉똥은 전통의식에 따른 혼례를 행할 것을 명하였다.[2] 이는 초창기 수도작 문명인 모계제도의 잔재라고 볼 수 있는데, 예전에는 남녀가 결혼한 후 동거하지 않고 자신의 모계가족 집단으로 돌아오는 것이 관례였다. 흙을 먹는 풍습과 씬베 풍습은 수도작 문명의 음을 중시하는 음양사상, 즉 여자와 흙을 중요하게 생각하는 것에서 비롯되었다. 서기 초 한족이 부권 중심적인 문화(남존여비)를 전파한 이래 유교가 베트남에서 절대적으로 독보적인 위치를 차지하게 되는데, 15세기에 이르면 베트남인들의 전통적인 풍습은 상당 부분 사라지게 된다.

중국의 혼인 풍습은 베트남에 유입된 후 많이 간소화되었고 베트남 고유의 풍속과 융화되었다. 베트남인들은 중국인들의 여섯 단계 혼인 절차에서 네 가지만을 따르고 있는데 혼담과 양가 인사, 약혼, 혼인 요청, 결혼식 거행 등이다. 베트남의 여러 지역에서는 데릴사위제가 보이는데, 약혼을 한 후 남자가 여자 집에 가서 그 가정의 구성원과 같이 일을 하지만 잠은 별도로 잔다. 이것은 앞으로 사윗감이 한 집안의 가장으로서 역할을 잘 감당할 수 있는지 시험해보는 단계라고 할 수 있다. 만약 여자 집안에서 사윗감이 마음에 들지 않으면 혼인을 거절할 수도 있는데, 이럴 경우 받았던 예물들을 돌려줌은 물론 노동에 대한 대가를 지불해야 했다. 이 또한 여성을 중시하는 모계제도의 잔재라고 볼 수 있다. 오늘날에는 극소수 지역에서 이 풍속이 행해지고 있으나 공동체 의식, 자치, 음양의 원리는 현재에도 베트남 농촌의 혼인풍습에 깊숙이 녹아 있다.

혼인이라는 것은 우선 두 당사자들의 일이지만 양가에서는 가문의 대를 잇고 번성시키고자 하는 목적과 얼마만큼 부합하는가를 세세하게 살피고 알아보았다. 또한 가족들은 장래의 며느리와 사위가 집안에 보탬이 될 만한 노동력인가를 보고 선택했다. 그래서 예전에는 신부의 나이는 17살인데 신랑은 7살인 부부도 있었다. 이것은 부유한 남자 집에서 더 많은 노동력을 확보하기 위해서였다. 마을에서는 총각들이 일찍 혼인하여 자식을 빨리 낳도록 부추기는 방법들을 사용하기도 했는데, 이는 마을공동체에 새로운 인력을 공급하기 위함이었다. 그래서 혼기가 찬 총각들이 여전히 독신으로 살고 있을 때는 마을회의에 참석할 권한을 주지 않았고 잔칫상에서는 말석(末席)에 앉아야 하는 등 경시 대상이 되기도 했다.[3]

시골 마을에서는 절대적인 마을 내규로서 모든 마을 성원들이 놉째오라는 풍습을 따르도록 향약(鄕約)에 명시해 두었다. 이는 남자가 장가를 들려면 마을에 물질을 기부해야 하는 요식 행위로 혼인공증비라 볼 수 있

약혼식 행렬. 남자 집안에서 예물을 준비하여 여자 집안에 건네준다. 보통 과자나 사탕을 빨간 보자기로 싸고 둥근 나무상자에 담는다.

다. 만약 같은 마을 아가씨와 혼인하는 경우에는 쩨오노이라 하여 술 한 병과 쩌우까우, 약간의 돈만 내면 된다. 그러나 다른 마을의 아가씨와 혼인을 할 경우에는 쩨오응와이라 하여 같은 마을 아가씨와 결혼했을 때보다 두세 배에 달하는 물질과 돈을 내야 한다. 이러한 풍습은 오늘날에는 더 이상 남아 있지 않다.

그러나 음양을 중시하는 풍습은 오늘날 약혼식과 결혼식에서도 볼 수 있다. 남자 집안에서는 여자 집안에 바잉쯩(떡만두: 네모 모양으로 음을 상징한다)과 바잉자이(찹쌀떡: 둥근 모양으로 양을 상징한다)를 가지고 간다. 바잉푸테는 신랑과 신부를 의미하는 것으로(서민들은 속어로 바잉수세라고 부름), 역시 둥근 것과 네모난 것이 있으며 오행을 상징하는 다섯 가지 색깔로 만들어진다. 신랑 신부가 신방에 들기 전에 자식이 많고 후덕한 여자를 찾아 돗자리를 깔게 하는데, 두 개의 돗자리가 있다. 하나는 앞면(음)으로 하나는 뒷면(양)으로 깐다.

90

오늘날 베트남의 혼인 및 가정법은 조혼, 강제결혼, 결혼의 방해 혹은 위장결혼을 금하고 있으며, 가정 내에서 부모, 형제자매, 손자, 부부 간에 학대 행위를 금하고 있다. 혼례에 있어 가장 중요시되는 것은 정혼, 결혼식 요청, 결혼식의 세 가지 의례이다. 정혼은 여자 집안에서 약혼식을 받아들이는 것으로 딸을 남자 집안에 주겠다는 의사를 정식으로 밝히는 것이다. 양가 모두에게 좋은 날, 좋은 시간을 받은 후, 남자 집안의 대리인과 신랑감은 예물을 가지고 가서 여자 집안에 건네준다. 그 예물에는 쩌우까우가 반드시 있어야 하며(이것은 부부의 정절을 상징한다), 그 밖에는 술, 담배, 사탕, 과자를 준비해야 한다. 예전에는 위에서 말한 것처럼 음과 양을 상징하는 떡을 준비했지만 요즘에는 간소화되어 일상적으로 사용하는 여러 종류의 과자나 사탕을 준비하며 이것들을 빨간 보자기로 싼 후 둥근 나무상자에 담는다. 여자 집안에서는 받은 예물 중 라이꽈라 하여 일부를 다시 남자 집안에 돌려준다. 약혼식을 치른 남녀는 아직 식을 올리지 않은 신랑, 신부로 대접받는다.

결혼식은 일반적으로 약혼 후 오래지 않아 치르게 된다. 신부를 맞이하러 가는 날과 시간은 매우 신중하게 정한다. 그러므로 결혼식 전, 남자 집안의 대리인이 여자 집안에 가서 결혼을 요청, 즉 결혼식을 올릴 것을 요청하는데 여자 집안은 이 자리에서 타익끄어이, 즉 혼례에 필요한 예물들을 남자 집안에 요구한다. 오늘날에는 이 풍습이 거의 남아 있지 않으나 예전에는 절대적인 것이었으며, 상당수 여자 집안에서 무리한 혼인물품을 요구하기도 했다. 예를 들면 50kg의 돼지 한 마리, 20 l 의 술, 20kg의 찹쌀, 금・은 등의 장신구, 신부의 결혼 예복 등이다. 만약 남자 집안에서 줄여줄 것을 요청하면, 여자 집안에서 이를 받아들인 후에야 일정한 합의에 도달할 수 있었다. 때로는 여자 집안에서 남자 집안의 능력 범위를 넘어서는 혼인물품을 요구한 후 이를 삭감해주지 않을 경우, 남자 집안은 어쩔 수 없이 결혼을 포기해야만 했다.

베트남의 혼례는 각 지역에 따라 다양한 특색을 띠고, 결혼식마다 매우 다르다는 것을 먼저 밝혀야겠다. 전통적인 혼례를 따르는 쌍이 있는가 하면, 서양식을 따르는 쌍도 있다. 어떤 곳에서는 신랑 신부가 함께 흥겨운 잔치를 벌이는가 하면, 또 어떤 곳에서는 신랑 신부측이 개별적으로 잔치를 치르고 신랑이 신부를 맞이하고 난 후에야 한자리에 모이게 되는 경우도 있다. 그러나 어떤 잔치이건 신랑과 신부가 지켜야 할 공통적인 네 가지 절차가 있다. 첫째는 레부꿔로, 신랑과 남자 집안 대리인이 여자 집으로 가서 신부를 맞아 결혼식장에 데리고 갔다가 집으로 돌아오는 것이다. 둘째는 레자띠엔으로 분향을 하고 양가 조상에게 고하는 것이다. 셋째는 레타잉혼으로 신랑, 신부가 하객들을 증인으로 모신 결혼식장에 모습을 드러내는 것이다. 건배를 할 수도 있고, 함께 사진을 찍을 수도 있다. 넷째는 레녑퐁이다. 남자 집안의 대리인들과 신랑이 결혼식장에서 신부를 데리고 신혼집이나 신혼방으로 가는 것을 말한다. 합방식 후에는 일반적으로 신랑 신부가 함께 술 한 잔과 음양떡 한 조각을 나누어 먹는다. 결혼식 이틀 후, 신랑 신부는 신부의 부모님을 뵈러 가는데, 이를 레라이 맡이라고 한다. 그러나 오늘날 이 의례는 그리 중요시되지 않는다.

서양 문명이 들어오기 이전에는 결혼 예복이 매우 복잡했다. 신랑 신부 모두 아오자이를 입었으나 색상과 디자인은 서로 달랐다. 일반적으로 신부의 옷은 행운을 상징하는 밝은 붉은색이며, 신랑은 파란색이나 녹색을 입었다. 신랑 신부 모두 찢칸이라는 것을 썼다. 1세기 전부터 결혼 예복은 서양식을 따르기 시작했다. 오늘날 정통적인 형식의 결혼 예복은 신랑은 청남색의 양복을 입고 하얀 와이셔츠, 넥타이를 맨다. 신부는 하얀 웨딩드레스를 입고, 면사포를 쓰고, 하얀 장갑을 끼며, 하얀색 꽃 한 다발을 든다. 대부분의 신랑 신부는 서양식 예복을 선호하지만 정통적인 격식에 맞게 차려 입지 못하는 경우가 있다. 그러나 최근에는 전통적인 문화를 되살리려는 추세에 따라 신부들이 전통 혼례의상을 선호하는 경향이 있다.

일반적으로 베트남인들은 베트남 여성이 외국 남성과 결혼하는 것을 곱지 않은 시선으로 보았으나 베트남 남성이 외국 여성과 결혼하는 것에 대해서는 그렇지 않았다. 예전에 베트남 여성이 서양인과 결혼을 하면 마을 사람들은 비웃고 가까운 사람들마저도 냉대하곤 했다. 오늘날에는 국제 교류가 증대됨으로써 외국인에게 시집가는 것을 예전처럼 멸시하지는 않는다. 그러나 여전히 베트남인과 결혼한 여성들을 보는 시각과는 차이가 있다. 특히 베트남 여성이 외국인과 사랑했거나 결혼한 후 버림을 받으면 베트남 남성과 사랑을 하거나 다시 결혼하는 것은 어렵다.

현재 베트남 법은 외국인과의 결혼을 허용하고 있다. 그러나 이러한 제도를 이용해서 여성을 인신매매 또는 성적으로 이용하는 것을 엄격히 금하고 있다. 그럼에도 불구하고 근래에 이러한 일들이 빈번히 발생하고 있다. 자료에 따르면 1993년에서 1998년까지 빙롱성에서만 1,269명의 베트남 여성이 외국인, 주로 대만 사람과 결혼했다고 한다. 외국인을 남편으로 받아들인 많은 여성들이 보다 나은 생활을 꿈꾸었지만 실제로 이러한 결혼의 상당수는 진정한 의미의 결혼이 아니라 성적 노리개로 전락하는 슬픈 결말을 맞았다. 많은 대만 사람들이 부인을 얻기 위해서 베트남의 개방정책을 이용했다. 한 대만인이 다섯 명의 베트남 여성과 결혼한 경우도 있었다. 많은 사람들이 결혼을 빙자해서 여성의 인격을 침해하는 것을 막기 위해 보다 구체적이고 강력한 법을 제정할 것을 요구하고 있다.

여기서 유의할 점은 베트남인들이 결혼식에 참석할 때 신랑 신부에게 무엇을 선물하느냐는 것이다. 이에 관련된 베트남의 풍습은 다분히 실용적이다. 결혼을 할 경우 먼저 초대하는 손님의 부류를 넷으로 나눈다. 첫째, 가족을 대표하여 부모가 가족과 친분이 두터운 사람들을 초대한다. 둘째, 아버지가 자신과 가까운 사람들을 새로운 가정을 이루게 되는 자식의 결혼식에 초대한다. 셋째, 어머니가 자신의 친한 사람을 초대한다. 넷째, 신랑 신부 당사자가 자신의 친구들을 초대한다. 그러므로 가족의 입장에서 보면 서로 다른 네 부류의 사람들에게서 선물을 받게 되는 것이다. 꽃이나 선물 대신에 돈을 직접 건네는 것이 실용적이므로 결혼식에 참석한 하객의 90%가 축의금을 낸다. 그렇지만 친한 친구일 경우에는 선물을 하는 것이 더 나은데, 이는 영원히 간직할 수 있는 기념품이 될 것이기 때문이다.

베트남인들의 부부생활에 가장 중요한 것은 세 가지로 요약할 수 있다. 첫째는 부부간의 정절을 지키는 것이다. 예전에는 부인이 외도를 했을 경우 흐르는 강에 던져 죽일 정도로 심한 형벌을 가하였다. 둘째는 서로 존중하는 것이고, 셋째는 부부 그리고 자식, 양가 부모에 대해 서로의 도리를 다하는 것이다. 오늘날에는 더 이상 공자의 삼종지도(三從之道)를 따르는 사람이 없지만 남성들은 여전히 사덕(四德)을 갖춘 여성을 높게 평가한다. 사덕의 첫째 덕목은 공(工)으로 부지런하고 집안일을 돌볼 줄 알아야 한다는 것이다. 둘째는 용(容)으로 미모가 뛰어나고 이를 관리할 줄 알아야 한다는 것이다. 셋째는 언(言)으로 부드럽고, 공손한 언변을 가져야 한다는 것이다. 넷째는 복(福)으로 덕을 행하고 섬길 줄 알며 자식을 아끼고 사랑하며 양가 가족들에게 관심을 갖는 것이다. 베트남 여자들이 가장 높게 평가하는 것은 남성의 능력이다. 베트남에서 여자 혼자 살아가기란 어려운 일이므로 의지할 대상으로서 남편이 필요한 것이다. 또한 성품이 좋고 도량이 넓은 남자가 귀하게 여겨졌다.

유교가 지배적이던 시절, 이혼은 아주 드문 일이었다. 오늘날에는 양측이 모두 동등한 권리를 가지고 있으며 일부 분야에서는 여성들에게 우선권이 주어지는 경우도 있다. 베트남 혼인 및 가정법은 부부 중 한 사람이 이혼신청을 하고 법원에서 화해가 성립되지 않을 때는 이혼하도록 허용하고 있다.

집짓기

결혼식을 치르고 나면 신랑 신부는 분가를 해야 하는데 베트남인에게 집을 짓는 일은 일생에 있어 가장 중요한 두 가지 일 중의 하나이다. 베트남 속담에는 불행한 사람들을 일컫는 것으로 '생시에는 거주할 곳이 없고, 죽어서 묻힐 곳이 없다' 는 말이 있다. 보통 생시의 집을 즈엉꺼(陽譏 : 아마 현세에 있어서의 집이라는 뜻인 것 같다)라 부르고, 죽어서의 무덤은 음편(陰分 : 사후 세계에서의 집)이라 부른다.

부부에 있어서 집(nha)이란 서로의 호칭으로 사용할 정도로 중요하다. 그들은 보통 서로 냐노어이!(nha no oi!) 혹은 냐엠어이!(nha em oi!)라고 부른다. 집이란 것은 단지 가정에 있어서만이 아니라 사회 전체에 있어서도 중요한 위치를 차지한다. 사람들은 집이라는 단어를 다른 실체나 개념들과 결합하여 복합어를 만든다. 식당(nha an), 기차역(nha ga), 창고(nha kho), 박물관(nha bao tang), 심지어 공장(nha may), 약국(nha thuoc) 등이 그러한 예다. 한 국가 역시 집이라는 호칭을 넣어 나라(nha nuoc)－이는 집과 물이라는 단어가 결합된 것으로 수경벼 경작민들에게 있어서 제일 중요한 두 가지라고 할 수 있다－라고 한다. 또한 집이라는 단어는 높은 수준의 학식을 가진 이들을 일컫는 단어로서 전문 분야에서도 다음과 같이 쓰여진다. 수학자(nha toan hoc), 천문학자(nha thien van), 사회학자(nha xa hoi hoc), 정치가(nha chinh tri), 외교관(nha ngoai giao), 시인(nha tho), 문학가(nha van) 등이 있다.

집을 짓기에 충분한 여력이 생겼을 때, 부부는 여러 가지를 고려해야 한다. 특히, 집을 짓기에 앞서 방향과 나이를 결정해야 한다. 베트남에는 '장가는 여자와 집 짓는 건 남향'이라는 속담이 있다. 이는 여성스러운 여자를 고르면 집안이 화목하고 평안하며, 집은 남쪽으로 지어야 한다는 말이다. 왜냐하면 옛 베트남인은 남쪽을 양향(양지)이라 하여 생기(生氣)가 있다고 여겼고, 북향은 음향(음지)으로서 사기(死氣)가 있다고 여겼다. 과학적인 언어를 빌려 말하자면, 베트남은 세 방위 모두 육지이고 오직 남향(정확하게 말하면 동남향)만이 바다와 접해 있다. 베트남의 여름은 매우 덥기 때문에 만약 집이 남쪽을 향해 있으면 바다의 수증기를 가진 바람을 받을 수 있고, 겨울에는 북쪽에서 내려오는 차갑고 건조한 바람을 피할 수 있다.

베트남과 같은 몬순기후 지역에서는 선사시대부터 집의 방향을 중시했다. 지금부터 1만 1,000년 전, 호아빙 문화권에 있는 거주민들의 동굴은 입구가 모두 남쪽을 향해 있었으며 어느 하나도 북쪽을 향하지 않았다.[4]

하롱만 전경. 예전에는 수도 혹은 도시를 건립할 때에도 풍수 조건들을 살폈는데, 도시와 강이 가까운 곳을 최상으로 여겼다.

북쪽 방향 이외에, 사람들은 집이 사당이나 절과 마주하는 것, 다른 집과 삼각으로 접해 있는 것 혹은 강이 집의 양쪽으로 흐르는 것을 금기시했다. 민간신앙에서는 이럴 경우 쉽게 아프거나 불행한 일이 닥친다고 믿었다. 만약 이와 같은 상황을 피할 수 없을 때에는 대문 앞에 석조 개를 묻거나 악령과 마귀를 물리치는 부적을 거울에 부착하였다.

집을 지을 때 나이를 보는 것은 중국 문화의 영향 때문이다. 사람들은 주인의 생년월일을 살펴보고 음양팔괘와 맞추어본 뒤, 결과가 좋을 경우에만 집을 짓고, 그렇지 않을 경우 다음해까지 기다린다. 만약 집을 지을 수 있다면 목재 주택의 경우는 상량하는 날을, 콘크리트 집의 경우는 옥상을 만드는 날을 택일해야 한다. 지붕을 올릴 때는 나무나 대나무로 지붕 꼭대기를 만들고 옥상을 만들 때는 첫번째와 마지막 층의 천정을 콘크리트로 바른다. 요즘 들어 집을 지을 때 기공식을 하는 풍습이 더욱 보편화되고 있다.

베트남인들이 현재까지 여전히 따르는 또 다른 풍습은 풍수를 보는 것이다. 풍은 바람이며, 수는 물이다. 이는 인간 거주지역의 기후를 조성하는 중요한 두 가지 요소이다. 여기에서의 문제는 지세(地勢)로서 주로 공기와 물이 어떠한가에 따라 많은 영향을 받는다.

예전에는 풍수를 보는 정도가 유별났다. 이들은 오색실을 몇 년 동안 땅에 묻어 두었다가 파내어 살펴본다. 만약 실이 본래의 색을 유지하고 있을 때는 그 땅이 좋다고 보고, 색이 바랬을 때는 나쁘다고 보아 다른 자리를 찾는다.[5] 남태평양에 있는 일부 민족들의 풍속에 따르면 한 줌의 쌀을 쥐어 접시에 부은 후 집을 지으려고 하는 땅에다 내려놓는데 밤이 지나고 접시 위의 쌀이 뒤섞여 있으면 심령이 그곳을 지나갔다고 여기고, 그곳에 집을 짓지 않는 것이 낫다고 여겼다.[6]

예전에 베트남에서는 수도 혹은 도시를 건립할 때 풍수학자들로 하여금 매우 신중하게 그곳의 풍수를 살피게 했다. 지금의 수도 하노이는 1010년 건립되었을 때 탕롱(용이 승천한다는 뜻)이라는 이름으로 불리워졌다. 왜냐하면 리꽁우언왕은 이 지역이 용이 승천하는 형세를 하고 있다고 보고, 수도를 호아르에서 하노이로 옮기라고 명하였기 때문이다. 여러 왕조를 거쳐오면서 레러이가 봉기를 시작했을 때의 타잉호아의 람낑, 혹은 응웬왕조가 들어섰을 때의 푸쑤언(후에)과 같은 수도들은 모두 경관이 수려하고 지세와 풍수가 좋은 곳이었다. 풍수지리설은 모든 지역이 청룡과 백호의 기를 지닌 개별적인 지형 특성을 갖고 있다고 보았다. 청룡은 선한 기운을 받고 백호는 악한 기를 받았다 하여, 청룡이 있는 지세를 좋은 것으로 보았고, 청룡의 두상과 가까울수록 좋다 하였다.

보통 사람들은 풍수 조건들을 자세하게 살필 수 있는 여건이 안 되었으므로 주로 방향과 위치를 정하는 데 풍수를 이용했다. 많은 사람들은 중국의 미신적인 요소의 영향을 받아 방향을 결정하기 위해 나이를 살피는 것도 잊지 않았다. 그래서 남향의 가장 이상적인 땅을 가지고 있음에도 나이와 맞지 않으면 북향으로 집을 지어 평생을 찌는 듯한 더위를 견디며 사는 경우도 있었다. 위치 선정에 있어서는 베트남 속담에 '일근시 이근강(一近市, 二近江)'이라는 것이 있는데 이는 도시와 강이 가까워야 한다는 것이다. 예전에는 이러한 곳을 최상의 위치로 여겼는데, 이는 완전히 좁고 오밀조밀한 도시 지역에 있는 것도 아니면서 어렵지 않게 도시적인 분위기를 느낄 수 있기 때문이다. 또한 강과 가깝게 있으면 교통도 편리할 뿐만 아니라 베트남인들의 주요 식품인 수산물 취득이 용이하기 때문이다.

다시 주택 건축양식(택지)을 살펴보면, 예전이나 지금이나 농촌 주택의 구조는 윗집, 가운데 집, 부엌으로 정형화되어 있다. 세 개의 집이 넓은 마당을 둘러싸고 있으며 마당과 이어진 곳에는 연못이 있고 집 뒤쪽에는 밭이 있었다.[7] 집을 둘러싸는 울타리가 있고 앞쪽으로는 대문이 있었다. 대문은 안쪽문과 일직선에 있지 않고 대개는 약간 한쪽으로 치우쳐 있었다. 집안에 심는 나무의 경우, 일반적으로 바나나는 뒤쪽에, 까우(빈랑나무)는 앞쪽으로 심었다. 까우는 몸체가 크고 튼튼하며 잎은 길게 늘어져 남풍이 집안으로 들어오는 것을 막지 않는 데다 오후의 강렬한 햇살을 막아주므로 앞쪽으로 심었다. 바나나 나무는 몸체가 낮으면서도 크고 두꺼운 잎들이 있어 북풍을 막기에 좋기 때문에 집의 뒤쪽으로 심었다. 이와 같은 전통적인 방식으로 집을 지을 경우, 더위와 추위를 피하면서 동시에 좋은 경관들을 즐길 수 있다.

　베트남에는 고층집이 거의 없었고 지붕은 경사가 급하다. 그 첫번째 이유는 잦은 태풍으로 강한 비바람이 몰아쳐서 이를 피하려는 것이었고, 지붕을 경사지게 함으로써 물이 잘 흐르게 하기 위함이었다. 두 번째로는 의식주에 있어서 음양의 조화를 추구하는 민간신앙에서 기원한 것으로 주택이나 건축물들을 주위의 자연경관과 조화를 이루도록 설계하고자 하였기 때문이다. 이에 반해 서양에서는 주택을 높고 크게 그리고 주위 자연경관과 완전히 구별되게 짓는다. 이를 통해 서양인들은 자연을 정복(강제적으로)하려는 사고방식을 가진 반면, 전형적인 동양사상을 드러내는 수경벼 재배민들은 결코 자연재난을 이기려고 하지 않고 피하거나 순응하여,[8] 자연과 조화를 이루어 살고자 하였음을 알 수 있다.

　베트남 주택의 공간 구성은 항상 홀수를 이룬다. 방 한 칸에 두 개의 골방(3), 방 세 칸에 두 개의 골방(5), 혹은 꽤 부유할 경우에는 방을 다섯 칸 만든다. 가난한 집은 진흙을 바르고 짚으로 지붕을 올리고 여유가 있는 집은 진흙을 바르고 기와로 지붕을 만들었다. 하지만 어느 집이나 조상의 제사를 모시는 사당을 만들기 위해 반 칸 정도의 공간을 할애했다. 조상의 제사를 모시는 사당 앞에는 보통 나무로 된 큰 탁자를 두어 주인이 손님을 접대할 때 사용했다. 안주인과 자식들은 사당 앞쪽에서 손님을 맞을 수 없었으며 다른 곳에서 손님을 접대해야만 했다. 두 칸의 방 혹은 양쪽 두 개의 골방은 남자와 여자의 방으로 구별짓거나 혹은 물건들을 저장하는 데 이용했다. 일반적으로 부엌은 남풍이나 북풍으로 인해 화재가 발생하는 것을 막기 위해 서쪽이나 동쪽 방향으로 배치했다.

　다음으로 관심을 기울이는 것은 집을 짓는 재료와 기술이다. 농촌에

전통가옥. 베트남 전통가옥은 고층집이 거의 없고 지붕은 경사가 급하다.

서는 거의 대부분 나무나 목초를 이용하여 집을 짓는데, 프랑스의 인류학자 피에르 구루(Pierre Gourou)는 베트남을 식물 문화권이라 불렀다. 서민들은 집을 지을 때 거의 금속류를 사용하지 않기 때문에 그렇게 평가하는 것도 일리가 있다. 1940년대에 구루는 다음과 같이 썼다. "동양 거주민들은 거의 대부분 식물에서 채취한 원료들을 이용하여 자신들의 음식, 도구, 의복, 주택을 만드는 데 사용하였다. 이러한 생활방식은 개별적인 하나의 문명이지 자연적인 조건의 산물은 아니다."[9]

주택을 짓는 주요한 재료는 차이나나무, 빵나무, 대나무이다. 부자들은 개오동, 경질목재, 창피나무, 티크나무와 같은 고급 목재들을 사용했다. 몸체가 곧은 차이나나무를 가져다 약 3년 동안 물에 담가 둔 다음 꺼내어 여섯 달 동안 바짝 말린 후 집을 지으면 50~70년 정도 유지된다. 이

나무는 맛이 매우 쓰기 때문에 곰팡이나 좀이 슬지 않는다. 또한 뺑나무, 열매나무의 속을 담가 두었다가 집을 지으면 몇백 년 동안 그 생명력이 이어진다. 담가 두었던 암대나무를 도리나 보로 사용하면 철못보다 더 튼튼하다. 열대우림에서 자라는 것으로 덩굴류의 가시가 있는 등나무를 뜨거운 물에 삶아서 가늘게 잘라 실처럼 만든 후 아궁이 위 선반으로 두면 철사로 만든 것보다 더 견고하다.

지붕을 얹는 재료는 식물성 가운데 오래된 야자나무 잎이 가장 좋고 다음으로는 짚, 대나무, 사탕수수 잎 등이 있다. 목조주택 기술을 매우 간단한 것으로 여기지만 그렇지만은 않다. 주택은 기둥, 도리, 보, 창방과 같은 것들로 구성되어 단단한 골격구조를 갖추게 되는데 이는 삼면체로 이루어진다.

전체적인 골격은 단단하고 곱게 다듬어진 주초석 위에 기둥을 세워서 잡는다. 각 기둥들은 세로로 얹혀진 도리, 보, 창방에 의해 나란히 결합되고 그 후에는 다시 위, 아래로 연결된다. 또한 이 모든 부재들은 몽, 즉 경첩에 의해 연결된다. 몽은 각 부재들의 돌출부(돌출부는 직사각형으로 만듦)를 그에 상응하는 규격과 모양으로 홈을 판 다른 부재들에 연결하여 맞추는 것이다. 예를 들면 도리의 돌출부를 기둥의 홈으로 끼워 넣는 것으로 이는 음양의 원리에 따라 견고하게 연결되면서 매우 유동적이기도 하다. 왜냐하면 몽을 반대로 빼기만 하면 주택의 골격을 이루고 있는 부재들을 분리할 수 있고 다른 곳으로 옮길 수도 있기 때문이다. 쟈룽왕은 수도를 푸쑤언으로 옮겨 다시 짓기 위하여 탕롱에 있는 궁전 일부를 해체하였다. 하노이에 있는 하이바쯩 사원과 쩐꾸옥사 또한 홍수를 피하기 위해 해체하여 옮겼다.[10]

이처럼 베트남인들의 주택 건축양식은 수도작 문화권의 특징과 음양 사상적 특성을 상당히 반영하고 있다고 볼 수 있다. 수천 킬로미터나 떨어진 곳으로 이주를 하더라도 여전히 다시 사용할 수 있는 베트남의 목조주택은 옮겨 사용할 수 없는 서양의 건축보다 낫다고 할 수 있다. 그러나 베트남의 주택 건축양식과 공간 배치는 서양보다 낙후되어 있음을 인정하지 않을 수 없다.

판께빙은 다음과 같은 글을 썼다. "대체로 어느 집이건 기둥이 있고, 보가 있고, 도리가 있고, 번잡하게 나무들을 늘어놓았을 뿐 위쪽을 보면 천장은 낮고 아래를 보면 제대로 바닥이 깔려 있지도 않고 벽은 갑갑하게 꽉 막혀 있으며 공기가 통할 수 있는 창문도 없으니…… 어떤 방이 주방이고, 어떤 방이 침실이고, 어디가 일하는 곳이고, 어디가 노는 곳인지 세대로 구분되어 있는 집이 없다. 어떤 집이든 상, 침대, 목판들을 번잡하게 늘어놓는다. 어떤 때는 먹는 것도 거기서, 자는 것도 거기서, 일도 노는 것도 거기서 하고…… 시골에는…… 마구간같이 낡은 기와, 누에 치는 방처럼 꽉 막힌 방, 엄청난 쥐들이 찍찍거리며 드나들도록 놔두는 것이다."[11]

19세기 말, 프랑스는 서양의 건축양식을 베트남에 전파하기 시작했다. 대부분의 건축물들은 하노이에 집중되어 있는데, 프랑스에 의해 지어진 건축물들이 오늘날까지 베트남 전체 건축물 중에서 으뜸임을 인정하지 않을 수 없다. 주석궁, 외무부, 오페라하우스, 역사박물관, 호치민시 인민위원회, 다랏에 있는 천주교 사원과 같은 건물들은 동서양 문명의 성공적인 결합체이다. 건물들은 서양의 건축양식에 따라 설계되었지만 동선문화의 주택들처럼 굽은 지붕 모양을 하고 있다. 그러나 프랑스 통치 기간 동안에 단지 몇몇 공공시설들을 건축했을 뿐이므로 지금까지 도시에

베트남 외무부 건물(위)과 현대 건축물. 현대적인 서양의 건축양식은 19세기 말 프랑스에 의해 전파되기 시작했다.

남아 있는 대부분의 서민 주택은 외국인 관광객들에 의해서 새장이라고 불리운다.

　도이머이를 실시한 지난 십여 년간을 보면 주택 건설 열풍이 강하게 일어났음을 알 수 있다. 서로 경쟁하듯이 집을 짓고 이전에는 쓰레기장, 더러운 물이 고여 있던 호수, 연못 들에도 3, 4층 집들이 부쩍 많이 생겨나고 있다. 주택 건설에 있어서 상당 부분 개선이 있었던 것은 사실이나 건축양식 문제는 한번 생각해볼 필요가 있다. 어떤 사람은 지붕 꼭대기를 에펠탑 형으로 짓고, 어떤 사람은 크렘린 형식으로 짓는다. 또 어떤 집은 알리바바라는 이름을 새겨 놓은 회교사원 양식의 둥근 탑 형식으로, 다른 집은 노엘이라고 쓰여진 천주교회의 십자가로 된 뾰족한 탑을 세운다. 탑도 탑 나름이다. 큰 탑, 작은 탑, 사각형, 육각형, 양파형, 마늘형 등등이 경쟁하듯 솟아오르고 있다. 게다가 튜브형 집들도 경쟁하고 있는데, 실제로는 사각형의 집으로 작은 것은 집이 아니라 좀 넓은 복도와 같다. 많은 사람들이 이러한 무정부 혹은 비빔밥 형태의 집짓기 풍조를 비판하지만 변한 것은 별로 없다. 아마도 이 열풍이 가라앉고 나야 비로소 비빔밥 형태의 건축양식이 과거 속으로 묻힐 것 같다.

임신과 출산

결혼을 하고 나서 집을 짓고 자식을 낳으면, 부모와 자식으로 이루어진 완전한 하나의 가족이 된다. 베트남어는 지역에 따라서 부모를 가리키는 말이 매우 다르다. 북부 삼각주지역에서는 부모를 보범이라 부르고, 북부 평야지대에서는 보메, 터이우, 꺼우머라고 한다. 중북부 지역에서는 보마라 하고, 남중부 지역에서는 바마라 하며, 남부 지역에서는 띠어마라 부른다. 비록 지역에 따라서 부모를 부르는 방법이 다르기는 하지만 자식을 부르는 말은 유일하게 하나인데, 그것이 꼰이다. 그러므로 자식에 관련된 문제들을 먼저 살펴보는 것이 더 합리적일 것이다.

베트남 풍속에는 여성이 임신과 출산할 때에 피해야 할 여러 금기가 있다. 임신을 했을 때는 다음과 같은 것들을 피해야 한다. 게를 먹는 것(자식이 게처럼 어긋나게 행동하는 것을 두려워하여), 홍합, 조개, 고동을 먹는 것(자식이 침을 많이 흘리는 것을 두려워하여), 토끼 고기를 먹는 것

(언청이가 되는 것을 두려워하여)과 출산을 하고 나서는 한 달이 지나고 나서야 씻을 수 있고, 불 가까이에 누워야 하며 밥은 단지 구운 소금과 주황색이 도는 생강과 함께 섞어 먹어야 한다. 불 가까이 눕는 풍습은 동남아시아 모든 국가들이 따르는 소승불교에서 발원한 것으로서 태국에서는 이것이 보다 강하게 드러난다.[12] 특히 말레이시아의 경우, 산모는 44일이 될 때까지 씻는 것을 피하며, 그 후에는 만디 똘락 바라(mandi tolak bala)라는 의례를 행한다. 이는 제사장을 모시고 여러 가지 종류의 나뭇잎들을 삶은 물로 씻는 의식이다.[13] 베트남에서는 여러 세기를 거쳐 서양 문명을 받아들이면서 위에서 언급한 풍속들을 대부분 지키지 않고, 임신과 출산기간 중에 충분한 영양을 섭취하고 의사의 진료를 받는다.

베트남에 유교가 들어오기 전에는 남녀를 차별하는 풍속이 없었다. 심지어 모계제도를 따르기도 하였다. 유교의 영향을 받으면서 특히 15세기 이후부터는 사내아이의 출산을 더 기뻐하고 여자보다 높게 평가해주었다. 동아시아 지역 중에서도 북베트남과 한국은 중국 문화의 영향을 가장 많이 받은 지역이라 할 수 있다. 그럼 여기서 이 지역에 어떤 특성이 있는지 잠깐 살펴보겠다.

1392년 조선왕조가 건립된 때를 포함하여 한국에서는 신유교(Neo-Confucianism)정책으로 인해 남자가 절대적으로 우위를 차지하고 있었다. 사내아이를 출산하는 것을 가족들과 조상에 대한 최상의 효도라고 여겼다.[14] 한국 사람들은 남아를 낳는가, 여아를 낳는가 하는 것은 여자에게 달려 있다고 여겼다. 그래서 사내아이를 낳지 못했을 때에는 아주 박대를 받았다. 만약 여아를 출산했을 때는 먼저 전통적으로 출산 후 먹는 미역국을 먹을 수 없었다. 그리고 거의 내팽개쳐져 주위 사람들의 시중과 도움을 기대할 수 없었으며, 만약 출산 후 6일 이상 자리에 누워 있으면 곱지 않은 시선을 받아야 했다. 또한 태어난 여아 다음에 출생하는 동생이 아들이기를 바라는 가족들의 바람에 의해 남자 옷을 입어야 하기도 했다.

여아의 출산은 집안의 근심거리가 되었고 모든 이들이 자신의 근심을 알아주었으면 하는 바람으로 한국의 아버지들은 여아에게 섭섭이, 또순이라 이름지었다. 혹은 끝이라는 의미의 말순이, 말숙이라는 이름을 지어 주었다.[15] 남아를 출산하고자 하는 바람은 하나의 관습이 되었다. 한자를 종이에 적어 먹거나, 남아를 출산한 집의 대문에 매달아 놓은 금줄을 훔치거나, 막 남아를 출산한 여자의 속옷을 훔치는 것, 남아를 많이 출산한 가족의 가위를 훔치거나 빌리는 것이 그것인데, 이는 모두 남아를 출산할 것이라는 믿음을 나타내는 풍속들이다.[16]

베트남은 유교의 사회지배가 최정점에 다다랐던 15~16, 19세기에도 한국과 비교해서 남아선호가 그리 강하지 않았고, 유교를 따르는 가정에서만 이를 중시하였다. 베트남에는 보통 '찹쌀과 멥쌀, 둘 다 있어야 즐겁다' 는 속담이 있는데, 찹쌀은 아들을, 멥쌀은 딸을 의미한다. 여자들도 거의 남자들과 동등하게 재산을 상속받을 권리가 있었고, 만약 집안에 남자가 없을 때에는 대신 딸이 조상에 대한 제사를 포함하여 모든 것을 상속받을 수 있었다. 집안에서 재산을 배분할 때는 아내 역시 남편과 같은 양을 배분받았다.

한문화권의 영향을 가장 많이 받은 한국과 베트남이 남아선호 사상에 있어서 정도 차이를 보이는 것은 두 가지의 원인에 기인한다고 볼 수 있다. 첫째, 지리적인 요인이다. 한국은 중국 문명의 중심지인 황하 유역과 해협을 사이에 두고 가까이 있지만 베트남은 험준한 산맥, 강들과 면하며 수천 킬로미터 떨어져 있다. 지금부터 수천 년 전에는 지리적인 요소가 더욱 중요한 역할을 했다. 둘째, 베트남은 가족과 공동체의 음양조화(남과 여를 포함하는) 사고방식이 한국, 중국에 비해 훨씬 강하기 때문이다.

신생아가 태어나서 만 한 달이 되면 가족은 축하잔치를 하는데, 이를 웅아이쫀타앙이라 한다. 그러나 가장 큰 신생아 축하잔치는 돌이고, 이를 웅아이쫀남 혹은 웅아이토이노이(더 이상 요람에 눕지 않는다는 의미)라 부른다. 이 날에는 아들이건 딸이건, 부모는 큰 잔치를 연다. 요즘 베트남에서는 오히려 많은 사람들이 딸을 더 중시하는데, 이는 가르치기가 쉬울 뿐만 아니라 정이 많기 때문이라고 한다. 그래서 딸의 돌잔치를 며칠 동안 계속하는 집도 있다. 이 잔치에는 보통 가족, 친지, 친분이 두터운 이들, 이웃들 그리고 회사 동료들이 오는 경우가 많다. 전통적인 풍습에 따라 화살, 칼, 책, 바늘, 실, 접시, 미술용품 등을 차려 놓고 아이의 소질을 점쳐보곤 하는데, 아이가 어떤 특정한 물건에 관심을 보이거나 집으면 그 분야에 소질이 있는 것으로 본다. 이 날은 출생 순간부터 장성할 때까지 아이에게 가장 큰 의례이다. 참고로 베트남에는 일부 나라에서 치르는 종교적 성격의 성년식은 없다.

유교적인 문화와 수도작 문명의 혼합은 자식에 대한 부모의 권한이 상대적인 성격을 지니는 것에서도 나타난다. 베트남에서 유교가 매우 중요시되던 시점인 19세기 초의 쟈롱법은 자식에 대한 부모의 절대적인 권리행사를 제한시켰다. 예를 들어 아버지가 자식을 구타하여 죽였을 경우 곤장을 100대 치는 것과 같은 규정을 두었다. 그러나 자식은 일반적으로 효도라고 일컬어지는 몇 가지 풍속을 따라야 했다. 예를 들면 자식은 부모를 고소할 수 없으며, 부모의 허락없이 집을 떠날 수 없고, 부모가 살아 있을 때는 재산을 상속받을 수 없었다. 그러나 이미 성장하여 분가를 하였을 때에는 자신이 모은 재산에 대해서 권리를 가진다.

오늘날에는 하루가 다르게 밀려드는 서양 문화와 더불어 가정 내의 민주화 추세가 확연해지고 있다. 부동산을 파는 것과 같은 큰일은 18세 이상인 자녀의 동의를 구해야 하며, 입양이나 서자도 일반 자식들과 똑같이 대우한다. 부모들이 그러하면 자식들 또한 그에 상응하는 의무를 다해야 한다.

자식들의 부모에 대한 도리는 현세와 종교적인 것의 두 가지 유형이 있고, 부모가 젊었을 때, 늙었을 때 그리고 돌아가셨을 때의 세 단계가 있다. 부모가 비교적 젊고 일을 할 수 있을 때 자식들은 부모의 말을 따른다. 부모에게 대드는 경우는 매우 적었고(단지 부모가 도리에 어긋나기나 결혼을 강요할 때나 짧은 생각으로 자식에게 해를 끼쳤을 때 발생한다), 부모의 가르침을 거역하는 것을 불효로 여겼다. 부모가 살아 있거나 연로하여 더 이상 일을 할 수 없을 때는 자식이 부모를 봉양해야 한다. 조부모까지 함께 모셔야 하는 경우도 있다. 부모가 사망하면 자식은 제사를 지내야 하는데 이것이 조상의례이다. 부모가 사망했으나 가족 내에 아직 성인이 되지 않은 사람이 있으면 장남 혹은 장녀가 장성할 때까지 돌보아야 한다.

상례

음양철학에 따르면 죽음이란 저 세상에서 영혼이 지속적으로 삶을 영위하는 것이다. 그래서 예전에 베트남인들은 죽는 것을 두려워하지 않았다. 옛 어른들은 차분히 자신의 죽음을 준비하였다. 꼬허우(일반적으로는 오랫동안 뼈를 잘 보관할 수 있는 삼나무를 이용해 만듦)라 불리는 귀한 나무로 관을 만들고, 관을 묻을 풍수가 좋은 땅을 찾으러 다녔는데, 이를 씽편이라 한다. 귀한 나무로 짠 관과 좋은 땅을 마련하고 난 후, 노인들은 편안한 마음으로 죽는 날까지 손자손녀들과 지낸다. 어떤 사람은 1년 안에 사망하기도 하고 모든 준비를 마친 후 몇십 년을 더 생존하는 경우도 있다.

죽음이 가까워지면 환자의 머리를 동쪽으로 향하게 뉘고, 유언을 받은 다음, 환자에게 죽은 뒤에 부를 이름을 묻는다. 이것을 맨투이라고 부른다. 이 이름은 제사 지낼 때 사용하므로 '제삿밥 이름'이라고도 부른다. 만약 죽음을 앞둔 자가 자신의 이름을 지을 수 없을 경우는 아내가 대신 지어주어야 한다. 이 이름은 그 사람의 마지막 이름이 되며 이는 단지 망자, 상주, 토신만이 안다. 이러한 풍속은 민간신앙에서 기원하였다. 사람이 죽고 나면 영혼이 구천을 떠도는데, 집안 사람이 제사를 지낼 때 정확한 비명을 불러야 토신이 그 영혼으로 하여금 집안으로 들어오게 한다는 것이다. 만약 이러한 비명(碑銘)이 없다면 다른 영혼과 혼돈할 것이라고 여겼다.

막 눈을 감은 사람을 흙바닥에 잠시 내려 두는데, 이는 흙의 양기가 죽은 자를 다시 살릴 수도 있다는 마음에서이다. 사람은 흙에서 태어났으니 죽을 때도 흙으로 돌아가야 한다는 미신 때문이기도 하다. 흙 위에 시신을 내려 놓은 후, 죽은 이의 장남은 그 영혼이 돌아오도록 부르는, 고복(皐復)을 한다. 만약 세 번 불렀으나 죽은 자가 움직이지 않을 경우에는 영혼이 영원히 몸을 빠져나가 이 세상을 떠난 것으로 봤다. 그 다음 절차는 목욕례로 시신을 깨끗이 씻기는 것이다. 만약 아버지가 사망하면 아들이 씻

논 가운데 있는 무덤. 평야 지역에는 산이 거의 없으므로 공동묘지 또는 비록 논이라 할지라도 개인 소유지에 매장을 한다. 사진 배양수.

기고, 어머니가 사망하면 딸이 씻겨주었다. 씻는 것이 끝나면 새로운 옷으로 갈아입힌다(많은 사람들이 사망 전에 이미 수의를 장만해 놓는다). 그 다음은 반함(飯含)이라는 절차이다. 가족이 젓가락으로 죽은 사람의 입을 열어 한 줌의 쌀과 얼마간의 돈을 집어 넣는 것이다. 이는 죽은 사람도 계속 밥을 먹고, 저승으로 가는 강을 건너려면 노잣돈이 필요하다는 미신에 의한 것이다. 반함 절차 다음은 입관(入棺)으로 시신을 관에다 안치하는 것이다.

베트남에서 사용하는 관은 서양처럼 육각형이 아니라 직육면체이다. 베트남에서 시신을 관에 안치하는 풍습은 고대부터 있었다. 중국의 문화가 북부지역에 유입되기 300~1,000년 전, 홍브엉 시대의 관은 가운데가 텅 빈 통나무였다. 비엣쿠에와 하이퐁에서 발굴된 유물들은 그 시대에 가운데가 빈 통나무에 창, 노, 종, 동접시 등과 함께 죽은 자의 시신을 묻었음을 보여준다.[17] 오늘날까지도 베트남과 쌍둥이 형제 종족인 므엉족은 가운데가 빈 통나무에 시신을 묻는다.[18]

입관에 대해 더 살펴보면, 아내가 흰 무명이나 비단으로 시신을 싼다. 이를 염이라 하는데 시신을 쌀 때는 위 아래로 한 번 싼 후, 가로로 세 번이나 다섯 번 정도 싼다.[19] 입관을 할 때에는 손자들과 집안 사람들이 모두 한자리에 모일 수 있도록 신중하게 시간을 정한다. 입관을 한 후에는 못으로 단단히 박고, 관 위에 껍질을 벗긴 삶은 달걀을 올린 밥 한 그릇에 앞부분을 잘게 나눈 젓가락을 꽂는다. 관을 매장하고 난 후에 이 밥그릇은 영원히 그 묘 위에 놓아 둔다. 음양사상에 따르면 앞부분을 잘게 나눈 젓가락은 혼란한 세계를 상징하고 그 혼란으로부터 태극을 형성하며(밥그릇이 이를 상징), 태극으로부터 양의(兩儀)가 형성된다고 보았다. 양의는 즉 음과 양이다(한 쌍의 젓가락이 이를 상징한다). 그리고 음양은 생명력이 있다고 보았다(달걀이 이를 상징한다). 이 의례는 생명력이 새로이 되살아난다는 데 있다. 가족들이 밥그릇, 젓가락, 달걀을 이용하여 제사를 지내는 것은 망자가 하루빨리 회생해서 현세로 돌아오기를 바라는 마음의 표현이다.[20] 그러므로 관에 넣은 시신을 집에 며칠씩 두는 것인데 어떤 곳은 일주일, 전에는 몇 주일 후에야 매장을 했다.

관은 집의 정중앙에 안치하고, 친지나 이웃, 손주들, 친분이 두터운 친구들이 풍비엥(조문)할 수 있도록 한다. 비엥이란 조문객이 고인에게 분향, 합장하며 가족들에게 애도를 표하는 것이다. 망자는 음이므로 그들에게 행하는 모든 것들은 음, 즉 짝수여야 한다. 베트남 풍습에 따르면 망자에게 절을 할 때에는 두 번이나 네 번 즉 짝수로 절을 한다. 그리고 상을 당한 집안의 사람은 조문객이 절한 숫자의 절반으로 답배한다. 풍이라는 것은 조문객들이 꽃이나 명정, 휘장들을 고인에게 바치는 것을 말한다. 혹은 현물이나 돈으로 상주를 돕기도 한다. 입관을 한 후부터 집안 사람들은 흰색 무명으로 지은 상복을 입기 시작하는데, 흰색은 오행에 있어 가장 나쁜 색깔이다. 가족들 모두 하얀 상복과 두건을 쓰고, 망자의 자식일 경우에만 가슴에 바나나 줄을 동여맨다. 망자를 포함하여 4대 이상 아래 손자들일 경우는 노란색 두건을 썼으며, 5대째의 자손들은 빨간 두건을 썼다. 오행설에 따르면 이 두 가지 색은 가장 좋은 색으로, 하늘이 복을 내려 망자가 증손자, 현손자를 볼 때까지 살아계셨던 것을 기뻐하는 마음의 표현이다.

베트남과 이웃한 나라들의 장례를 살펴보면 매우 다양한 풍습들을 접할 수 있다. 말레이시아에서는 말레이 문화를 따르는 사람들과 회교도들 모두 몇 가지 공통된 풍습을 가지고 있다. 가장 관심을 기울이는 첫번째 것은 망자가 아니라 묘혈(墓穴)이다. 사람이 죽고 나면 집안 사람은 시체를 묻을 장지를 찾기 위해 절이나 회교사원에 부고한다. 그들은 시신을 빨리 묻으면 묻을수록, 특히 시신을 죽은 후 여섯 시간 이상 두지 않는 것이 좋다고 여겼다. 말레이인들의 관 또한 나무로 만들어졌으나 바닥 부분이 없어 시신을 옮길 때 떨어지지 않도록 비단을 이용하여 바닥을 단단히 매었다. 회교도들의 관에 바닥 부분이 없는 것은 하관한 후 시신이 흙과 직접 닫게 하기 위한 풍습이었다.[21]

또한 태국에서는 대부분의 국민들이 불교를 따랐기 때문에 절에서 장사를 지내는데, 습과 습전 그리고 화장의 세 가지 주요한 의례로 요약된다. 이 중에서 가장 유의할 것은 습이다. 시신을 낮은 상 위에 눕히고 얼굴을 가리지 않으며 손을 큰 양동이 아래로 늘어뜨려 놓는다. 애도를 표하기 위해 가족들과 친척들이 차례로 지나가면서 다른 양동이에 있는 물을 떠서 시신의 손에 뿌린다.[22] 중국에서는 시신을 옮길 때 장남이 망자의 이름을 적어 놓은 세 개의 꼬리가 달린 종이 휘장을 손에 받쳐들고 간다. 차남은 망자의 이름이 적힌 절 모양의 작은 상자를 안고 간다. 상을 당한 집안은 관을 옮기고 묻을 일꾼을 구해야 한다.[23]

베트남의 장례로 다시 돌아오면, 부모의 상여를 운구할 때는 모두 지팡이를 짚고, 딸은 부모를 대신하여 죽고 싶은 마음을 표현하기 위해서 땅에서 구르거나 구덩이로 굴러들어가는 행동을 했다. 아버지가 사망했을 때 아들은 대나무 지팡이를 짚고 상여 뒤를 따라가며, 어머니가 사망했을 때는 등나무로 된 지팡이를 짚고 상여의 앞에서 뒷걸음으로 간다. 이 의례를 베트남어로는 메돈짜드어라고 한다. 이는 어머니는 영접하고 아버지는 전송한다는 의미이다. 그런데 왜 어머니에 대해서만 뒷걸음으로 가야 하는가? 이는 고인에 대한 최상의 존경과 유감을 드러내는 것이다. 어머니가 돌아가셨을 때만 이렇게 하는 것은 수도작 문명에서 여자를 중시하고 그중에서도 음-어머니-흙이 가장 의미 있는 것이기 때문이다.

예전에 관을 옮기고 묻는 것은 잡의 구성원들에 의해서 이루어졌는데 잡조직이 없어지고 난 후에는 마을의 건장한 남자들이 무료로 이를 도왔다. 최근에는 품삯을 받고 이 일을 전담하는 집단도 생겼다.

이로써 베트남의 장례는 불교식 장례를 치르는 태국, 회교식 장례를 치르는 말레이시아와 다를 뿐 아니라 중국의 장례와도 기본적으로 다르다는 결론을 내릴 수 있다. 즉 베트남의 전통 장례는 다른 풍속들과 마찬가지로 공동체성과 음양설을 강하게 반영하고 있음을 알 수 있다.

그러나 묘혈에 하관을 하는 것과 매장시 모든 사람이 한 줌의 흙을 던지는 것, 삼일장을 치르고, 장례 후 49재, 100일재를 올리는 것은 중국과 같다. 이러한 의식들은 중국에서 들어왔음이 확실하다. 그리고 절에 가서 고인의 명복을 빌거나 스님을 모셔다 독경(讀經)하는 것은 인도에서 들어온 것이다.

오늘날 사회주의의 무신론을 포함하여 서방문화의 영향으로 장례절차가 매우 간소화되고 있다. 관의 뚜껑을 닫는 것이 없어지고 조그만 거울을 통해서 고인의 얼굴을 보도록 한다. 또한 하관을 할 때 대성통곡하던 것이 짤막한 조문을 읽고 적당히 곡하는 것으로 바뀌었다. 영구를 땅에다 묻는 대신 화장을 하고, 시끄럽고 낭비가 심한 고적대를 부르는 대신 진혼가를 틀어 놓기도 한다. 이러한 장례와 제례의 간소화, 선진화는 시대적인 조류에 부합하는 올바른 변화라 할 수 있다. 지속적으로 전통적인 풍속을 고집한다면 복잡하고 낭비일 뿐만 아니라 건강에도 해를 끼칠 우려가 있다. 부모가 살아 있을 때는 애써 봉양하지 않다가 돌아가시고 난 후에 큰 장례를 치름으로써 다른 사람들이 효자라고 믿게끔 만드는 사람도 많다. 또한 묘를 쓰기 위해 풍수가 좋은 땅을 선택해야 한다는 핑계로 시신을 집에 몇 주 동안이나 보관하는 경우도 있는데, 이는 환경오염을 일으킨다.

효희

장례와 제사를 효(孝)라고 하는데 이는 이러한 행위를 부모, 조부모 그리고 조상의 은혜에 대한 보답이라고 생각하기 때문이다. 또한 약혼, 혼인은 희(喜)라고 하는데 이는 즐거움을 나누는 하나의 표현으로 본다.

효 옛 풍습에 따르면 집안 사람이 사망하면 장례를 지내야만 했고, 집안 사람들은 장례 치르는 일을 준비할 의무가 있었다. 장례와 관련된 비용은 상을 당한 가장이 모두 책임져야 하지만 상가의 모든 일은 가문 사람들에 의해서 진행된다. 상가의 상주가 장례에 관한 전체적인 책임을 맡고, 집안의 종손이 상주를 도와 실질적인 일들을 처리하는데, 종손은 가문의 대표자들을 소집한 후 일을 배분한다.

예전에는 장례식을 매우 복잡하게 치렀는데 그중 중요한 것이 먹고 마시는 일이었다. 그러므로 가난한 집이라 할지라도 적절한 음식을 준비해야만 했다. 또한 대부분의 마을 규정은 돼지를 잡도록 했다. 물소와 소를 잡아 몇백 명의 손님을 대접하는 경우도 있었다. 이때 단지 한 끼를 먹는 손님도 있지만 몇 끼 또는 며칠 동안 식사를 하는 손님들도 있었다.

상주는 지관과 사주쟁이, 악단을 불러야 했고 사문회, 노인회, 쌉, 호이쯔바(마을 부녀회) 등을 불러야 했다. 또한 조문객들은 식사 후에도 음식을 집에 가져가기 때문에 절차도 매우 복잡하고 경비도 많이 들었다. 그러나 이를 부모와 조상의 은혜에 보답하는 행위로 여겼기 때문에 어쩔 수 없이 따라야 했으며, 그렇지 않을 경우 특히 망자가 가문에서 중요한 위치를 차지하는 경우는 가문에서 용납하지 않았고, 마을 사람들 또한 비웃었다. 상주 자신 또한 여러 번 다른 집의 장례식에 참석하여 음식 접대를 받았으므로 빚을 갚는 기회로 여기기도 한다. 집이 너무 가난하여 적절한 잔치를 할 수 없을 때에는 마을 사람들이 빚을 내주고, 이를 '마른 장례'라 하였다. 이장할 때까지 잔치를 베풀지 못하면 마을 사람들은 그 집에 대해 탈상을 못한 것으로 간주하여 각종 경조사에 참여하지 못하게 했다. 따라서 능력이 있거나 권세가일 경우는 자신들과 한 가문인 상주가 적정한 선에서 의무를 이행할 수 있도록 조금씩 보태주었다.

회 혼례 역시 장례와 마찬가지로 많은 음식을 준비하여 먹고 마시지만 단지 다른 것은 한쪽은 만면에 희색이 가득한 데 비해 다른 한쪽은 곡을 한다는 것이다. 잔칫날 외에도 3, 4일 동안 잔치가 계속되는 경우도 많다. 그리고 결혼식이 있는 집안은 앞에 언급한 것처럼 놉째오를 해야 한다. 이는 혼인증명으로 간주된다. 마을 사람들이 그러한 물질을 확실하게 받았을 때에야 그 남녀의 결혼은 비로소 도리에 어긋나지 않는다. 따

칠순잔치. 장수를 기념하는 전통의례로, 예전에는 만60세에 행해졌으나 현재는 70세 혹은 80세에 행해진다.

라서 혼인을 했으나 마을에 물질을 기부하지 않으면 혼인 증명서가 없는 것이나 마찬가지이고 법적으로도 부부로 인정받지 못했다. 결혼 기부금으로 마을 사람들은 도로포장, 정자와 절의 보수, 우물공사와 같은 마을의 공동사업에 사용했다. 여기서 우리는 마을 공동체적 생활 특징을 다시 한 번 확인할 수 있다.

약혼과 결혼식에서 가문의 역할은 중요하다. 한 가문의 사람들은 다른 사람들보다 훨씬 많은 물품이나 돈을 건넬 뿐만 아니라 여러 가지 일을 돕는다. 예전에는 장례나 혼례, 특히 혼례에 있어 가족과 일가 친척이 모든 일들을 담당했고 지금처럼 사람을 고용하지 않았다. 일가 친척들은 가문에 혼사가 있으면 이를 축일이라 하고, 모두 가서 축하해주었다.

조상 제례

옛날 베트남 가정은 결코 홀로 떨어져 있지 않고 항상 일정한 공동체 속에서 존재했다. 첫번째 공동체는 자연스럽게 형성된 같은 성씨끼리 모

한 씨족의 사당. 씨족 내에는 조상의 제사를 모시기 위한 공동의 재산인 사당이 있으며, 보통은 장손이 사당에 머무르면서 제사를 돌본다.

인 혈족이었다. 베트남에서 혈족의 형성은 아주 오래되었다. 오늘날에도 혈족에 의해 만들어진 쯔싸, 도싸, 당싸(쯔, 도, 당은 사람의 성姓이며 싸는 거주하는 장소라는 의미를 가진 행정단위로 우리의 면에 해당한다 — 역자주)와 같은 씨족마을의 흔적이 적지 않다. 조상과 혈족 관계가 가장 가까운 남자를 장손이라고 한다. 씨족 내에는 조상의 제사를 모시기 위한 공동의 재산인 사당을 갖고 있으며, 보통은 장손이 사당에 머무르면서 제사를 돌본다. 부유한 집안은 별도의 사당을 짓고, 그 집안의 동의 없이는 아무도 그곳에 들어갈 수가 없다. 많은 혈족들이 족보를 갖고 있는데, 아마도 이 풍속은 중국에서 유래된 것으로 보인다. 그것은 공자의 집안이 족보를 갖고 있을 때 베트남에는 족보가 없었기 때문이다.

이전 세기에 혈족은 사회 및 개인 생활에서 중요한 역할을 수행했다.

그것은 가족 구성원을 지켜주고 서로 돕는 역할이었다. 씨족 집단은 또 별도의 재산이 있는데 보통은 논으로, 자녀가 많은 가정의 공부를 지원하거나 과거에 합격하여 관리가 되려는 어린아이들을 독려하고 가난한 가정을 돕는 데 사용했다. 이러한 씨족집단은 수로를 축조하거나 황무지를 개간하거나 공동체 생활을 공고히 하는 것처럼 많은 일을 해결하는 데에 기여하였다. 또 가족 내의 결혼과 장례를 주관하는 역할도 했다. 예전에 장손은 씨족 내의 모든 일에 참석하고, 최종적인 결정을 하는 사람이었다. 오늘날에는 그런 혈족이 없지만 농업생산이라는 보다 사회적 기능이 확대된 새로운 형태의 씨족집단이 출현하고 있다. 대다수 베트남인들은 혈통의식이 강하기 때문에 혈족을 존중한다. 오늘날 혈족은 앞의 '효희' 편(본문 115쪽)에서 언급한 일들을 중심으로 모이다.

조상의례에 대해 일부 사람들은 이것이 효도와 관련이 있으므로 공자에게서 유래했다고 여긴다. 그러나 베트남의 고고학, 민족학의 고증에 따르면 지금으로부터 4,000~5,000년 전, 유교가 생기기 전부터 이 풍속이 있었던 것으로 보여진다. 여기서는 끝없이 이 문제에 대해 논하고자 하는 것이 아니라, 베트남에서 조상의례 풍습은 다른 어떤 신앙숭배와도 동일하지 않다는 점에 초점을 맞추고자 한다. 조상의례는 자신을 낳아 길러주고, 가르쳐준 부모님에 대한 공경심의 발로일 뿐만 아니라 은혜에 대한 보답이다. 그 밖에도 공동의식은 산 자와 죽은 자의 관계에서도 드러난다. 민간신앙에서 죽음이라는 것은 비교적 오랜 세월을 세상에서 보낸 뒤, 먼저 세상을 떠난 조상을 뒤따라가는 것일 뿐이라고 여겼다.[24]

한 가지 더 유의할 점은 무신론자, 공산주의자를 포함한 거의 모든 베트남 가족들이 조상의례를 행한다는 점이다. 부유한 가족들은 보통 큰 방

하나를 조상을 모시는 사당으로 만들었다. 그래서 어떤 집이건 한결같이 축약된 절의 모습을 하고 있는데, 몹시 가난한 집들 또한 벽에다 부착하는 조그마한 제단을 차려 두었다. 한 집안에서는 종손을 중심으로 조상의 례가 이루어진다. 종손은 경제적인 지원을 받게 되는데, 제사는 집안에서 조성해 놓은 동산 혹은 부동산이기 때문이다. 제사 재산은 4대 이하의 조상들이 남겨 놓은 것일 경우 이를 양도하거나 팔아야 할 필요성이 있다는 종가회의의 결정이 없을 경우에는 매매나 양도를 할 수 없다.

사망한 날부터 1년이 되면 집안 사람들은 찬을 준비하고 제사를 지내는데 이를 초제사라 한다. 그리고 3년 후에는 이장을 한다. 묘를 파서 관을 열고, 고인의 뼈를 술로 씻어 작은 토기관(관과 비슷하나 작고 석회로 만든 것이다)에 넣어서 다른 곳에 안장한다. 이 모든 과정은 밤에 이루어지는데 이는 음부 세계의 일이기 때문이다. 이렇게 하는 것은 자손들이 묘제를 지낼 수 있도록 영구의 뼈를 더 오래 보존하려 함이다.

새로운 장지의 선정은 지관을 통해 매우 신중하게 결정했는데, 이는 풍수가 좋은 곳에 묘를 써야 자손들이 나날이 번창하고 화복하며, 좋지 않은 곳을 선정했을 때는 이와 반대의 상황에 처하게 된다는 믿음 때문이다. 이와 같은 믿음과 고인에 대한 애도를 표현할 목적으로 매년 음식을 준비하여 고인이 사망한 그 시간에 제사를 지낸다. 이 날은 모든 일가 친척들이 예물을 가지고 장남의 집에 모여 제사를 지내는데, 이를 기제사라 한다.

장례가 마을 사람들을 접대하는 것이라면, 제례는 가문의 범위 내에서 이루어진다. 베트남 속담에 '물소는 콩밭 가는 날, 손자는 할아버지 제삿날' 이라는 말이 있다. 만약 물소가 콩밭에 들어간다면 콩을 먹을 수 있기 때문에 매우 좋을 것이다. 그와 마찬가지로 할아버지 제삿날이 되면 자손들은 지나칠 정도로 배부르고 맛있는 한 끼를 먹게 되는 것이다. 부모의 제삿날이 되면 형제들은 제물을 가지고 장남 집에 모여 제사를 지내고 음식을 나누어 먹는데, 그것은 장남 집에 부모의 제단이 있기 때문이다. 그러나 조부모 이상의 제사는 종갓집에 모여 지낸다. 매년 사망한 날에 제사를 지내지만 가문 내의 여러 가정에 제사가 있기 때문에 한 가문에서는 한 해에 여러 번 지내게 된다. 제사는 가문의 사람들이 얼굴을 마주하고 서로에게 관심을 표현할 수 있는 기회이다.

2. 사회 풍속

베트남 사회에는 꽤나 많은 고전적인 풍습이 잔존해 있고, 판께빙과 또안아잉 같은 작가는 그와 관련된 책을 펴냈다. 그러나 판께빙의 책은 1920년대에 출판되었고, 또안아잉의 책은 1970년대에 출판되는 등 책이 나온 뒤로 꽤 많은 시간이 흘렀다. 그때부터 지금까지 베트남의 풍속은 많은 변화를 겪어왔다. 따라서 이 저자들의 책 내용을 발췌하는 데 있어 현대적인 성격을 띠는 것만을 인용하고 이 장에서는 현재 성행하고 있는 풍속을 중심으로 살펴볼까 한다.

삶의 방식과 왕래

가정에서 사회에 이르기까지 인간은 혈족이라는 객관적 실체를 통해야 한다. 이것은 시간에 따른 개체의 집합으로, 시간적으로 먼저 태어난

자가 늦게 태어난 자보다 높은 위치를 차지하는 것이다. 예로부터 베트남인들의 삶 속에서 혈족은 특별한 위치를 차지하고 있었고, 그것의 흔적은 오늘날에도 당싸, 도싸, 쯔싸와 같이 사람의 성을 마을 이름으로 쓰고 있는 씨족마을에서 찾아볼 수 있다.

앞에서 언급했듯이 베트남인들의 삶의 근원은 논농사였다. 그렇지만 신석기 시대에 들어와서야 고대 베트남인들은 수경벼를 재배하기 시작하였고 홍하델타의 대부분은 여전히 짠물에 잠겨 있었다. 고대 자료들은 베트남인들이 수천 년간 개간하여 오늘날의 평탄한 홍하델타를 만들었다는 것을 보여주고 있다. 이러한 일들은 한 가족이 이루어낼 수 있는 일이 아니었고 많은 노동력을 요구하는 일이었다. 가정의 확대 단위인 혈족은 그러한 사회의 요구에 부응할 수 있었다. 수세기 동안의 부침을 겪으면서 오늘날 베트남 혈족사회는 다시 회복되는 추세이다. 대중 통신수단 심지어는 인터넷을 통해서 혈족과 족보를 회복시키는 프로젝트가 출현하기도 했다.

마을 예로부터 혈족이 중요시되었지만 사회의 모든 기능을 담당할 수는 없었다. 알맞은 때에 모내기를 하는 것, 나쁜 날씨에 빨리 벼베기를 하는 것과 같은 벼농사에서조차 또는 외침이나 홍수를 예방하기 위하여 둑을 쌓는 일 등은 씨족이 담당할 수 없었고 이 때문에 보다 전문적이고 규모가 큰 사회조직을 필요로 했다. 그와 같은 최초의 사회조직인 쏨-응오는 성은 다르지만 가까이 사는 가정이 모이는 방법으로 자연스럽게 형성되었다.

쏨이라고 하는 것은 가까이 살면서 몇 개의 통행로(응오)를 공유하는 2, 30호가 모인 것이다. 이러한 쏨이 몇 개가 모여서 이루어진 것을 랑이

홍하델타 제방. 베트남인들은 오늘날의 평탄한 홍하델타를 만들어내기까지 수천 년간 많은 노동력을 들여왔다.

라고 부른다. 따라서 혈족에서의 시간체계와는 달리 랑-쏨은 공간체계에 따른 거주단위이다. 공간체계에 따른 것이기 때문에 랑-쏨은 규모를 기준으로 삼는다. 각 가정의 인력, 재산, 지식의 크고 작음, 때로는 씨족의 유명한 정도에 따라 규모가 정해졌다. 그래서 씨족을 따르든 랑-쏨을 따르든 간에 베트남인들은 모여서 산다.

베트남인들은 다른 소수종족들처럼 흩어져서 사는 것이라 아니라 처음에는 논농사 마을 중심으로 모여 살다가 점차 도시지역으로 퍼져나갔다. 논농사를 하는 사람들이 모여서 이루어진 베트남 마을은 다른 나라에서 찾아보기 어려운 모습들을 지녔다. 논은 고정되어 있기 때문에 그 논을 경작하는 가정이 평야지역에 모이게 되었다. 벼는 영양소가 많고 다습한 열대지역에 있는 그 어떤 식물보다 인간의 주식으로 적합하였다. 벼를 경작하기 위해 사람들이 모여들면서 북부 베트남 평야지역은 이미 좁아져서 주민들은 벼를 심을 곳을 확보하기 위해 서로 가까이 살게 되었다.

바로 그러한 이유로 홍하델타 지역은 세계에서도 인구밀도가 높은 지역이 되었다. 현재의 인구밀도는 1,000명/km²이고, 벼농사로 유명한 타이빙 지역은 1,500명/km²이다.

베트남인들은 좁은 곳에 가까이 모여 살기 때문에 두 가지 요구가 생겨났다. 하나는 서로 대립하는 것이고 둘째는 서로 돕는 것이다. 이러한 두 가지 요구에 부응하는 방법으로 자발적이거나 또는 억지로 하는 두 형태가 있다. 첫번째 형태에 따라 베트남인은 스스로 참고 양보하며 이해한다. 그로 인해 그들은 이치보다는 정감에 따라 처세하기를 좋아한다. 그들은 자원하여 서로 돕는다. 수천 년을 이어오면서 상부상조는 도덕의 한 기준이 되었고, 정감에 의한 처세는 사회의 기준처럼 간주된다. 이러한 두 기준은 시간이 흐르면서 베트남인의 성격과 자연스러운 행위로 변했다.

두 번째 형태에 따라 베트남인은 붐비는 삶 속에서 평안을 이룰 목적으로 각종 규칙과 관습을 만들어냈고, 그 관습을 유지하기 위한 조직체를 만들어냈다. 20세기 초까지도 베트남에서는 수십 세기 전 논농사 마을의 원형을 그대로 유지하고 있는 곳이 많았다. 그 이유는 주로 베트남의 마을 시스템 때문이며, 그것은 세계의 다른 농촌마을 모형과 달랐다. 첫째로 논농사 마을 구조는 혈족, 쏨-응오, 잡, 프엉호이(坊會), 행정과 공동신앙을 포함한다. 둘째로 논농사 마을의 일을 운용하는 체제로는 향약과 마을 관습법이 있다.

잡이라고 하는 것은 마을 남성들의 조직으로 힘든 일이나 상례, 결혼, 제례, 납세와 같은 공동체적 성격을 띠는 일을 수행하였으며, 국가에 대해 병사를 공급하는 원천이기도 하다. 프엉호이는 같은 업종 혹은 같은 취미를 가진 사람들의 조직이다. 논농사 마을의 행정조직에서는 토착민과 이주민 사이에 권리와 책임에 있어 확연히 구분되었다. 토착민만이 관리에 참여할 수 있는 권리가 있었고 또한 그들은 여섯 단계로 나누어진 권력을 누릴 수 있었다. 이 여섯 단계 권력은 다시 세 가지 형태로 구분되었다. 끼라오는 자문 및 사법 기능을 갖고 있었고, 끼묵은 입법 기능을, 리직은 행정 기능을 갖고 있다. 이러한 권력기관에 들어갈 수 있는 사람은 왕에 의해서 임명되거나 나이의 많고 적음에 따라 결정되었다. 이로써 옛날 베트남 논농사 마을의 조직은 민주적 공동체의 성격과 엄격한 서열을 갖고 있음을 보게 된다.

논농사 마을은 그들만의 별도의 법을 갖고 있었는데, 그것을 향약이라 부른다. 이는 각 마을의 책임, 권리, 생활, 의례, 서열, 안보, 제사, 상벌 등에 관한 마을 사람들의 규약이다. 향약에는 또한 국가에 대한 마을의 납세, 각 가정별 세율, 국가에 대한 부역과 병역 의무에 대해서 분명히 언급되어 있다. 이러한 것들은 모두 개인과 국가간의 관계가 아니라 마을이 주민을 대표해서 국가와 협의하는 것이다. 따라서 향약은 마을의 헌법이라고 말할 수 있다. 거기에는 주민 공동체가 행정, 경찰, 경제, 사회, 문화시설 및 별도의 주민통제법을 갖고 있다는 것을 선언하고 있다. 그것은 바로 베트남 논농사 마을의 자치권에 관한 선언이다. 베트남 봉건왕조는 이러한 자치를 받아들이지 않았지만, '국가는 법, 마을은 향약'이라는 것과 왕의 법도도 마을의 관습에 진다는 것을 인정할 수밖에 없었다. 따라서 베트남 봉건왕조는 각 마을의 공동체였을 뿐이다. 19세기와 20세기 초에 프랑스 식민지 정권은 두 번에 걸쳐 향약을 개혁하고자 했으나 모두 실패했다. 개혁 실패 후인 1906년에 인도차이나 총독 폴 두메르(Paul

Doumer)는 베트남 마을은 '별도의 왕국' 또는 '공납을 하는 공화국들'로 이루어졌음을 시인하였다.

베트남 논농사 마을에서는 성황신을 모시지 않는 마을이 없다. 여러 마을에서 같은 신을 모시는 경우도 있지만 각 마을마다 별도의 신을 모시는 경우도 있다. 같은 신을 모시냐 아니냐는 중요하지 않다. 다만 특별한 것은 한 마을에 거주하는 주민들은 같은 신을 모신다는 것이다. 그래서 그들은 공동의 신앙을 갖고 있다고 할 수 있다. 성황신은 딩(亭)이라 불리는 곳에 모셔진다. 이것은 마을 공동의 처소로 제사를 모시는 것 외에도 회의, 잔치, 재판, 페스티벌, 교육, 진료, 결혼 등과 같은 주민 공동생활에서 모이는 장소이다. 요약하면 딩이라고 하는 곳은 한 마을 범위 내에서 행정, 사법, 종교의 중심지이며 주민 전체의 책임, 권리, 심령, 정감, 도덕, 교육, 예술이 모이는 곳이다. 달리 말하면 논농사 마을에서 공동체 생활의 두드러진 특징이며, 그중에서도 딩은 그러한 생활의 현신(現身)인 것이다.

도시 베트남 도시의 가장 큰 특징은 바로 도시(都市)라는 이름으로 축약될 수 있는데, 도(都) 즉 행정지역은 발전했으나 시(市) 즉 경제-시장 지역은 발전되지 못했다. 위에서 언급한 대로, 베트남 논농사 마을은 별도의 국가였기 때문에 외부와의 교역이나 공업생산의 필요성을 거의 느끼지 못했다. 베트남에 형성된 도시들은 주로 주민 통치의 필요성이나 군사 안보의 필요성에 부응하기 위한 행정 중심지가 필요할 때 왕명에 의해서 설립되었고, 공업생산이나 교역의 필요성 때문에 생긴 것이 아니다. 바로 이러한 특징으로 인해서 베트남 도시는 서방의 도시와는 아주 다르다. 서방 도시들이 경제적 기능을 할 때 베트남 도시들은 행정적 기능을,

꼬로아의 페스티벌. 꼬로아와 같은 도시 역시 전통적인 농촌의 모습을 보여준다.

서방 도시가 자치 관리를 할 때 베트남 도시들은 국가에 의해서 관리되고 있었다.

베트남 도시의 두 번째 특징은 농촌화이다. 기원전부터 지금까지 꼬로아, 호아르, 포히엔, 떠이도, 호이안 등과 같은 대도시들 역시 더 이상 행정의 중심지 혹은 교역의 중심지가 아니며 이제는 농촌으로 변했다. 하노이도 전에는 주변 농촌 마을에 의해 점유되었다. 농촌 주민들이 생산한 물품을 이곳에서 팔았다. 그래서 지금도 하노이에는 옛날 물품의 이름을 딴 36개의 거리가 있다. 예전의 하노이 시민들은 서구에서 이해하고 있는 시민이 아니라 거리에서 물건을 파는 농민이었을 뿐이다. 심지어 그들은 마을의 관습을 도시에 유행시키거나 마을 성황신을 도시 거리에서 모시기도 한다.

높은 군집성과 공동체성과 자치성을 특징으로 하는 전통적인 논농사 마을의 문화는 현대 베트남인들의 생활방식에 깊은 영향을 미쳤다. 오늘날에도 베트남인들은 여전히 도시나 마을에 군집하기를 좋아하고, 특히 수로 교통의 중심 도시, 논농사 지역의 마을 혹은 강가에 군집한다. 또한 다른 지방으로 이주하거나 멀리 가는 것을 꺼리고 심지어 시내 중심가에서 10km 정도 떨어진 곳으로 이주하는 것도 받아들일 수 없는 것으로 간주한다. 현재 대도시 인구밀도는 아주 높은데 대략 3,000~5,000명/km^{2}이고, 하노이 상가지역은 14,000명/km^{2}에 이른다. 그러나 하노이에서 약 20km 떨어진 곳은 단지 80명/km^{2}이다. 현재 대도시에서는 인구분산 정책을 실시하고 있지만 실행에 많은 어려움을 겪고 있다.

 도시 건축물을 보면, 일부 문화유적과 프랑스에 의해서 건축된 일부 건물을 제외하면 농촌을 좀 현대화한 것일 뿐 서구 기준에 따른 도시가 아님을 알 수 있다. 도시의 거주지역은 지금부터 약 반세기 전에 건설되기 시작했다. 심지어 2001년에 건축되고 있는 건물조차도 농업문명인 풍수지리에 치우치고 농촌의 목욕탕과 같이 밀폐된 형태와 좁은 골목길 형태로 짓고 있는 것을 볼 수 있다. 공동체 생활과 사회의 운용방법에 관해서 현대 베트남은 비록 선진 여러 나라로부터 배웠지만 여전히 농촌 마을의 성격을 많이 띠고 있다. 공동체 모형의 집단지도체제 외에도 각 기관, 행정조직, 협회 등은 여전히 농촌 마을의 별도의 국가 형태를 띠고 있어, 국법과 기강이 지켜지는 것이 쉽지 않다.

 1990년대 초에 베트남 수상은 한 도시관리 회의에서 현재 베트남 도시관리 조직의 모형은 농촌 마을의 행정조직 모형과 다를 바 없다고 불평을 했다. 이러한 상황이 베트남의 공업화, 현대화 과정에 방해가 되고 있고 앞으로도 그럴 것이다. 선진국을 따라잡기 위해 사회발전을 원한다면 베트남인들은 점진적으로 과도한 군집생활 습관을 버리는 것보다 더 좋은 방법이 없으며, 인구를 분산시키고 도시를 확대하며, 교통을 확충하고 농촌을 현대화시켜야 하며, 베트남에서 주장하는 것처럼 문명을 구석구석에 보내야 한다.

왕래 옛 베트남인들의 왕래에는 두 가지 중요한 특징이 있다. 하나는 베트남인들이 왕래를 싫어한다는 것이다. 모든 것이 마을 안에서 해결되었기 때문에 왕래에 대한 요구가 없었다. 일생 동안 마을을 벗어난 적이 없는 사람도 있었다. 또한 외출을 한다고 하더라도 멀지 않은 인근 마을이었다. 둘째는 배를 이용한다는 것이다. 옛날 베트남인들은 말이나 차를 이용하는 데 익숙하지 않았고 주로 배를 이용했다. 말은 중국에서 유입되었고 차는 프랑스에서 들여왔다. 그리고 19세기 초에 이르러서야 역참 제도가 생겨났고, 20세기 초에는 자전거, 인력거, 씨클로가 주를 이루었다. 1960년대까지도 시내 교통은 주로 도보, 자전거, 인력거, 씨클로 형태였다.

제1장에서 언급했듯이 베트남에는 길이가 10km가 넘는 강만도 2,360개가 있어 배는 베트남인들의 편리한 교통수단이었으며 특히 메콩델타 지역에서는 유일한 교통수단이었다. 옛날 중국이나 서구에서 권력과 부유함의 상징이 삼두마차나 사두마차였다면 베트남에서는 배였다. 베트남 왕들은 대부분 마차가 아니라 배로 이동했다. 백성들이 수면에서 사용하는 이동수단 역시 그 종류가 아주 다양했다. 이 배를 남부에서는 게라고 불렀다. 베트남에서는 특히 전선(戰船)이 발달했다. 15세기 중반에 명나라가 호조를 침입했을 때, 베트남은 35~50톤급 배 8,865척을 동원했다. 또한 16~18세기에 인도와 영국을 정복했던 네덜란드도 자신들의 전함이 베트남 전선에 패할 수 있다는 것을 시인했고, 미국도 베트남의 대

형 선박 건조기술을 배워갔다.

　왕래를 꺼리고 외부로 나간다고 하더라도 자연적인 수로를 따라 배로 이동했던 옛 베트남인의 특징은 오늘날 교통분야의 발전을 더디게 만들었다. 물론 프랑스 식민지 시대에 들어서 자동차, 기차, 증기선, 비행기 등과 같은 현대적인 교통수단이 소개되기 시작했고 1990년대 들어 도이머이 정책의 결과로 현재의 교통체계는 비로소 그런대로 효율성을 갖추게 되었다. 그러나 아직도 육상교통은 많은 어려움이 있다. 도로가 좁고 부족하며 자동차 특히 오토바이의 증가로 어려움이 많다. 2001년 현재 하노이 시내에는 약 20여 곳에서 교통체증이 일어나고 호치민시는 100여 곳에서 교통체증이 발생한다. 사회의 현대화를 위해서 베트남인들은 현대화된 생활양식으로 바꾸지 않을 수 없으며, 특히 왕래에 대한 기존의 시각을 바꾸어야 한다. 베트남 교통체계의 개혁은 투자와 경영 측면에서 가장 효과적인 분야 중의 하나가 될 것이다.

도시의 교통수단. 씨클로(위)와 오토바이는 베트남에서 주된 교통수단으로 이용되고 있다. 위, 아래 사진ⓒ 배양수.

구정

뗏(축제일)은 터이띠엣(時節)이라는 합성어를 줄여 일반적으로 부르는 띠엣이라는 단어에서 비롯되었다. 수목과 수경벼는 특히 계절 변화에 민감하다. 그래서 수경벼 경작민들은 파종을 하고 수확할 정확한 시기를 지속적으로 상기하기 위하여 계절이 변하는 시점을 기념한다. 그 기념일은 뗏이라 하고, 기념하기 위한 모든 행위를 레뗏(절기)이라 일컬으며 연중 분포한다. 농민들은 1년 내내 고되게 일을 하므로 농민들은 레뗏 날에 먹고 마시고 휴식을 취하고자 한다. 그래서 레뗏은 보통 두 부분으로 나누어진다. 레는 조상들, 그리고 하늘과 땅에 제를 지내는 것이고, 뗏은 먹고 마시는 행위를 일컫는 부분이다. 베트남어에 안뗏(절기를 먹는다)이라는 합성어는 여기서 기원한다.

뗏응웬단(元旦節)은 음력 1월 1일로, 새해의 첫번째 날이고, 파종의 시기를 알리고 만물을 소생케 하는 봄의 시작 그리고 또한 시간적으로 1년의 시작을 알리는 날로서 가장 중요한 날이다. 사학자 쩐꾸옥브엉은 응웬단의 가장 적절한 의미는 신년 첫달 첫날 첫아침이라 하였다.[25] 그리하여 그날 아침에는 모든 이들이 평상시보다 늦게 기상하고 외부 출입과 서로 간의 왕래를 삼가는 것이다. 이는 1년 내내 공동체 속에서 더불어 지냈으므로 새해 첫날 아침만은 완전히 자신만을 위한 시간으로 남겨 두고 싶어하는 게 아닌가 싶다. 그러나 뗏은 가장 중요한 의미를 지니는 날이므로 새해 첫날 하루만이 아니라 며칠간 지속되며 음력 섣달 23일부터 시작된다.

구정은 또한 신정과 구별하기 위해서 뗏따, 즉 우리들의 명절이라고 불리기도 한다. 음양력에 따르면 베트남 수경벼 경작민들의 1년은 자월

(子月: 쥐의 달, 음력 11월)부터 시작된다. 그러나 중국 문명이 북부로 들어온 이래 1년의 시작은 인월(寅月: 호랑이 달, 음력 1월)로 바뀌었다. 따라서 구정의 많은 풍속들이 중국의 것을 따르게 되었다.

음력 섣달 23일이 되면 베트남인들은 살아 있는 세 마리의 잉어로 제사상을 차려 송년의례를 행하였다. 이 제사상은 옹꽁과 옹따오(이상 부엌신)에게 제를 지낸 다음 잉어를 호수나 연못, 강에 방생한다. 민간신앙에 따르면 토꽁신(토지신), 가택신, 조왕신(옹따오) 이 세 신들이 모든 가정사를 관장한다고 한다. 새해가 되기 7일 전, 즉 섣달 23일에 토꽁과 따오꽁(조왕신의 다른 이름-역자주)은 지난해 그 가정의 행실을 옥황상제에게 고하기 위해 하늘로 올라간다. 그리고 옥황상제는 그 가정에 상을 내릴 것인지 벌을 내릴 것인지를 판단한다고 한다. 그래서 모든 가정은 두 신이 승천하여 자신의 가족들에 대해 좋은 말을 해주기를 바라는 마음으로 산 잉어(제사 후에는 잉어가 용으로 변하여 두 신이 그 용을 타고 승천한다)를 진설한 제사상을 차리는 것이다.

그날부터 새해까지 이 세상은 주인이 없는 상태이며, 음부세계이다. 역시 그 날부터 분주했던 모든 생활들이 달라지기 시작한다. 1945년 전까지 행해지던 풍습에 따르면 섣달 25일부터 농사일이 중단되고, 사람들이 숲에 들어가 채집을 할 수 없도록 숲의 입구를 막아 놓는다. 도시의 경우는 각 관공서들이 휴무에 들어가고 학교는 방학이 시작되며 교도소는 더 이상의 죄수를 받지 않는 등, 요약하면 우주의 일시적인 죽음과 함께 모든 것들이 정지되는 것이다. 지구상에는 겨울에 잎이 떨어지고 봄에 꽃이 나 잎이 나는 나무, 잎이 나기 전 꽃이 피는 나무, 그 반대의 나무들은 있으나 겨울에 잎이 떨어지고 겨울에 다시 꽃이 피는 나무는 없다. 나무들

바잉쯩을 포장하는 모습. 수경벼 경작민들의 생활특성을 나타내는 바잉쯩은 쌀, 콩, 고기, 파로 만들고 새로이 형성된 생명력을 상징하는 푸른색 잎으로 싼다.

은 충분한 햇빛과 습기가 있을 때, 즉 봄이 되었을 때 꽃을 피운다. 복숭아나무는 봄에 잎이 나오기 전에 꽃을 피운다. 이 모든 것들은 새해를 맞이하기 위한 준비의 일환으로서 행해진다.

구정을 준비하는 일은 지위 고하, 빈부, 귀천, 거주지를 막론하고 베트남 모든 가족들에 있어 연중 가장 바쁘고 중요하다. 어떤 가족이든 집을 청결히 하고 뜰을 손질하며 집을 수리하거나 칠을 다시 할 수도 있으며 조상에게 성묘하고, 벌초하기도 한다. 또한 모든 빚을 갚고 가족들은 새 옷과 신발, 장신구들을 장만한다. 구정을 위한 음식들은 평상시보다 고급으로 장만해야 하는데 그중 바잉쯩, 파, 조, 짜는 필히 준비해야 하는 음식들이다. 그리고 새 옷 외에 새로운 생활용품들이나 구정을 위한 그림과 대구(對句) 족자를 구입하기도 하고 도시의 경우는 귤나무나 복숭아 가지를 준비한다.

모든 준비는 제야(除夜) 시간이 가까이 다가올수록 다급해지는데, 이는 제야 전에 모든 일들을 마무리해야 하기 때문이다. 모든 상품의 가격들이 시시각각 올라가고 섣달 28일경부터 마지막 날에 이르면 절정에 다다른다. 그러다 마지막 날의 8시경을 기점으로 이러한 구매가 종결되는데, 이때에 버려질 것을 우려하여 일부 상품들의 가격이 빠른 속도로 떨어진다.

설달 그믐날 밤이 되면 가족들은 송년 식사를 하기 위해 모두 조상의 제단 앞에 모이게 되는데 이를 껨멋니엔(송년식사)이라 부른다. 얼마 멀지 않은 곳에 거주하는 사람들 또한 가족들과 자리를 함께 하기 위한 방법들을 궁리한다. 최근 몇 년 동안은 오스트리아, 북미, 유럽에 거주하는 수천 명의 베트남인들이 설을 지내기 위해 돌아왔다. 한 끼의 송년식사를 마치고 나면 모든 사람들은 자지 않고 들뜬 마음으로 새해 첫날을 기다린다. 그 시간이 되면 사람들은 구정을 축하하며 술잔을 기울이고 한해 동안의 일들을 정리하면서 귤나무나 복숭아 가지를 감상한다. 복숭아 가지에 꽃, 새싹, 새순이 많은가를 살피고 귤나무의 경우는 익은 열매가 덜 익은 열매보다 많은지, 새싹이 있는 꽃인지를 살핀다. 만약 그렇다면 새해에 가족에게 좋은 일들이 생길 길조라 한다.

정확히 구정에 맞추어 복숭아나무의 꽃이 피고 귤나무의 열매가 익게 하기 위해서는 티엔다오와 다오꾸엇이라 불리는 손이 많이 가는 작업을

구정 꽃시장. 구정 때만 열리는 임시 꽃시장에서는 새해의 운을 점쳐볼 수 있는 귤나무나 복숭아나무가 많이 팔린다. 사진 배양수.

해야 한다. 티엔다오는 가을에 칼로 복숭아나무 몸체의 껍질 부분을 세로 3~5cm 두께로 완전히 잘라냄으로써 복숭아 잎이 모두 떨어지도록 하는 것이다. 다오꾸엇 역시 가을에 귤나무를 파내어 며칠 동안 땅에 잎이 떨어지도록 둔 후 다시 파묻는 것이다. 왜 그렇게 해야만 할까? 기후상으로 음력 10월 말이나 11월 초는 베트남 북부지역에서 봄에 해당하며, 이 시기에 복숭아 꽃이 피고 귤나무 열매가 익게 된다. 그러나 중국 문화가 유입된 이후 중국의 음력 1월 1일에 구정을 맞이함으로써 홍하델타 유역의 봄맞이는 그 시점을 맞추기 위하여 두 달이 늦춰졌다. 따라서 북부지역에서 봄이라 일컬어지는 시점에 정확히 맞춰 복숭아 꽃이 피고 귤나무가 열매를 맺게 하기 위해서는 티엔다오와 다오꾸엇의 방법을 이용하여 그것들의 자연적 성장을 지연시켜야 하는 것이다.

다시 제야에 대해 살펴보면, 북부지역은 아마도 중국에서 불꽃놀이 풍습을 받아들이지 않았나 싶다. 이는 중국에서 처음으로 화약을 발명했기 때문이다. 1990년 초반 베트남 정부가 폭죽이 낭비를 조장하고 적지 않은 인명을 해친다고 하여 금지령을 내리기 전까지만 해도 음력 그믐날 밤 12시가 다가오면 불꽃놀이 소리가 여기저기서 터져나왔다. 폭죽은 큰 것, 중간 것, 작은 것, 불꽃이 퍼지는 폭죽, 길게 만들어 빙빙 돌리는 폭죽, 밝게 빛나는 폭죽, 타들어가는 폭죽, 바닥으로 내던지는 폭죽 등 종류가 다양하며 서로 불을 붙여 쏘아올리기 시합을 하며 다음날 새벽 2, 3시까지 즐겼다.[26] 또한 음양철학 신앙에 따르면 제야(비록 이 제야가 두 달이 늦추어진 것이나 수경벼 경작민들의 음양에 대한 개념은 전혀 달라지지 않았다)는 음과 양의 조화를 추구하기 위해 대지와 모든 사물들이 겨울에서 봄으로, 낡은 것에서 새로운 것으로, 음에서 양으로 옮겨지는 시점이다. 따라서 새로운 생명력이 발아하고 모든 만물이 새로이 소생하는 계절이다.

신년맞이가 끝난 후 사람들은 준비한 상을 들고 마당으로 나가 하늘에서 내려와 땅에서의 생활들을 관장하는 새로운 옹꽁과 옹따오(혹은 새로운 책임을 맡는)에게 제를 지낸다. 이는 이 세계가 주인이 있는 상태로 돌아옴을 의미한다. 7일간의 뗏이 끝나고 나면 완전히 새해가 왔다고 여긴다. 따라서 새로운 생활이 시작되고 모든 사회활동이 정상으로 돌아온다.

구정은 쇄신이고, 새로운 생명력을 의미하므로 뗏 기간 중 사용되는 모든 것은 피와 생명력과 재생의 상징인 붉은색이다.[27] 붉은색의 폭죽, 붉은 대구 족자, 붉은 복숭아 꽃, 붉은 세뱃돈 봉투, 바잉쯩을 싸는 줄, 붉은 냄(베트남식 튀김만두) 등이 있다. 그러나 수경벼 경작민들의 생활 특성을 나타내는 바잉쯩은 쌀, 콩, 고기, 파로 만들고 새로이 형성된 생명력을 상징하는 푸른색 잎으로 싸는데 이는 푸른 바잉쯩이라 불린다. 제야의 밤을 맞은 후 사람들은 길에 나가 록쑤언(祿春)이라는 것을 딴다. 이것은 파란 잎이 달린 가지들을 꺾거나 잘라 가지고 돌아와 제사상 가까이에 두는 풍습으로, 푸른색은 봄의 상징이자 생명력의 상징이므로 록쑤언이 가족들에게 좋은 일을 가져다줄 것이라 여기기 때문이다.

7일간의 구정에서 가장 중요한 날은 처음 3일간으로, 베트남 풍습에는 어느 날에 무엇을 해야 하는가를 규정하고 있다. 새해 첫날 아침에 베트남 거리를 나가본 사람들이라면 사람 그림자 하나 보이지 않는 죽은 도시 같은 느낌을 경험했을 것이다. 본격적인 새해 활동은 10시경이 되어야 비로소 시작된다. 모든 가족들은 누가 먼저 자신의 집에 설날을 축하하러

오나 들뜬 마음으로 지켜볼 것이다. 제야를 보낸 순간을 포함하여 자신의 집에 첫발을 디딘 사람을 쏭냐한 사람이라 한다. 이는 매우 중요한 일로서 그 사람이 한 해 동안 집안의 길흉을 좌우한다고 여기는 베트남 풍속에서 기인한다. 많은 신중한 가족들은 미리 자신의 가족과 나이가 부합되는 한 사람에게 부탁을 하여 첫번째로 집을 방문하게 하기도 한다. 또한 새해가 되기 전에 자신이나 가족이 미리 집 밖에 나갔다가 다시 돌아옴으로써 직접 쏭냐를 하는 더욱 신중한 사람들도 많다.

새해 첫째날은 부모가 사는 집에서 지내야 하고, 만약 한 가족일 경우는 친가쪽 조상의 제사를 모시는 집으로 가서 함께 제사를 지낸다. 둘째날은 외가쪽에서 구정을 지낸다. 그리고 셋째날은 집에서 손님을 맞거나 새해인사를 드리러 간다. 예전에는 분가한 자식만이 제사를 모시고 있는 부모집이나 큰형집으로 왔었다. 그러나 오늘날에는 다방면의 관계들로 인해 친분이 두터운 사람들이 새해인사를 할 수 있도록 하였고, 첫날 약 12시경부터 새해인사를 다니기 시작한다. 모든 사람들은 서로 덕담을 주고받고 큰소리 나는 것을 피하며 상스러운 말을 하지 않으려고 한다. 어른들은 소액의 새뱃돈을 넣은 빨간 봉투를 미리 준비하여 새해 처음 만날 때 손자 손녀들이나 친분이 있는 사람의 자녀에게 나누어 준다. 새해에는 한 살을 더 먹게 되는 것을 복받은 일이라 하고, 사업 밑천의 의미를 지니는 약간의 돈을 주고받는다.

7일째가 되면 새해맞이 의례가 끝을 맺는다. 보통 관공서에서 일하는 가족들은 3일 정도로 마치지만 다른 일반 가족들은 5일이나 7일째에 구정이 끝난다. 또한 상업에 종사하는 사람들은 9일간, 일부 가족 특히 농촌에서는 15일간 명절을 지낸다. 그때쯤 하루 날을 잡아서 사람들은 호아방

의례를 치른다. 남은 모든 음식을 모아 상을 차려 조상에게 제사를 지내는 것이다. 그리고는 모든 방마(금색과 붉은색으로 만든 제수용품)를 태우고 구정에 사용했던 제수용품들을 정리한다. 다음날부터는 조금씩 일상으로 돌아오기 시작한다. 관공서는 넷째날부터 일을 개시하는데, 옛날 생활관습에 따르면 8일이나 10일째가 되어야 비로소 업무가 시작되었다. 또한 숲의 입구도 다시 열고 농민들도 줄을 지어 들로 일을 나간다.

베트남의 구정은 많은 부분에서 중국을 따르지만 여전히 공동체적 생활 특징과 수도작 문명의 특색을 지니고 있다. 사람들은 함께 돼지를 잡고 바잉쯩을 싸고, 거의 대부분은 함께 열두 시간 동안 바잉쯩을 찐다. 구정은 가족들이 한자리에 모이고 조상과 신들의 영혼이 함께할 수 있는 가장 큰 연중 행사이다.[28] 서양 문명의 유입과 1945년 혁명 이후로 구정의 여러 가지 고유한 풍속들이 줄어들었다. 이것 또한 문화진화의 현상일 뿐이다. 그러나 구정이 담고 있는 음양철학의 깊은 의미와 공동체 생활의 중요성으로 인해 완전히 자취를 감추지는 않을 것이다. 그 형상들은 베트남에 살던 다른 아시아 국가, 미국 혹은 유럽에 살던 수경벼 경작민들의 가슴속에 항상 남아 있을 것이다.

페스티벌

베트남에서의 페스티벌은 주로 농한기인 봄과 가을에 열리지만 집중적으로 행해지는 것은 봄이다. 보통 마을, 종교 그리고 민족적 영웅을 기리는 페스티벌로 나누어지며 모든 페스티벌은 두 부분으로 구성된다. 절이나 사당, 딩에서 제를 지내는 의식을 레라고 하고, 공동체의 놀이를 호이라 한다. 절기가 시간적인 측면에 따라 진행된다면 페스티벌은 공간적

마을 페스티벌. 농한기인 봄에 집중되어 있으며 보통 바오담, 노이담, 자담의 세 단계로 이루어진다.

측면에 따라 조직된다. 같은 시간에 서로 다른 지방에서 서로 다른 페스티벌이 있을 수 있다.

마을 페스티벌 구정이 끝나는 때를 기점으로 음력 3월까지 이어진다. 마을 페스티벌 혹은 다른 페스티벌들은 세 단계로 나누어진다. 바오담, 노이담 그리고 자담이다. 각 의례들은 보통 바오담 단계에서 이루어지고, 놀이는 노이담 단계에서 그리고 자담 때에 종결된다.

바오담은 즈억느억이라 불리는 세례의식에서부터 시작된다. 이는 마을 근처의 강이나 우물에서 깨끗한 물을 떠와서 사당이나 제단에 있는 여러 부조상을 씻기는 의례 행렬을 말한다. 그 후에는 가장 주요한 신상을 씻기는 의례가 있는데 이를 목욕례라고 한다. 그때 모든 사람들은 양기(陽氣)가 새어 나가 각 신들을 더럽히는 것을 막기 위해 입을 가리고 있어야 한다. 그리고 다음날에는 깨끗한 상들을 딩으로 가져와 제를 지낸다.

대부분의 상들은 인간의 신체와 같은 형상을 하고 있으나 북부 평야 일부 지역에는 생식기(단지 남녀의 생식 부분만을 형상화했다) 모양을 한 상들도 있다. 이와 같은 신들은 수경 벼 경작민들의 토템신앙적인 요소를 내포한다. 남녀 생식기에 제를 지내는 것은 박닝성 동끼마을에서 가장 잘 드러난다.[29]

새날리기 놀이. 보통 10~12마리를 날려서 새가 곧 바로 수직으로 높이 그리고 무리를 지어서 날아야 하고, 그 그림자가 땅에 놓아 둔 물항아리에 들어가야 우승한다.

마을의 호이는 보통 마을의 성황당에 제를 지내는 날이다. 그 페스티벌에는 많은 마을이 성황당의 신상을 딩에서 절로 가져가 불공을 드린다. 그날 밤에는 절의 승려들이 밤새도록 목탁을 두드리며 경을 읽는데, 이는 성황신이 듣도록 하게 함이다.

그런 다음 노이담은 마을의 딩에서 제를 지내면서 시작된다. 이 제를 올리는 일을 주재하는 사람은 띠엔찌(先指)로서 마을에서 가장 권위 있는 사람이다. 띠엔찌의 일을 돕는 사람들은 약 20여 명 정도 된다. 그들은 모든 마을 사람들이 보는 가운데 제를 올린다. 이 의례 후에는 신가를 부르고 축사를 읽는 의례가 이어진다. 축사는 성황의 공덕을 기리고 신의 도움으로 마을이 평안하다는 것과 마을의 풍광을 칭송하는 글로서, 결국은 마을 사람들을 지켜 달라고 기원하는 내용으로 미리 준비된 것이다. 예를 들면 하노이 외곽지역인 레멋마을의 페스티벌에서는, 성황이 리타이똥(1072~1127년)의 공주를 죽음에서 구하고 레멋마을과 인근 마을들을 건립한 호앙씨 성을 가진 의병이다.[30] 또한 하노이 타잉찌현 찌에우쿡

서부 고원지대에 사는 소수종족의 페스티벌에서 공연되는 징치기 놀이. 징의 중심이 볼록 튀어나온 것이 이채롭다.

마을은 수도와 바로 인접해 있고 온전히 전통 풍속을 유지하고 있는 마을의 하나로 수공업을 주로 하는데 마을 사람들에게 방직업을 가르쳤던 부우씨를 제사지낸다.[31]

축사를 공식적으로 한 번 읽은 후에는 글 읽기 시합이 있다. 마을에서는 가장 잘 읽는 사람에게 상품을 준다. 매우 많은 사람들, 특히 남자들은 여자들에게 자신이 글에 밝다는 것을 드러내기 위해 이 시합에 참여한다.[32] 그날 밤, 마을 어른들을 위한 술잔치를 베풀며 다음날에는 놀이가 시작되어 하루부터 몇 주간 이어지기도 한다.

이러한 놀이는 매우 다양하고 모든 놀이는 서로 다른 대상들을 상대로 진행된다. 장기, 시낭송, 빈랑씹기 등은 어른들을 위한 것이고 그네타기, 씨름, 줄다리기 등은 청년들을 위한 것이다. 그리고 팽이돌리기, 자치기 등은 어린이들을 위한 것이다. 레멋마을의 축제에서는 마을 사람들이 오랫동안 뱀을 잡아 약을 만드는 일을 해와서 뱀을 잡는 놀이도 있다.[33]

특히 페스티벌은 매년 한 번씩 남녀가 공개적으로 만날 수 있는 기회이다. 그들은 한 쌍씩 개인적으로 만나기도 하고, 핫도이(단체 노래대항) 행사에서 단체로 만나기도 한다. 박닝성의 림마을에는 호이림이 유명한데, 남녀 젊은이들이 단체로 번갈아 노래 대항을 벌이는 행사로, 꽌호라고 한다. 만약 남자들이 시합에 지면 벌을 받고, 여자들이 지면 그 그룹의 남자를 남편으로 맞아들여야 하는 경우도 있다.[34]

일부 지역에서는 핫도이 시합에 있어 매우 엄격한 규정을 둔다. 핫도이를 할 때 만약 남자가 지면 여자는 그 남자의 꼭지 달린 모자를 취할 권리가 있고, 그 남자는 여자에게 자신의 이름을 밝혀야 한다. 만약 남자가 이를 거부할 때는 공공기관에서 일정한 금액의 벌금을 내려 마을의 기금에 포함시킨다. 여자가 진 경우, 그 여자가 남자에게 시집가는 것을 거부하면 마을에서 쫓겨나거나 재산권을 상실한다. 이러한 놀이들은 베트남어에서 설을 쇤다는 의미로 '설을 먹는다'는 단어가 있듯이, 페스티벌을 즐긴다는 의미의 '쩌이호이'라는 단어가 있다. 쩌이는 논다는 뜻인데, 옛날 농촌에서는 페스티벌이 한 달간 지속되는 경우도 있었다. 그래서 '정월은 먹고 노는 달'이라는 속담이 있다.

마을 페스티벌은 딩에서 한 번의 제사를 더 지냄으로써 막내림을 시작하는데 이것이 자담의 단계이다. 제를 지내고 나서 각 신상을 사당이나 제단으로 가져온다. 여러 신들은 마을 사람들이 다음해 봄 페스티벌 때까지 한 해 동안 제를 지낼 수 있도록 그곳에 안치한다. 일부 마을에는 페스티벌을 종결하는 놀이가 있다. 예를 들면, 박닝성 티꺼우마을에서는 작은 폭죽을 터트리는 놀이가 있는데, 높은 곳에 걸려 있는 폭죽보다 더 큰 것을 던져 크게 터지는 폭죽이 상을 받는 것이다. 또한 하떠이성 자라마을에는 불을 끄는 아주 독특한 풍습이 있다. 저녁에 마지막 제를 지낸 후 마을의 남녀가 서로 신체를 접촉하고 즐길 수 있도록 모든 불을 끄는 것이다. 약간 오랜시간 동안 그렇게 하다가 다시 불을 켜면 자담은 끝난 것으로 간주한다.[35] 그러나 오늘날 이러한 풍속들은 모두 사라졌다.

종교 페스티벌 사람들의 광범위한 참여 속에서 이루어지는 종교 페스티벌은 레쭈어뿐이다. 다른 종교들은 단지 신도들의 범위에서만 이루어진다. 일부 베트남 소수종족들은 물소싸움 페스티벌, 까떼 페스티벌과 같은 동남아시아의 전통적인 풍속들과 자신들의 개별적인 종교 페스티벌이 있다. 이 장에서는 베트남 논농사 마을에서 볼 수 있는 불교 페스티벌에 관해 집중적으로 살펴보고자 한다.

불교 페스티벌은 보통 절을 세운 주지의 제삿날을 기해 치러진다. 그날 사람들은 진심을 다해 석가모니를 기리며 독경을 한다. 또한 보살들은 석가모니의 덕행과 다른 불자들의 은공을 기리기 위해 쉼없이 불경을 읽는다. 독경 의례가 끝나면 참석한 불자들에게 사찰음식을 대접한다. 이 날 절 근처에서는 그네타기, 인간장기, 밥짓기 시합 등과 같은 놀이가 벌어진다. 예를 들어 타이빙성 께오사 페스티벌에서는 밥짓기나 오리잡기

하이퐁의 소싸움 놀이. 마을별로 싸움소를 골라 잘 훈련시켜 소싸움에 출전시키고, 우승한 소에게는 제를 지낼 정도로 귀하게 여긴다.

시합 등과 같은 강물과 관련한 농경지역의 전통적 놀이를 즐긴다. 혹은 하떠이성에 있는 터이사에서는 절의 마당에 있는 용지호에서 유명한 수상인형극 공연이 펼쳐진다.

그러나 베트남의 불교 페스티벌에 대해 말하자면 흐엉사 페스티벌이 가장 으뜸이다. 이는 어떤 구체적인 절이 아니라 하떠이성에 속하는 흐엉썬 산림지역에 위치한 크고 넓은 신성한 지역으로서 그 속에는 많은 절들이 있다. 여기는 베트남 최대의 풍광을 자랑하는 곳으로 하롱만 다음으로 유네스코에 의해 세계문화유산으로 지정된 지역이다. 지난 오랜 세기 동안 많은 사람들이 이 산림지역에 절을 짓고 여러 세대에 걸쳐 수행자들이 모여들었다. 흐엉썬의 산맥들은 크고 높지는 않지만 승려산, 보살산, 술밥산, 닭산, 용산과 같은 기이한 형상을 한 산이 많다. 이곳에는 산, 언덕, 작은 강, 개울, 시냇물 등이 있고 특히 넓고 거대한 석굴이 있는데 그 속에 절을 지었다.

흐엉사는 단지 풍광 때문만이 아니라 청정한 분위기와 신성할 정도로 조용한 분위기로 인해 사랑을 받는다. 매년 흐엉사의 페스티벌은 1월부터 3월까지 지속되며 그중 2월 중순이 가장 절정기다. 페스티벌이 열릴 때면 국내는 물론 외국에 거주하는 베트남인들이 줄을 지어 찾아온다. 이는 회교도인들이 메카를 성지순례하는 것의 축소판이라 할 수있다. 그러나 메카와는 달리 이곳을 방문하는 모든 사람들이 신도는 아니다. 그들은 남녀노소를 막론하고 농민일 수도 있고 정부의 고위관리나 관공서의 수위일 수도 있다. 또한 불교, 도교, 천주교, 유교, 회교도인일 수도 있고 무교일 수도 있다. 그들은 복을 빌기 위해 또는 자식을 얻기 위해, 풍광을 감상하기 위해, 휴식을 취하기 위해, 그리고 연인들이 사랑을 나누기 위해 이곳에 들른다. 아마도 베트남에 이와 같이 많은 사람들이 즐겁게 참여하고, 이와 같은 최고의 공동체성을 발휘하는 페스티벌은 없을 것이다.

민족영웅 기념 페스티벌 외침을 물리치기 위해 끊임없이 전쟁을 치러야 했던 베트남의 역사적 특수성으로 인해, 많은 민족영웅이 탄생했다. 일부 마을에서는 이들을 자신들의 마을을 보호하는 성황신으로 모시고 제를 올린다. 다른 일부 마을들은 훙왕, 타잉종, 쩐흥다오를 함께 모셔 제사를 지낸다. 그리고 동다 페스티벌과 같이 큰 승리를 거둔 전쟁을 기념하거나 팜웅우라오제, 하이바쯩제와 같이 영웅들이 목숨을 잃은 날을 기념하는 경우도 있다. 민족영웅 기념 페스티벌 중 가장 큰 것은 끼엡박제이다.

쩐흥다오(陳興道, 1226~1300년) 장군상. 본명은 쩐꾸옥뚜언으로 몽고군을 물리치는 데 공을 세워 흥도왕이라는 직위를 받았다.

하이즈엉성 찌링현에는 몽고의 침입을 세 번이나 물리친 쩐꾸옥뚜언의 공적을 기리는 사당이 오늘까지 남아 있다. 이는 영웅 쩐꾸옥뚜언의 사당이자 쩐흥다오 신에게 제를 올리는 것이다. 그러나 최근에 점쟁이들이 쩐장군의 명성을 이용하여 민간사회에 미신적인 풍토를 증폭시키고 있어 아쉬움을 남긴다.

끼엡박 축제는 가을 초, 음력 8월 15일부터 20일까지 계속된다. 그때가 되면 수백 명의 인파가 몰려든다. 먼저 지방자치단체장이 분향하고 연설문을 읽은 뒤 외침에 대항한 쩐꾸옥뚜언의 공로를 칭송

함으로써 페스티벌의 개막을 선언한다. 자치단체장의 분향이 끝나면 민속놀이를 한다. 그중 가장 주목할 만한 것은 끼엡박 강가에서 진행되는 수영대회이다. 이 시합은 지금부터 7세기 전 쩐꾸옥뚜언이 바익당강에서 몽고군을 몰살시키고 세 번이나 전쟁을 승리로 이끈 것을 기리는 것이다. 다른 동남아시아 국가들의 페스티벌을 살펴보면 이러한 종류의 페스티벌은 볼 수 없다. 이는 비록 같은 수도작 문명 지역이라 하더라도 동남아에서 외침에 대항하기 위해 가장 많은 전쟁을 치른 국가로서 베트남만이 유일하게 두드러진 애국주의와 공동체적인 성향을 지니기 때문으로 해석할 수 있다.

베트남 페스티벌을 위에서 살펴본 절기제와의 관계 속에 놓고 본다면 더욱 정확히 파악할 수 있을 것이다. 쩐응옥템은 이에 관해 주목할 만한 발견을 했다.

명절과 페스티벌은 신성한 것과 현세적인 것의 조화로운 결합이며, 물질적인 것과 정신적인 것의 결합이다. 또한 가족과 집안의 범위로 한정시킨 명절과 공동체의 범위로 확대시킨 축제와의 결합이다. 그리고 가족과 집안 내 성원들 사이의 서열 관계를 나타내는 명절과 공동체 내의 평등을 드러내는 페스티벌의 결합이다. 절기제가 시간적인 측면에 따라 분포한다면 페스티벌은 공간적인 측면에 따라 분포한다. 이 가로와 세로 두 축의 만남은 음양조화적인 생활양식을 낳았다.[36] 그러나 비단 음양사상만이 아니라 유교(절기제에서의 서열적인 관계), 도교, 불교 또한 베트남에 유입된 후 시간적인 측면과 공간적인 측면에 따라 이루어지는 이 의례들이 끈질긴 생명력을 창출할 수 있도록 음양철학과 함께 새로운 틀을 형성했다.

신에 대한 제사

베트남에서 종교와 신앙은 꽤 복잡한 체계를 가지고 있다. 따라서 신에 대한 제사 풍습을 이해하기 위해서는 먼저 이 체계를 이해할 필요가 있다.

제1장에서 살펴본 바와 같이, 대부분의 종교는 베트남에 들어온 후 베트남의 문화 속에 일정한 위치를 차지하고 있다. 불교, 유교, 도교, 브라만교, 천주교, 회교 등이 모두 베트남에 남아 있다. 불교는 절에서 제를 지내고, 도교는 사당에서, 유교는 문묘에서, 천주교는 성당에서, 그리고 회교도는 회교사원에서 예배를 본다. 이런 예배의 장소를 일반적으로 모두 냐터라고 한다. 그러나 베트남에는 이처럼 외래 종교 외에도 많은 신들과 마귀를 믿는 토속신앙이 있다.

베트남의 여러 신   신의 체계를 하나의 구조에서 관찰하면 훨씬 덜 복잡하다. 레쑤언꽝은 『매우 주목할 만한 베트남의 신』이라는 두 권의 책을 썼는데, 이는 신의 구조에 대한 것이 아니라 각 신들의 사적을 모은 것이다.[37] 여기서 필자는 베트남의 신들을 두 가지 유형과 여덟 가지 그룹으로 나누었다. 베트남의 신들에서 첫번째 유형은 성황신으로 마을의 딩에서 제를 지내는 것이다. 두 번째는 나머지 모든 신들로 사당, 제단, 신전, 동굴, 묘(동굴이나 암자), 마을 제단 등과 같은 여러 곳에서 제를 지내는 유형이다. 여기에는 여덟 개 그룹이 있는데 신선, 역사적 인물신, 성모, 출신이 불분명한 인물신, 신령한 시간에 죽은 보통 사람의 신, 자연신, 가왕신, 마귀가 포함된다.

성황신은 모든 마을의 신으로 마을의 딩에서 제를 지낸다. 민간신앙에 따르면 성황신은 충성심과 효심이 강하고, 덕이 있는 사람들에게 복을

각종 신상. 베트남의 종교와 신앙은 꽤 복잡한 체계를 가지고 있다. 사진 ⓒ 배양수.

주고 부덕한 이들에게 징계를 가하며, 재난을 당한 사람을 보호하고 마을의 미풍양속을 유지할 수 있도록 한다. 또한 나라가 외침을 당했을 때나 자연재해가 있을 때 마을 사람들이 힘을 발휘할 수 있도록 돕는 역할을 한다.

각 성황신은 왕으로부터 인정을 받거나 자격을 부여받는다. 그에 따라 세 개의 등급으로 나눌 수 있다. 상등급은 쯔동뜨, 리에우하잉과 같이 신원이 불분명하지만 하늘에서 내려왔다 하여 천신이라 불리는 신들을 말한다. 이 등급은 리남데, 리트엉끼엣, 쩐흥다오와 같이 나라에 큰 공로가 있는 사람들에게 하사하는 신의 품계이다. 중등급은 공로를 세운 성황신으로 마을 사람들이 오랫동안 제를 지내왔으나 정확한 이름과 나이를 알 수 없고 조정에 의해 인정받은 신들이다. 하등급은 명망이 있거나 혹은 좀더 낮은 직급으로서 마을 사람들이 제사를 지내고 신원이 불분명하나 왕으로부터 하사받은 것이다. 이 세 등급의 신 외에도 돼지 파는 신, 아기신, 간음신, 생물신, 목신, 돌신 등과 같은 성황신도 있다.

기타 신 중 가장 으뜸가는 것은 신선이다. 즉 하늘에서 내려왔거나 수행을 통해 신선이 된 사람들이다. 이는 인간이 죽지 않는다는 중국 도교의 관념에 따른 것이다. 중국의 도교는 사람들이 고난의 수행을 할 것을 요구하며, 경지에 이르면 신선으로 승화한다고 한다. 반면 베트남에서의 도교는 수행을 요구하지 않으며 단지 덕을 행하고 살면 신선이 될 수 있다고 믿는다. 베트남 신선의 시조라 여겨지는 쯔동뜨는 단지 덕행이 있다 하여 신선이 되었다.

두 번째 그룹은 역사적 인물들로서 사후 임금으로부터 신의 품계를 부여받고 그 이후 마을 사람들에 의해 신격화된 경우이다. 이러한 인물들은 훙왕으로부터 꽝쭝에 이르는 왕일 수도 있고, 명장일 수도 있으며 전설 속의 인물일 수도 있다.

세 번째는 성모이다. 호이쩌우비엔에 기록된 27신들 중 일반적으로 인정되는 베트남 내의 주요 신 중에는 13위의 여신이 있다. 앞장에서도 살펴본 바와 같이 여자를 중시하는 전통은 베트남 신들의 체계에서도 드러난다. 여신들 중 가장 으뜸은 리에우하잉으로, 하늘에서 내려와 현세의 남편을 얻고 사람들로부터 굴욕을 당했으나 여전히 현세인들을 구하고 도왔다. 또 다른 대표적인 성모는 숲을 관장하는 트엉응안 성모, 강물을 주관하는 토아이 성모를 들 수 있다. 네 번째 그룹은 신원이 정확치 않은 신이다. 그들은 황무지를 개척하여 마을을 세운 공이 있거나 새로운 직업을 창출했거나 유학 시험에 합격한 사람들로서 마을 사람들이 제단, 신전, 묘에서 제사를 지내는 경우이다. 다섯 번째는 신령한 시간에 죽거나 어려서 죽은 보통 서민들로서 신으로 인정받는 경우로, 묘에서 제사를 지낸다.

여섯 번째 그룹은 돌, 나무나 풀, 산신, 강신 등과 같은 자연신들로 신전, 묘, 암자, 노천에서 제사를 지낸다. 제를 지내는 곳에 대해 간략하게 살펴보면, 덴(사당)은 딩과 비슷하지만 도교의 신과 베트남 신들을 모시는 곳이다. 단(제단)은 과거에 급제한 유학자들과 공자에게 제를 올리기 위한, 지붕이 덮인 제단 또는 노천 제단이다. 디엔(신전)은 지방신들을 안치하는 곳으로 전면을 제외한 삼면을 막고 지붕을 덮은 제단이다. 미에우(묘)는 사당과 같은 기능을 가지나 더 작고 높은 언덕에 위치하며 지방신이나 마귀신에게 제사를 지내는 곳이다. 반은 신령한 시간에 죽은 모든 신들에게 제사를 지내는 곳으로 큰 나무의 아래나 산자락에 위치한다.

일곱 번째는 토꽁, 턴따이, 띠엔스, 띠엔쭈와 같은 가왕신이다. 우리는 앞의 '구정' 편(본문 131쪽)에서 토꽁에 대해 알아보았다. 턴따이는 중국의 풍습에 따라 모든 집의 재복을 주관하는 신이다. 그리고 띠엔스는 어떠한 직업의 시조, 띠엔쭈는 현재 가족이 거주하고 있는 집에서 죽은 첫 번째 주인이다. 민간신앙은 이러한 신들에게 제를 지내야만 보호를 받고, 다른 귀신들이 찾아와 분란을 일으키지 않는다고 믿는다.

여덟 번째는 마귀로 용, 기린, 거북이, 봉황의 네 귀신과 호랑이, 물소, 개, 돼지, 물고기 등과 같은 동물의 영혼이나 가려움증, 몸살, 발작성 열병과 같은 병을 일으키는 귀신들이다. 사람들은 제를 지내야만 이러한 귀신들이 병으로부터 떠난다고 믿었다.

제사 의례 베트남에 와본 사람이라면 다양한 제례 의식에 놀라움을 감추지 못할 것이다. 가정과 학교, 공공기관, 감옥 등 모든 곳이 향의 연기로 가득하다. 사람들은 집, 마당, 정원, 나무, 바위, 강물에도 신령이 있다 하여 딩과 사당, 신전, 동굴로부터 노천 제단에 이르기까지 모든 곳에서 제를 지낸다. 사람들은 귀신은 모든 곳에 있고, 그들은 공간이동이 매우 빠르고, 도로를 이용하여 가거나 수로를 이용하여 온다고 하였다.[38] 전염병이 돌았던 시기에 사람들은, 병을 일으키는 귀신이 밤마다 무리지어 다니면서, '이 집에 들어가자! 저 집에 들어가자!' 하여 결국은 다음날 몇 사람이 죽었다는 소식을 들었다고 이야기하곤 했다.[39]

수세기 동안 베트남인들은 귀신을 만날까 두려워하여 저녁에 다니는 것을 피했다. 저녁이면 귀신들이 들을까봐 감히 큰 소리로 말하지 못했다. 길을 나설 경우에는 횃불을 켜들거나, 등을 들고 갔으며 비상용 무기를 들고 가기도 했다. 그들은 그렇게 해야만 귀신들이 겁을 먹고 멀리 도망간다고 여겼다. 또한 신에게 제를 올려야만 평안한 삶을 영위할 수 있으며 만약 그렇지 않을 때는 베트남 속담처럼 하늘로부터 재잉을 당한다고 하였다. 베트남인들은 태아에서부터 묘지에 묻힐 때까지 모든 것들이 신에 의해 좌우된다고 믿었다. 삶의 모든 변고, 즉 남의 집을 방문하거나 몸살과 같은 작은 일에서부터 혼인이나 장례와 같은 큰일에 이르기까지 모두를 신이 관장한다고 믿었다.

베트남에서 신에게 올리는 제례 의식은 조상에게 올리는 제례와 마찬가지로 중간적 역할을 하는 도사나 주술사가 필요없다. 사람들이 직접 신들과 연계하는 것이다. 제를 올리는 비용은 가족의 예산에서 충당한다. 마을의 경우는 제사 비용을 충당하기 위한 농토가 있었고 사당, 딩, 묘를 지키는 사람은 마을에서 선발하였다. 이들은 제사를 지내는 곳에서 살아야 하므로 부인을 얻지 못하는 경우도 많아 제수 물품들을 얻거나, 잡역이나 세금을 면제받기도 했다. 마을에서 제를 지낼 때는 마을의 대표가 이를 담당하며, 레떼남자오와 같은 거국적인 제례에서는 왕이 직접 담당했다.

신선, 마귀에 대한 관념은 북부 논농사 지역의 민간신앙에서 발원한다. 이 지역이 중국의 도교를 받아들인 후로 신선, 마귀가 체계화되었다. 베트남에는 중국의 신을 모시는 곳이 무수히 많다. 이 신들에 대한 관념에 있어 사회학자 응웬반후엔은 다음과 같이 썼다. "그들은 군주국가의 조직 형태를 본떠 대규모의 체계를 이루었다. 이 모두는 서로 다른 직급의 관리들이며 죽은 후 덕행의 정도에 따라 옥황상제로부터 신격을 부여받는다."[40] 그렇지만 도교의 신선사상이 베트남에 들어온 후로 중국식의 서열체계는 많이 줄어들었다. 이 모든 신들은 베트남 신들과 함께 안치되며, 비록 서로 다른 위치라 하더라도 여전히 베트남 신들과 공동으로 제를 지낸다. 다수의 베트남 신들은 집단적으로 출현하고 함께 일한다. 띠엔종은 한 쌍으로, 땀푸는 셋이, 뜨푸, 뜨벗뜨는 넷이, 공간신은 다섯이, 시간신은 열둘이 함께 움직인다.[41] 그리고 모든 신들은 신선, 마귀의 공동체를 이루고 어떤 때는 매우 복잡하고 서로 뒤섞여 정확히 분별되지 않을 때도 많다.

예전에는 위에서 언급한 신들의 체계에 따른 제례가 매우 엄격히 준수되었다. 소박한 믿음과 세세하고 복잡한 의례들이 지난 몇 세기 동안 베트남인들을 우매하고 무지한 상태로 빠져들게 만들고 궁핍한 생활을 하도록 만들었다. 프랑스가 유럽의 과학기술을 들여온 이후에야 이러한 미신들이 줄어들었다. 20세기 초, 선진 유학자 판께빙은 사회에 다음과 같은 질문을 던졌다. "삼라만상 모두가 사람의 힘으로 이루어져야만 재능이라 할 수 있지, 이렇게 신들에게 의지를 하면 사람의 힘은 아무 쓸모가 없다는 것인가?" 1945년 공산당이 혁명을 일으킨 뒤, 미신을 완전히 배제하고 과학적인 사고를 강조했다. 그리하여 반세기 동안 미신의 그림자도 보기 힘들었다.

그러나 도이머이 이후, 1990년대부터 일부 사람들은 근거 없는 많은 신앙들을 회복시키기 위해 이를 이용하고 있다. 다수의 낡은 제례풍습들이 되살아나고 있고, 제사용품이나 향 등을 생산하는 분야는 하나의 경제영역으로 발전하였다. 하노이에는 각종 제단을 전문적으로 판매하는 항꽛거리가 있고, 항마거리는 오래 전부터 제사용품을 팔아왔다.

현재에도 여전히 베트남인들은 현세에서 어떠하면 저 세상에서도 그와 같다는 것을 믿는다. 그들은 최신형 TV, 오토바이들을 종이로 만들거나 제례에 올리기 위한 수십 장의 100달러짜리 위조지폐를 만든다. 그들은 귀신들 역시 가장 최신의 용품을 사용해야 하며, 시장경제체제에서는 돈으로써 숭배를 해야 한다고 믿는다. 지금부터 100년 전 판께빙은 '다른 유럽 나라들을 보라. 창시자에게 예배를 보는 것을 제외하고는 모두 기념하는 마음을 표시할 뿐이고 어떠한 신도 없다. 저 세상의 힘을 빌린 것도

향을 피우며 행운을 기원하는 사람들. 베트남인들은 수세기 동안 신에게 제를 올려야만 평안한 삶을 영위할 수 있다고 믿어왔다.

아닌데 나라마다 모두 번영을 하고 백성마다 부강한데, 아시아만 이렇게 도 지성으로 제를 지내는데도 다른 나라만큼 도와주지 않는가? 바로 이 것이 우리가 아무런 근거 없이 믿고 있다는 충분한 증거이다!'라고 하면 서 미신을 믿는 사람들을 신랄하게 비판했음에도 말이다.

점술

베트남 풍속에는 매우 복잡한 점복(占卜)체계가 있으며 이는 대부분 중국에서 받아들인 것이다. 점복의 체계에 대해서 글을 쓰자면 그 내용이 너무 많기 때문에 수백 페이지를 쓸 수 있지만 여기에서는 가장 기본적이고 지금까지 행해지고 있는 풍속들을 집중적으로 살펴보고자 한다. 이를 간략하게 나누면 풍수지리, 상술(象術), 운수보기, 굿, 찌엠도안, 찌엠응히엠(占驗), 택일 등 일곱 가지가 있다.

풍수지리 앞의 '집짓기' 편(본문 95쪽)에서 풍수지리에 대해 간략하게 살필 기회를 가졌다. 실제로 오늘날 베트남인들은 집짓는 일에 있어서 풍수지리를 그리 중요시하지 않지만 묫자리를 선택하는 일에 있어서는 특별한 관심을 갖는다.

풍수지리는 기원전 3세기 진나라에서 생겨난 것으로 15세기에 이르러서야 베트남에서 성행했다. 15세기 레왕조 때 하떵성 응히쑤언현 따오마을의 유학자 응웬득후엔은 중국에 건너가 풍수지리를 공부하였다. 귀국한 후에는 이름 있는 풍수지리가가 되었고, 그는 꾸따아오라 불리웠다. 이후에 호아쩡박사가 이 설에 관한 책을 시리즈로 출간하였다. 이는 땅을 찾는 방법으로서 묘나 집을 지을 곳의 땅을 보고 지세가 어떤지 그래서 어떤 곳에 중심을 두고 세워야 할지를 살피는 것이다.

풍수지리는 일가학(日家學), 형가학(形家學), 법가학(法家學)의 세 가지 종류가 있다. 일가학은 해, 달, 다섯 개의 주요한 별과 28개 다른 별들의 비추는 각도를 측정하여 우주 속의 땅의 위치를 확정하는 것이다. 형가학은 땅의 모양을 살피는 것이다. 예를 들어 말(馬)의 형상을 한 땅이 있으면 말의 배 부분에, 코끼리 형상일 경우는 코끼리의 코 부분에 묘를 쓴다. 법가학은 음양오행을 지리에 적용시킨 방법으로 오행이 서로 상극인지, 상생인지를 살펴 건축 위치의 중심을 확정하는 것이다. 실력 있는 풍수가들은 이 세 가지 영역에 모두 능통해야 한다. 그러나 보통은 한두 가지에 능통한 유학자들이 이를 생업으로 삼았다.

오늘날에도 묘를 쓸 때 풍수지리를 살피는 것이 매우 성행하고 있으며 특히 쌍갓 즉 묘를 이장할 때 더욱 그러하다. 그러나 그럴싸하게 말하는 풍수가들은 많이 볼 수 있으나 모두 효험이 있다고는 볼 수 없다. 지관들마다 몇 권의 지리책이 있으며, 어디를 가든 나침반을 들고 다닌다.[42]

상술 중국의 남북조 시대에 유입된 점술로서, 사람의 상을 보는 방법이 수십 개에 달한다. 베트남에서는 주로 관상, 수상(手象), 지상(指象), 전신상 등이 유행하고 있다.

관상은 사람의 얼굴을 12개의 궁으로 나누며, 각 궁은 하나의 일과 합치한다. 예를 들어 명궁은 양미간으로 사람의 운명을 나타낸다. 만약 양미간이 넓고 정확하면 장수하며 복이 있고, 만약 주름이 있으면 명이 짧다고 본다. 재백궁은 코 양쪽으로 재산에 관한 것을 알아보는 것인데, 미끈하고 가지런하면 재복이 있고 코가 낮고 울퉁불퉁하면 빈곤하다. 처첩궁은 양 눈꼬리로서 부부관계를 알아보는 것으로, 눈꼬리의 길이가 적당하면 부부생활이 원만하고, 길면 바람기가 있다고 한다.

수상은 손금을 보는 것인데 손금은 건(乾)궁, 태(兌)궁, 이(離)궁, 진(震)궁, 손(巽)궁, 감(坎)궁, 간(艮)궁, 곤(坤)궁의 8궁으로 나뉜다. 건궁은 손바닥의 서북쪽 구석에 있는 것으로 높으면 부모가 자식에게 의지할 수 있으나 낮으면 부모가 고달프다. 손궁은 동남쪽의 구석으로 높으면 재물이 많고 낮으면 가난하다. 곤궁은 손바닥의 서남쪽 구석이며 높으면 자식이 많고 낮으면 자식이 귀하다.

지상은 손가락의 상을 보는 것이다. 모든 손가락은 개별적인 상을 가지는데, 첫째 손가락은 엄지로 이 손가락 마디에 연속적인 둥근 지문이 있으면 문학에 특출하다. 두 번째 손가락은 집게로 만약 이 손가락 마디가 곧게 뻗으면 즐거울 상이고, 울퉁불퉁하면 고독하고 가난하다.

전신상은 두상, 면상, 손, 발과 같은 사람의 주요 신체의 형상을 살펴보는 것이다. 예를 들어 오장상은 머리, 얼굴, 몸, 손, 발이 긴 형상을 가리킨다. 이때 만약 이 모든 것들을 다 갖추고 있고 또한 곱상하고 실핏줄이 튀어나오지 않으면 귀한 상이라 하고, 다 갖춰지지 않으면 비천한 상이라 한다. 오단상은 머리, 눈, 상체, 손, 발이 짧은 것이다. 만약 이러한 모든 요건을 갖추고 또한 골격이 작고, 미간이 정확하면 귀한 상이라 하나, 일정치 않을 경우는 비천하다고 한다. 만약 일정치 않으면 발이 짧고 손이 긴 것이 반대인 경우보다 더 낫다. 오로상(五露象)은 눈, 코, 귀, 입술, 목젖이 튀어나온 상이다. 이 또한 모든 것을 다 갖추고 있으면 좋으나 한 부분이라도 다를 경우 즉 눈이 돌출되면 몸이 약하고, 매부리코는 노상에서 죽고, 귀가 뒤집어지면 무식하고, 입술이 까지면 고달프게 죽고, 목젖이 돌출되면 어려서 죽는다.

그런가 하면 전체 형상을 보기도 한다. 종을 뒤집어 놓은 것처럼 안정감 있게 앉으면 재복이 있다. 또한 걸을 때 머리를 숙이고 꾸부정하게 걸으면 일찍 죽는다. 곧고 바르게 서서 가는 사람은 복이 있다. 여유롭게 먹는 사람을 고상하다 하며 급히 음식을 먹는 사람은 천하다. 그리고 웅크리고 자면 부자로 살 거라고 하며 대자로 뻗고 자면 가난하다고 한다.

베트남에서는 오늘날에도 적지 않은 사람들이 관상을 믿는다. 심지어 국가기관이나 사업 친목회에서도 사람을 선발할 때 관상을 본다. 그러나 관상의 정확성은 매우 낮으며, 베트남을 포함한 모든 나라에서 나쁜 상을 가졌으나 성공한 사람들을 드물지 않게 볼 수 있으며 반대로 고귀한 상을 가졌음에도 비천한 사람들도 있다.

운수보기 이 점술은 중국의 한나라 때에 생겨났으며 다음과 같은 세 가지의 기본적인 점술이 있다. 하락우 경전에 의거해서 운명을 예건하는 것이고, 띠엔딩은 태어난 날과 달에 관한 설명이다. 사주는 좀더 복잡한데, 베트남인들은 주로 사주를 본다.

이 점술은 태어난 해의 간지에 근거해 남양(男陽)과 여양(女陽), 남음(男陰)과 여음(女陰)의 연도로 구분한다. 그리고 태어난 달과 시(時)를 14개의 남북극성과 대조해서, 어떤 별이 그 사람의 명궁(命宮)과 신궁(身宮)을 비추는지를 살펴서 그의 운명을 알아보는 것이다. 사주는 지금까지도 베트남에서 성행하고 있고, 컴퓨터 사주 프로그램까지 개발되었다. 이 점술법은 거의 한 세기 전 판께빙이 "우리는 사람의 힘이 중함을 알아야 한다. 부자든 가난하든, 대범하든 소심하든, 오래 살든 일찍 죽든 간에 이 모든 것들은 자신 스스로 만드는 것이다. 만약 하늘의 정해진 운명이 있다면 그걸 믿고 아무일도 않고 가만히 앉아 있어 보라. 부유해질 수 있는가? 어떤 학업도 하지 않고 먹고 노는데 생업이 생기는가?"[43]라고 격렬한 비판을 하였음에도 적지 않은 사람들이 여전히 따르고 있다.

굿(타잉동) 옛날 사람들은 몸이 아프면 마귀의 영혼이 들어온 것이라고 여기고 굿을 통해서 치료하고자 하였다. 그래서 잦은 병치레를 하는 아녀자들이나 결혼을 했으나 자식이 없는 경우, 보통 제물을 준비하여 사당에 가서 신에게 병을 치료해 달라고 기원하곤 했다. 굿을 주재하는 점쟁이는 마귀에게서 더 이상 병을 일으키지 않겠다는 서약서를 받는 것으로 끝을 맺는다. 만약 다시 병에 걸렸을 경우, 환자는 그 서약서를 가지고 사당에 가서 신들이 마귀에게 징벌을 가하도록 빈다. 이 점술법은 점쟁이가 끼엡박 사당의 신의 이름으로 생업을 위한 활동을 한다. 법술로서 이들은 불타는 작두에 발을 딛고 설 수도 있고 혹은 자신의 혀를 깨물어 피를 흘리기도 함으로써 사람들로 하여금 돈과 예물을 들고와 제를 지내도록 하는 것이다. 판께빙은 "마귀를 내쫓아 병을 치유한다는 것은 매우 근거없는 것이고, 멍청한 놈들이 미신을 만들어 무지한 무리들을 속여 돈을 벌기 위한 업일 뿐이다"[44)라고 비판했다.

동꼿 이것은 샤머니즘의 변형이다. 베트남에서는 많은 아녀자들이 꿈에서 상서로운 것을 보면 예물을 들고 리에우하잉, 머우트엉웅안 사당과 절에 가서 자신들을 지켜줄 것을 빈다. 혹은 바동이라 불리는 여자 점쟁이를 통해서 자신과 가

굿 장면. 옛날 사람들은 몸이 아프면 마귀의 영혼이 들어온 것이라고 여기고 굿을 통해서 치료하고자 하였다.

족, 조상들의 묘지 등의 운명을 점친다. 매년 봄이 되면 바동들은 앞다투어 사당에 가서 신들린 것처럼 몸을 흔들어 춤을 추면서 무지한 아녀자들을 속여 믿도록 한다.

찌엠도안 베트남 풍속에는 중국에서 유입된 것들을 포함하여 운수를 점치는 방법들이 많이 있다. 이러한 것을 베트남어로 찌엠도안이라고 한다. 그러나 현재까지 성행하는 것은 주로 씬테, 쎔쩐조 그리고 꺼우몽의 세 가지이다.

씬테는 절에 가서 제를 올리고 기원을 한 뒤, 제단 앞에서 절을 하고 쏙테 즉 운수를 점치는 대나무를 뽑는다. 절에는 숫자를 적은 대나무 막대기를 넣은 대나무통이 준비되어 있다. 계속 통을 휘저은 뒤 하나의 막대기를 꺼내어 설명을 읽는다 문구는 한자로 되어 있으므로 글을 알지 못하면 문 앞에 앉아 있는 노인에게 대신 읽어 달라고 한다.

쎔쩐조는 적당한 닭 한 마리를 잡아 두 발(무릎 이하 부분)을 자른 후 끓는 물에 삶아 이를 옆에 두고 제를 지낸다. 제를 지낸 후 닭발 모양을 보고 앞으로 일어날 일을 예견한다. 만약 발가락이 안쪽으로 오므려져 있으면 집에 큰일이 닥칠 것이라 하고, 밖으로 나가 있으면 밖에서 큰일이 날 것이라고 추측한다.

꺼우몽은 꿈에서 본 것을 통해 어떠한 일을 예상하는 것이다. 꺼우몽을 하기 전 하루는 채식만 해야 하며, 몸을 정결히 하고 나서 예물을 들고 절에 가서 제를 지내고, 그날 밤을 거기서 보낸다. 밤에 꿈을 꾼 것이 있으면 다음날 아침에 그것을 풀어보는 것이다. 이러한 찌엠도안 방식은 해석이 모두 준비되어 있기 때문에 어려울 것이 없다. 예를 들면, 꿈에서 해를 보거나 달이 집을 비추는 것을 보면 승진을 할 것이라고 짐작한다. 큰 비바람은 좋지 않은 조짐이며 높은 산을 보면 좋은 일이 생긴다. 또한 귀신과 싸우는 꿈은 장수를 뜻하며 이가 빠지는 것은 나쁜 징조라 하고 이가 빠질 때 피가 나는 꿈은 길조라 한다. 죽은 동물과 타는 불은 재물운이 있을 것이라 하고 뱀에게 물리는 꿈은 곧 재물이 생길 징조라는 것 등이다.

찌엠응히엠 예전에 베트남에는 찌엠응히엠이라는 것이 있었다. 이는 즉 자연현상을 살핌으로써 사회현상이나 다른 자연현상들을 판단하는 것이다. 예를 들어 일식과 월식은 곰이 해와 달을 먹어서 그렇다고 하고, 큰 재난이 닥칠 것이라 하였다. 또 달무리가 넓게 퍼져 있으면 재난이 닥칠 것이라 하고, 달무리가 좁게 퍼져 있으면 비가 온다고 하였다. 까우 나무가 열매를 많이 맺으면 흉년이 들고, 또한 개미가 높은 곳에 알을 낳으면 큰 홍수가 난다. 개미가 낮은 곳으로 내려가면 날이 덥고 잠자리가 무리를 지어 날면 태풍이 온다. 장마철에 까마귀가 날아다니며 울면 비가 그친다. 혹은 해오라기가 집 근처 대나무밭에 둥지를 틀면 좋은 징조이고, 비둘기가 울면 집에 손님이 찾아온다고 하였다. 찌엠응히엠은 중국에서 들어온 것들도 있지만 대대로 토착민들에게 전해 내려오는 것들 또한 많다. 이러한 것들 중 생물들의 변화에 근거해 날씨를 예상하는 일부 방법들은 정확성이 있다.

택일 좋은 날과 시를 보는 점술법을 저호앙다오라 하는데, 이는 중국 당나라 때에 시작되었으며 14세기경에 베트남에 유입되었다. 오늘날에는 예전에 비해 많이 감소했으나 여전히 많은 사람들이 저호앙다오를 믿고 있다. 결혼식, 집짓기, 여행이나 출장, 장례식, 기공식 등의 일에 있어 가장 먼저 저호앙다오를 알아보아야 하는데, 이는 성공적인 출발을 할 수 있는 시간이라 하여 그렇다. 이 점술법에 따르면 우선은 매달 음력 5일,

14일, 23일을 피해야 하는데 이를 응아이싸앗쭈 즉, 주인을 죽이는 날이라는 의미가 있다. 또한 1년에 13일 동안은 응아이즈엉꽁이라 하여 중요한 일들을 금하고 있는데 음력 1월 13일, 2월 12일, 3월 9일, 4월 7일, 5월 5일, 6월 3일, 7월 8일과 29일, 8월 27일, 9월 25일, 10월 23일, 11월 21일 그리고 12월 19일이다. 위에서 언급한 날들 외에는 저호앙다오에 맞춰 일을 실행해야 한다. 시를 정하는 방법은 다음에서 간략하게 살펴보겠다.

먼저 자신이 필요로 하는 날이 간지에서 어느 날인가를 알아야 한다. 대부분은 양력으로부터 간지일을 바꾸는 표를 통해서 저호앙다오를 알 수 있다. 간지일은 60회로 되어 있는 한 주기를 따른다. 만약 한 날의 간지명을 안다면 다른 날들을 계산할 수 있다. 예를 들어 만약 1995년 3월 1일이 묘일이라는 것을 안다면 자, 축, 인, 묘, 진, 사, 오, 미, 신, 유, 술, 해 순서의 간지로서 날을 세어서 알 수 있다.

그러나 호앙다오 시간은 그렇게 효험이 있지는 않다. 실제로 한 번이 맞으면 몇백 번이 틀리다. 국가적인 중대사나 사업 기회들은 빠르게 스치고 지나가버릴 수도 있기 때문에 계속 길일을 기다린다면 다른 많은 일들을 망칠 수도 있다.

요약하자면, 위에서 세분하여 살펴본 점술들은 지식인에서 일반 민간인에 이르기까지 현재 베트남에서 상당히 보편적으로 행해지고 있다. 이러한 점술들 중 약간을 제외하면 모두 베트남의 것들이고, 그중 극소수는 인도로부터 들어왔으며, 서양에서 들어온 점성술도 있다. 그리고 나머지 대부분은 중국에서 유입된 것이다. 베트남인들이 중국의 도교를 받아들일 때 좋지 못한 점들을 많이 받아들였다. 운수를 점치는 것은 고전적 풍습의 하나이지만 그것의 정수를 취사 선택할 줄 모르고 그것의 역할만을 지나치게 확대시키면, 특히 굿 같은 것은 사회와 개인의 발전을 저해하는 미신으로 전락할 것이다. 판께빙은 "굿이 성행하는 것은 백성들의 수준이 그만큼 낮다는 것이다. 그것이 없어지는 날이야말로 모두가 현현한 것이다."[45]라고 말했다. 판께빙이 이렇게 외친 지 거의 100년이 되었으나 이러한 형태의 운수를 점치는 풍습은 여전히 남아 성행하고 있는데, 이것이 완전히 개선되려면 오랜 시간이 필요할 것이다.

호망

베트남 농촌의 가족 생활은 가문과 밀접한 관계가 있을 뿐만 아니라 마을 공동체와도 따로 떼어 생각할 수 없음을 살펴보았다. 만약 효희가 가족과 가문의 관계를 공고히 하는 연결고리라면, 호망은 가족과 마을의 관계를 연결시키기 위해서 없어서는 안 되는 것이다.

호(犒)는 손님들을 대접하는 잔치이고, 망(望)은 마을의 서열을 확실히 하기 위해 마을의 향약에 규정된 돈이나 예물을 내는 것이다. 나라에서 실시한 시험에 합격한 사람과 관직을 얻은 사람, 왕이 하사한 품계를 받은 사람, 마을평의회에 선출된 사람, 노인회에 참가할 나이가 된 사람 등은 잔치를 베풀고, 일정한 돈이나 물품을 납부해야만 했다. 속담에 '무망불성관(無望不成官)'이란 말이 있다. 비록 왕이 관직에 임명했다 해도 호망을 하지 않으면 아무도 그의 말을 듣지 않았다. 마을평의회에 선출되고도 잔치를 베풀지 않으면 마을 사람들이 인정하지 않았다.

호망에 의해 보통 두 번 잔치를 베풀어야 했다. 첫번째는 일반적으로 음식을 장만한 후 딩에 가져가 신령들에게 제례를 지내고 마을 사람들에게 나누어 주는 것이다. 다른 잔치는 집에서 따로 준비하여 마을의 관리들을 초청하고 음식을 먹으면서 여흥을 즐기는 것이다. 잔칫상의 규모는 주인이 얼마만큼의 명예를 얻었는가에 달려 있다. 만약 현급의 관직을 얻는 경우는 소와 물소를 잡아서 잔칫상을 차리고, 그보다 더 작은 일일 때는 닭이나 돼지를 잡아 잔치를 열었다. 마을의 관리들을 집으로 초청하는 잔치는 보통 딩에서 하는 것보다 풍성하며 잔치 후 화투나 기생들의 창을 즐길 수 있고, 아편을 피우는 경우도 있었다.[46]

예전 봉건왕조는 복잡하고 낭비가 심한 여러 풍속들이 난무함을 알고, 이를 간소화시킬 것을 명하고 구체적인 규정을 두었다. 예를 들면 현급의 시험에 급제했을 때는 닭 한 마리, 찰밥 한 접시, 돈 삼 관을, 향시에 급제했을 때는 돼지 한 마리, 찰밥 한 쟁반, 돈 오 관을 내도록 하였다.[47] 그러나 백성들은 이에 따르기보다는 마을의 향약에 명시된 규정을 따랐다. 호망은 마을 사람들의 생활의 한 부분이었으며, 이는 국법도 마을 관습에 진다는 속담처럼 마을의 자치성을 증명하는 것이기도 했다.

호망 풍속을 자세히 살펴보면 수도작 문명과 중국 문화가 혼재하고 있음을 알 수 있다. 누군가에게 명예로운 일이 생기면 온 마을에 잔치를 베풀고, 마을 공동체와 기쁨을 함께 나누어야만 하는데, 접대를 하고 함께 나누는 일에 있어서도 상하와 서열을 구분한다. 공동체에 속한 모든 구성원은 딩에서 열리는 잔치에 참석하지만 마을의 고관들은 집에서 벌어지는 더욱 풍성한 잔칫상과 다양한 유흥을 즐길 수 있었다.

1945년의 혁명은 봉건제도를 타파했고, 호망 풍속 또한 사라졌다. 그 후 몇십 년 동안은 계속되는 전쟁으로 누구도 이러한 풍속에 관심을 기울일 여력이 없었다. 그러나 도이머이 정책이 실시되고 10여 년이 지난 지금은 전통을 회복하려고 노력하는 추세에 발맞추어 여러 가문들이 족보와 더불어 이러한 풍속을 실시하고 있다. 이와 함께 호망 풍속 또한 예전보다 조금 더 축약된 형태로 재현되고 있다.

그러나 호망 풍속은 마을의 결속을 다지는 중요한 활동으로서 완전히 배제시키지 않으면서 좀더 개선하고 현대화시킬 필요가 있다. 또한 현실적으로 보아도 수천 년 동안 서민들의 생활 속에 뿌리박힌 이 호망 풍속을 하루아침에 완전히 없앤다는 것도 무리다. 효희와 호망은 베트남인의 생활 깊숙이 자리잡고 있으며, 뒷장에서 더 자세히 살펴보겠지만 그들의 일상적인 관습과 생활양식의 한 부분이 되었다.

금기

어떤 민족과 접촉을 하더라도 그들의 풍습 중에서 금기시하는 것을 알고 피한다면 높은 평가를 받을 수 있을 것이다. 베트남인들은 끝도 없이 많은 금기사항들을 가지고 있다. 그중에는 과학적 근거가 있는 것도 있지만 아무런 근거없는 금기사항들도 있다. 여기서는 합리적이라고 일컬어지는 것들과 현재에도 지키고 있는 것들을 추려보고자 한다.

우선은 매달 있는 3일의 살주일(殺主日)과 '점술' 편(본문 154쪽)에서 소개한 13일의 응아이즈엉꽁을 정확하게 기억해야 하는데, 이러한 금기들은 꽤나 많은 일반인들이 따르는 것이다. 그 밖에도 아래에 간추린 몇 가지 금기사항들을 기억할 필요가 있다.

구정 첫날 아침에는 쏭냐로 초대받은 것이 아니라면 남의 집을 방문하지 않는 것이 좋다. 그리고 신년에는 빚을 재촉하지 않는 것이 좋다. 이는 그 사람으로 하여금 1년 내내 빚을 갚으러 다니게 만든다고 믿는다.

- 신년에는 기공식을 하거나 흙을 파내지 않는다.
- 여름 석 달 동안은 결혼을 하지 않는다.
- 결혼식 날 부모가 딸과 함께 신랑집으로 가지 않는다.
- 흰색은 장례식을 상징하므로 결혼식 때는 흰 옷을 입지 않는다.
- 큰 상(喪)을 당했을 때는 결혼식에 가지 않는다.
- 신랑을 맞거나 신부를 데리고 가는 예를 할 때, 아이들이 가는 길을 줄로 막을 때는 돈을 주어 줄을 치우도록 하고, 줄이 끊어지는 것을 피한다.
- 결혼식 날은 모든 물건들이 깨지는 것을 피한다.
- 한 달의 마지막 날과 한 해의 마지막 달에는 집을 짓거나 집안의 경사로운 일을 벌이는 것을 피하다
- 여자가 임신을 했을 때는 장례식이나 결혼식에 참석하거나 악한 일을 행하는 것을 금한다.
- 어머니가 임신중이면 아들의 결혼식을 금한다.
- 외부인이 산모의 방에 들어가는 것을 금한다.
- 젖먹이에게 튼튼하다고 칭찬하지 않는다.
- 짝수 칸으로 집을 짓는 것을 금한다.
- 앞뜰을 만들 때 다른 집의 앞뜰과 마주보는 것을 금한다.
- 술을 마실 때 잔을 뒤집어 놓고 병을 거꾸로 드는 것은 취한 것으로 간주하기 때문에 금한다.
- 집에 자리를 깔 때 반대로 까는 것을 금하는데, 이는 집에 죽은 이가 있다는 의미를 지니기 때문이다.
- 죽은 자는 얼굴과 몸을 가린다.

- 시신을 관에 안치했을 때는 동물, 특히 개나 고양이가 가까이 오는 것을 경계해야 한다.
- 장례식에 참석할 때 빨간 옷을 입어서는 안 된다.
- 다른 지방에서 죽은 사람은 마을 앞으로 지나가지 못한다.
- 행상이 자신의 지게를 넘지 못하게 한다.
- 숫자에 관해서 베트남인들은 홀수를 금기시하지 않을 뿐만 아니라 좋아한다. 일본인들이 9를 싫어하는 것과는 달리 베트남인들은 9를 존중한다. 베트남어에서 9라는 숫자는 찐으로 발음되는데, 이는 아주 적당히 잘 익은 것을 의미하는 단어인 찐(chin)과 같기 때문이다. 그러나 선물할 때는 여자에게 9를, 남자에게는 7을 선물한다.

사교

우리는 이 장에서 식생활, 의생활, 학습, 일, 휴식, 오락, 결혼, 집짓기, 부모와 자식, 장례, 제사, 효희와 같은 베트남인의 가정 풍습을 살펴보았다. 또한 명절, 페스티벌, 신에 대한 제사, 점보기, 호망과 같은 사회생활에서의 주요한 풍속들을 고찰해보았다. 이로써 베트남인들과 접촉하고 함께 일하기 위한 몇 가지 방법들을 알게 되었다. 계속해서 살펴볼 것은 사교 때 호칭 문제와 사교술에 관한 것이다.

호칭법 대다수의 민족들과 달리, 베트남인들은 성으로 서로를 부르지 않고 이름으로 부른다. 베트남인들의 호칭법 역시 한국인들과 버금가게 복잡하나 다른 방식을 취한다. 구체적인 예를 들어야만 이 번잡함을 이해할 수 있을 것이다. 따라서 필자와 필자의 가족 이름을 예로 들어 설명하고자 한다.

필자의 이름은 부썬투이(Vu Son Thuy)이다. 부(Vu)는 성이고, 썬(Son)은 가운데 이름이며, 투이(Thuy)가 이름이다. 다른 나라의 성과 이름의 배열과는 달리, 베트남인들의 성과 이름은 배열이 결코 뒤바뀌는 경우가 없다. 예를 들어 '부, 썬 투이' 나 '썬투이, 부' 라고 쓸 수 없다. 어떠한 경우에도 성-가운데 이름-이름의 순서로 배열해야 하는 것이다.

주의할 점은 베트남인들은 성이 아니라 이름을 부른다는 것이다. 예를 들어, 사람들은 필자를 투이, 아잉투이(anh Thuy), 옹투이(ong Thuy), 꾸투이(cu Thuy)라고 부른다. 어떤 사람도 필자를 아잉부(anh Vu), 옹부(ong Vu), 꾸부(cu Vu)라고 부르지 않는다. 그렇게 부르면 다른 사람으로 오해한다. 그러나 아쉽게도 외국에서 필자에게 보내오는 꽤나 많은 공문서들에서는 필자를 미스터 부(Mr. Vu)라고 칭한다. 베트남인들은 서류에 성과 이름을 함께 적고 졸업식, 시상식, 훈장 수여식, 장례 등과 같은 공식 행사의 경우 또한 성과 이름을 함께 부른다. 베트남인들의 성은 결코 독립적으로 존재할 수 없다.

대다수 베트남인들의 성과 이름은 세 자로 구성된다. 성과 가운데 이름 그리고 이름이다. 그러나 주로 예술가나 명망을 얻고 싶어하는 소수의 사람들은 성과 이름을 두 자로 줄여 짓거나 자신의 이름을 줄이기도 한다. 예를 들어 필자의 경우는 부투이와 같이 성-이름 순으로 하여 줄이는 것이다.

예전에는 남자의 이름을 지을 때 보통 아버지의 성과 가운데 이름을 따랐으며, 여자의 경우는 아버지의 성과 어머니 그리고 일반적으로 여성에게 붙이는 가운데 이름 자인 티(Thi)라는 글자를 사용했다. 문서를 볼 때 이름에 티라는 글자가 들어 있으면 여자라는 것을 알 수 있고, 그렇지 않은 경우에는 남자임을 의미하는 것이다. 그러나 근래에 들어 이 풍속을 따르는 사람은 많지 않다.

예를 들면 나의 이름은 부썬투이지만 아버지의 성함은 부께(Vu Ke)이고, 형은 부캉(Vu Khang) 그리고 남동생은 부룩장(Vu Luc Giang)이다. 그래서 내 형제들과 아버지 사이에 공통적인 한 글자는 부(Vu)밖에 없다. 여자쪽을 보면, 내 어머니는 레티하잉(Le Thi Hanh)이다. 그러나 누나들은 부투이안(Vu Thuy An), 부뜨항(Vu Tu Hang) 그리고 여동생은 부밍쩌우(Vu Minh Chau)이다. 따라서 누나들과 여동생과 어머니 사이에는 공통적인 글자가 하나도 없다. 오늘날 베트남 사회에서는 이처럼 이름을 짓는 것이 일반적인 추세이다. 그러나 일부에서는 아들은 아버지의 가운데 자를 취하고 딸은 어머니의 티라는 글자를 쓰는 경우도 있다.

베트남인들은 두 자 혹은 세 자의 성과 이름을 가지는데, 부르는 사람과 불리우는 사람의 관계를 나타내기 위해 다른 단어들을 추가로 결합하여 호칭을 사용한다. 예를 들어 필자에 대한 호칭의 경우, 아내와 자식들을 제외한 모든 사람들은 필자의 이름, 즉 투이를 기준으로 하여 그에 맞는 적절한 명사를 추가한다.

필자가 결혼하기 전에는 부모님과 연세가 많은 분들 그리고 부모님과 비슷한 연배의 분들(편의상 이를 첫번째 그룹이라 규정한다), 형과 누나 그리고 이와 비슷한 연배의 사람들(이는 두 번째 그룹이라 한다)은 모두 필자를 투이(Thuy)라 부른다. 동생들과 그 또래의 사람들(세 번째 그룹)은 아잉투이ㅡ필자가 여자인 경우는 찌투이(chi Thuy)ㅡ라 부르고, 필자가 두 번째 그룹에 속하는 사람들에게 필자 자신을 칭할 때는 엠(em)이라 한다.

필자가 결혼을 하면—아내의 이름은 팜티타잉(Pham Thi Thanh)이다—첫번째 그룹은 전통적인 방식을 따라 쫑타잉(chong Thanh) 즉 타잉의 남편이라 하고, 두 번째 그룹은 남자인 경우 필자를 쭈투이(chu Thuy), 여자일 경우 꺼우투이(cau Thuy)라 부르며 이는 그들의 자식이 필자에 대한 호칭을 사용하는 것이다. 만약 필자가 여자이면 꼬투이(co Thuy)와 머투이(mo Thuy)로 불린다. 세 번째 그룹은 필자를 박투이(bac Thuy)라 부르며 이 또한 필자에 대한 자식들의 호칭을 빌려 사용하는 것으로 여자일 경우도 마찬가지다. 필자가 자식이 생긴 경우—이름은 부우타오응웬(Vu Thao Nguyen)—는 첫번째 그룹은 보타오응웬(bo Thao Nguyen) 즉 타오응웬의 아버지라고 부른다. 두 번째 그룹은 필자가 결혼하기 전의 호칭을 그대로 따른다.

가정 내에서의 호칭이 사회로 이어지는데, 국가기관이나 기업체 그리고 모든 다른 조직체들에서 또한 그러하다. 예를 들어 필자보다 나이가 많은 사람들은 필자를 투이라 하고, 필자가 18살이 되었거나, 존중을 표시하기 위해 아잉투이 즉 투이 형이라고 하는 경우도 있다. 그러나 친밀한 관계일 경우는 단지 투이라고 부른다. 필자와 비슷한 연배이거나 몇 살 위인 경우에도 자신을 낮추어 필자를 아잉(형)으로, 자신을 엠(동생)으로 일컫는 경우도 있다. 이러한 경우는 보통 필자보다 사회적 지위가 낮거나 필자의 도움이 필요한 사람들의 경우이다.

필자보다 나이가 적은 사람들(5~15살)은 대부분 필자를 아잉투이로, 자신을 엠으로 칭한다. 이것은 필자가 친형을 대하는 호칭과 같다. 필자보다 20살 정도 어린 사람들의 경우는 필자를 쭈투이, 자신을 짜우라 칭한다. 즉 필자를 아저씨로 자신을 조카로 칭한다. 나보다 약 30살 어리거나 특히 그들의 부모가 나보다 나이가 적을 경우는 박투이, 자신을 짜우라 칭한다. 나를 큰아버지, 자신을 조카라 칭한다. 그리고 내가 약 65살 이상이 되면 약 40~50살 어린 사람들은 자신들의 부모를 낳아준 사람 즉 할아버지라는 뜻의 옹투이라 부른다. 외국인들도 베트남인을 호칭할 때 앞에서 언급한 호칭법을 따르는 것이 좋다.

우리는 아직 고대 베트남의 호칭법에 대해 언급한 어떠한 자료도 가지고 있지 않다. 그러나 지난 세기들의 호칭법들을 고찰해볼 때 우리는 두 가지 결론을 끌어낼 수 있다. 첫째는 중국사회의 서열관계를 반영한다는 것이다. 가족과 친족 간의 인칭대명사는 명확한 계층체계를 가진다. 그러나 그 서열체계가 중국의 호칭법보다 훨씬 더 복잡하다. 예전 한나라의 가족들은 아내가 남편을 장공 혹은 낭군이라 불렀으며, 남편은 아내를 부인이라 불렀는데, 이는 즉 조정에서의 호칭법을 가족에서 표본으로 삼은 것이다. 베트남인들은 이와 반대이다. 오늘날의 정부기관을 포함한 모든 기관들에서도 모두 나이를 기준으로 하여 쭈(삼촌, 아저씨), 꼬(고모, 아가씨), 박(큰아버지, 아저씨)이라고 호칭하는데, 이는 가정에서의 호칭법을 정부와 사회에서 호칭법의 표본으로 삼은 것이다.[48] 이와 같은 호칭법은 사회관계와 업무관계에 있어 민주적이고 창조적인 정신을 발휘하는 데 장애물이 되고 있다.

사교술 베트남인들은 나름의 사교술을 가지고 있다. 이러한 내용들이 활자화되지는 않았지만 속담과 시가들 그리고 일상생활 속에서 드러난다. 베트남인들은 접촉에 있어서 다음과 같은 다섯 가지 주요한 원칙을 따른다.

첫째, 베트남인들은 사교를 좋아한다. 공동체 생활을 중요하게 여겨

식사 초대. 베트남인들은 손님을 초대하면 정성껏 음식을 장만한다. 차려낸 음식에서 그들의 정을 느낄 수 있다. 사진 배양수.

서 스스로 자신을 고립시키는 것을 원하지 않는다. 그래서 공동체성을 띠는 사교뿐만 아니라 개별적인 사교도 좋아한다. 항상 공동체 속에서 만나면서도 서로의 집을 방문하기를 즐긴다. 가정집을 방문하는 것은 베트남인들의 관습으로 정착되었다. 이 관습에 대해서는 제5장에서 좀더 자세히 살펴보기로 한다. 반면에 사교시 수줍음을 타는데, 이는 비단 외국인과의 사교에서만이 아니라 베트남인들끼리의 사교에서도 그러하다. 쩐 응옥템이 이러한 태도를 두고 마을문화의 자치성에 영향을 받은 것이라 한 것은 일리가 있다. 공동체적 성격으로 인해 사교를 즐기지만 반면에 나름의 자치성을 지닌 다른 마을과의 접촉에서는 낯설음을 느끼고 수줍어하는 것이다.[49] 이 또한 베트남인들의 음양조화적인 사상의 표현이라 볼 수 있는데 이때 접촉(과감함)은 양에 속하고 수줍음은 음에 속하는 것이다.

둘째, 이력에 대한 관심이 많다. 다른 민족들과 달리 베트남인들이 사교시에 처음으로 관심을 두는 것은 상대의 이력이다. 우선은 이름과 나이이다. 그 다음은 고향, 학력, 사회적 지위, 가족(부모의 생존 여부, 결혼 여부, 결혼했으면 자식은 있는지, 몇 명인지, 남자아이인지 여자아이인지, 아내와 남편은 무슨 일을 하는지 등등)이다. 서양인들과 달리 베트남인들은 사교시 상대방의 사적인 일들을 알고 싶어한다. 앞에서 보았듯이 베트남인들의 호칭법은 매우 복잡한데, 그에 적절한 호칭을 붙이기 위해서라도 상대방의 사적인 정보를 필요로 한다.

셋째, 직접적으로 이야기하기보다 빙 둘러서 이야기하는 것을 좋아한다. 서양인들은 날씨나 사회의 이목을 집중시키는 사건들에 관한 간략한 이야기로 사교를 시작한다. 그러나 베트남인들은 생활 주변의 이야기들로 사교를 시작한다. 사람들은 보통 상대방의 부인, 남편, 아이들의 안부를 묻고 혹시나 건강하지 못하거나, 좋지 않은 일이 있으면 상대방에게 자신의 안타까움을 전한다. 좀더 열성적인 경우라면 도움을 주거나 정보를 제공할 용의가 있음을 밝힌다. 때로는 본 주제로 들어가기 전에 대화가 사업이나 생활, 학업 문제까지 진전될 때도 있다. 본 주제로 들어간 후에도 자신의 의도를 곧바로 밝히지 않고 상대방의 의사가 어떠한지를 먼저 조금씩 살펴나간다.

이렇게 빙빙 돌리는 습관은 수경벼를 경작하는 과정에서 형성된 것이다. 수경벼는 기후의 변화에 매우 민감하기 때문에 경작민들은 파종시기를 결정하기 전 매우 꼼꼼히 시기를 판단해야만 한다. 만약 정확한 결정을 내리지 못하면 가족들의 생계를 위협하는 굶주림이 닥치기 때문이다. 따라서 베트남인들은 자신도 실패하지 않고 남의 감정도 상하지 않도록 하기 위해 빙빙 돌려 이야기해야만 하는 것이다. 그래서 그들은 양측 모두의 합치점을 찾기 위해 한 발씩 조금씩 다가간다. 이러한 사교방법은 음양조화를 따르는 그들의 사고방식을 정확히 반영한다.

넷째, 서열과 명예를 존중한다. 접촉에 있어 베트남인들은 나이의 경계를 분명히 하여, 나이가 서로 다르면 호칭을 달리한다. 또 다른 하나는 사회적 지위이다. 이 두 가지는 서양인들의 사교방식과 확연히 다른 것으로 베트남인들에게 있어서 그 놈이 그 놈이라는 식의 행동은 교양이 없는 것으로 간주한다. 사회적 여론이 중시되는 공동체 생활로 인해 베트남인들은 나쁜 소문 듣는 것을 두려워하고 명예를 중시한다. 베트남 속담에 '일 원의 품삯도 일 전의 상금만 못하다'는 말이 있다. 즉, 열 배의 품삯보다도 명예가 더 중요하다는 뜻이다. 베트남인들의 이러한 심리를 파악한 일부 베트남 주재 외국회사들은 노동자들에게 월급은 매우 적게 지불하고 상여금은 많이 지급한다. 결과적으로 그들은 다른 회사아 같은 액수의 급여를 지불하면서도 생산량은 더욱 높다. 한편 옛날 베트남 농촌에서는 명예를 중시하는 심리로 인해 다소 허영스러운 것을 중시하는 지경에 이르렀다. 이러한 현상은 오늘날에 이르기까지 상당히 보편적으로 이루어지고 있다.

다섯째, 정감을 중요시한다. 이는 베트남인들의 기본 성향 가운데 하나로서 제4장에서 좀더 살펴볼 것이다. 여기서는 전통적으로 사교에 있어서 정감을 중시하는 것이 어떻게 표현되는지를 살펴보고자 한다. 옛 베트남어에는 서양의 사교어에서와 같은 깜언 즉 감사하다와 씬로이 즉 미안하다는 두 단어가 없었다. 베트남인들은 다따(감사합니다)라고 말하는데, 이는 천재지변으로부터 구해주거나 생명을 구해주는 등의 막중한 일에만 사용한다. 베트남인들은 씬드억르엉트라 하여 '용서해 주십시오'라는 말을 쓰고, 이는 단지 아주 큰 피해를 일으킨 경우에만 사용한다.

베트남인들의 사교 언어에는 모든 경우와 모든 대상에 사용할 수 있는 고맙다와 미안하다는 두 단어는 없지만 각각의 상황과 대상에게 사용할 수 있는 매우 정감 어린 문장들이 있다. 예를 들면 누군가가 무엇을 주거나 선물한 경우는 짜우씬, 엠씬, 꼰씬, 또이씬과 같이 씬이라 하며, 깜언이라고 하지 않는다. 또는 박똣꽈나 바쭈다오꾸아라고 하여 '아저씨 너무 좋아요, 할머니 너무 세심해요'와 같이 더 구체적으로 자신의 정감을 표현하기도 한다. 씬로이 즉 미안하다는 말을 대신해서는 또이보이 혹은 몽아잉보퐈쪼라 하여 '무의식적으로 그랬어요' 혹은 '그냥 지나쳐 주세요' 등으로 표현한다. 최근에는 각 도시에 서양의 표현들이 들어오면서 감사하다와 미안하다는 말들을 하지만 다른 일부 민족들처럼 '좋은 아침'이나 '좋은 오후'와 같은 인사말은 없다. 심지어 모든 사람들에게 사용할 수 있는 공통의 인사말이 없다.

인사말은 인사를 하는 사람과 인사를 받는 사람의 관계에 따라 달리한다. 헤어질 때는 짜우씬펩박(아저씨 제가 돌아갈 수 있도록 허락해 주세요)나 짜우베아(저 돌아갑니다) 혹은 엠짜오아잉아(안녕히 계세요) 등과 같이 각각의 대상에 따라 인사말을 달리 사용한다. 이렇게 볼 때, 오늘날 베트남인들의 사교방식은 전통적인 것만이 아니라 수도작 문명과 베트남으로 유입된 일부 다른 문화들의 결합과정에서 형성되었음을 알 수 있다.

1) Vien Khao Co hoc. 1970. **Hung vuong dung nuoc** (홍왕의 건국). Tap I. Ha Noi: NXB. Khoa hoc xa hoi. p.132.
2) Vien Khao Co hoc. 1970. 앞의 책. p.133.
3) Nguyen Van Huyen. 1996. **Gop phan nghien cuu van hoa Viet Nam** (베트남 문화연구에 대한 기여). Tap II. Ha Noi: NXB. Khoa hoc xa hoi. p.568.
4) Nguyen Tai Thu. (c/b). 1993. **Lich su tu tuong Viet Nam** (베트남 사상사). Tap. I. Ha Noi: NXB. Khoa hoc xa hoi. p.42.
5) Tran Ngoc Them. 1997. **Tim hieu van sac van hoa Viet Nam** (베트남 문화의 본질 고찰). HCM: NXB. TP.HCM. p.434.
6) Nguyen Van Huyen. 1995. **Gop phan nghien cuu van hoa Viet Nam** (베트남 문화연구에 대한 기여). Tap I. Ha Noi: NXB. Khoa hoc xa hoi. p.140.
7) Toan Anh. 1970. **Nep cu con nguoi Viet Nam** (베트남인의 옛날 생활). Sai Gon: Nha sach Khai tri. p 248.
8) Toan Anh. 1966. **Phong tuc Viet Nam** (베트남 풍속). Sai Gon: NXB. Khai Tri. p.298.
9) Toan Anh. 1966. 앞의 책. p.298.
10) Tran Ngoc Them. 1997. 위의 책. pp. 439~441.
11) Phan Ke Binh. 1992. **Viet Nam phong tuc** (베트남 풍속). HCM: NXB. TP. HCM. pp. 348~349.
12) Keyes, Charles. 1995. **The Golden Peninsula. Culture and Adaptation in Mainland Southeast Asia.** Honolulu: University of Hawai'i Press. p.158.
13) Alhady, Alwi Bin Sheikh. 1962. **Malay Customs and Traditions.** Singapore: Eastern Universities Press Ltd. p.21.
14) Cha Jae-ho; Chung Bom-mo; and Lee Sung-jin. 1977. "Boy Preference Reflected in Korean Folklore". In Mattelli, S (ed.). 1979. Virtues in Conflict: Tradition and Korean Woman Today. Seoul: Royal Asiatic Society. p.114.
15) Cha Jae-ho; Chung Bom-mo; and Lee Sung-jin. 1977. 앞의 책. p.124.
16) Cha Jae-ho; Chung Bom-mo; and Lee Sung-jin. 1977. 앞의 책. pp.118~119.

17) Vien Khao Co hoc. 1973. **Hung vuong dung nuoc** (홍왕의 건국). Tap III. Ha Noi: NXB. Khoa hoc xa hoi. p.276.
18) Vien Khao Co hoc. 1972. **Hung vuong dung nuoc** (홍왕의 건국). Tap II. Ha Noi: NXB. Khoa hoc xa hoi. p.181.
19) Toan Anh. 1970. 위의 책. p.303.
20) Tran Ngoc Them. 1997. 위의 책. p. 297.
21) Alhady, Alwi Bin Sheikh. 1962. 위의 책. pp. 52~55.
22) Tonkin, Derek; and Kongsiri, Visnu. 1998. **The Simple Guide to Thailand Customs and Etiquette, 3rd edition**. England: Global Books Ltd. pp. 41~42.
23) Cormak, J. G. 1943. **Everyday Customs in China**. London: The Moray Press. p.118, 121.
24) Nguyen Van Huyen. 1995. 위의 책. p.582.
25) Tran Quoc Vuong. 1993. **Van hoa tet va tet van hoa** (명절 문화와 문화 명절). Tim ve ban sac dan toc cua van hoa. Ha Noi: Tap chi Van hoa nghe thuat. p. 236.
26) Tran Quoc Vuong. 1993. 앞의 글. p.425.
27) Tran Quoc Vuong. 1993. 앞의 글. p.425.
28) Tran Ngoc Them. 1997. 위의 책. p.301.
29) Thu Linh, Dang Van Lung. 1984. **Le hoi truyen thong va hien dai** (전통 및 현대의 페스티벌). Ha Noi: NXB. Van hoa. pp. 92~93.
30) Truong Thin, Hoang Quoc hai, Huy Thang (c/b). 1990. **Hoi he Viet Nam** (베트남 페스티벌). Ha Noi: NXB. Van hoa dan toc. pp. 50~51.
31) Truong Thin, Hoang Quoc hai, Huy Thang (c/b). 1990. 앞의 책. pp.26~30.
32) Toan Anh. 1968. **Nep cu xom lang Viet Nam** (옛 베트남 마을 풍속). Sai Gon: NXB. Phuong Quynh. pp.320~321.
33) Truong Thin, Hoang Quoc hai, Huy Thang (c/b). 1990. 위의 책. pp.52~53.
34) Nguyen Van Huyen. 1995. 위의 책. pp. 26~27.
35) Toan Anh. 1968. 위의 책. pp.322~323.
36) Tran Ngoc Them. 1997. 위의 책. p. 306.

37) Le Xuan Quang. 1996. **Tho than o Viet Nam** (베트남 신에 대한 제사). Tap. I & II. Hai Phong: NXB. Hai Phong.
38) Nguyen Van Huyen. 1995. 위의 책. p.716.
39) Cadiere, Leopold. 1997. **Tin nguong truyen thong va van hoa cua nguoi Viet** (베트남인의 문화와 전통신앙). Ha Noi; NXB. Van hoa thong tin. p.247.
40) Nguyen Van Huyen. 1995. 위의 책. p.718.
41) Tran Ngoc Them. 1997. 위의 책. p. 288.
42) Phan Ke Binh. 1992. 위의 책. p.283.
43) Phan Ke Binh. 1992. 위의 책. p.283.
44) Phan Ke Binh. 1992. 위의 책. p.299.
45) Phan Ke Binh. 1992. 위의 책. p.305.
46) Phan Ke Binh. 1992. 위의 책. p.134.
47) Phan Ke Binh. 1992. 위의 책. p.135.
48) Phan Ngoc. 1998. **Van sac van hoa Viet Nam** (베트남 문화의 본질). Ha Noi: NXB. Van hoa thong tin. p.339.
49) Tran Ngoc Them. 1997. 위의 책. pp.307~309.

제4장 베트남 사람들

제4장 베트남 사람들

베트남인의 성격을 전문적으로 평가한 연구서는 아직 국내외에 간행된 바 없고, 다만 일부 연구서에서 산발적으로 언급된 적이 있을 뿐이다. 여기에서는 20세기 베트남의 세 학자가 평가한 베트남인의 성격에 대해 알아보겠다.

다오주이아잉은 "대체적으로 베트남인은 총명하지만 예나 지금이나 지혜가 아주 특출난 사람은 많지 않다. …… 과학보다는 예술성이 풍부하고, 이론보다는 직관이 풍부하며, 실학보다는 겉멋이 든 문학을 좋아한다. 활동적인 것보다 형식을 더 좋아한다. …… 힘든 일에 대해, 특히 북부 사람들은 그 어떤 민족도 따를 수 없을 만큼 잘한다. 감각이 좀 둔하다는 느낌이 들지만 아픔과 고통을 잘 견딘다. 성격이 좀 가볍고 의지가 약하며 자주 실망한다. 겉모습을 자랑하기 좋아하고, 허명을 좋아하고 놀음을 즐긴다. 보통은 수줍어하고 평화를 좋아하지만 대의를 위해 희생할 줄 안다. 창조력은 적지만 따라하기를 잘하고, 적응하고 융화하는 데는 아주 재능이 있다. 예의를 아주 중시하면서도 소란스럽고 시끌벅적한 성격도 있다"고 하였다.[1]

판께빙은 남녀로 구분지어 성격을 분석하고 있다. 그는 남자에 대해서 "사대부가 가장 중시하는 것은 삼강오륜으로 아무리 가난해도 속옷을 입고, 삼강오륜에 어긋나면 비웃었다. 게다가 한가함과 음풍농월을 즐긴다.…… 농업, 공업, 상업에 종사하는 사람들도 집과 가까운 곳에 일하기를 좋아했고, 아주 가난해야 비로소 멀리 일하러 갔다. 이와 같이 그들은 안정된 것을 매우 좋아했다. 마을에 납부할 만큼만 일을 했고, 딩에 나가도 아무도 자신이 나왔다는 것을 말하지 않으면 만족해했다"[2)]고 하였다. 여성의 성격에 대해서는 "여자는 염치와 절개를 가장 중시했다. 처녀는 자신을 지킬 줄 알아야 했고, 결혼한 여자는 더욱 그러하여 남편에게 욕이 되는 것을 걱정했다. 도시 여성들은 대부분 장사를 잘했고, 그래서 남자가 부인에 의지해서 놀기만 하는 경우도 있었다. 시골 여자는 일을 잘했고, 누구를 얻어도 시댁의 일을 잘했다. 사람들은 부인이 일 잘하는 집은 번창한다고 생각했다"[3)]라고 하였다.

응웬반후엔은 평가하기를 "베트남인은 머리 쓰는 것을 싫어하고, 모든 것을 쉽게 받아들이는 경향이 있으며 모든 것을 따라한다.…… 그들은 과학적 기질보다 예술적 기질을 갖고 있다. 이성적이기보다는 감성적이고 문학과 장식하는 것을 좋아한다. 거짓말과 도둑질하는 것을 싫어했고, 고생을 받아들이기를 싫어했다. 또한 손님접대를 중요한 명분으로 생각하여 진심을 다했다. 아무리 가난해도 친구를 성대하게 접대할 수 있었다. 베트남인들은 자존심이 강하다. 농촌에서 체면은 가장 중시되는 것이었다. 겉모습은 순박하지만 아주 영리하다. 그들의 성격은 부드럽고 융통성이 있으며 농담을 즐긴다.…… 그들은 또한 남을 따라 하는 재주가 있다.…… 베트남인은 어질고 안정을 좋아하며 말을 잘 듣는다. 화난 것을 드러내는 경우가 적고, 보통은 화내는 것을 싫어한다"[4)]고 하였다.

이와 같은 평가는 대부분 실생활에서 증명되고 있다. 20세기 후반 이후로 베트남인의 성격에 관한 책들이 다시 나왔지만 앞에 인용한 책보다 부족한 점이 많다. 그것은 일방적으로 칭찬하는 내용이고 베트남인의 성격과 문화의 약점에 대해서는 언급하고 있지 않기 때문이다. 사람들이 음양의 조화가 베트남인의 성격이라고 말하는 것은 사고방식과 성격의 차이를 혼동하기 때문이다. 실제로 음양의 조화는 베트남인의 사고방식이다. 또 애국이 베트남인의 성격이라고 말하는 것은 성격과 전통을 혼동하는 것이며, 애국은 베트남인의 전통인 것이다. 베트남인의 성격을 충분히 그리고 실질적으로 반영한 연구업적은 없었다. 그러한 상황에서 필자가 베트남인의 성격을 정확히 체계화하고자 하는 욕심은 없다. 이 책을 통해서 필자는 독자 여러분이 참고할 수 있도록 베트남인의 대표적이 성격을 뽑아보고자 한다.

민족의 성격은 그 민족(혹은 공동체)이 자연 및 사회환경에 적응하는 방식을 통해서 형성된다. 베트남인들의 성격은 우선, 수도작 문명의 결정체로부터 유래된 것이라 할 수 있다. 그러나 그 수도작 문명이 별도로 고립된 것은 아니고 타문명과의 교류와 유입을 통해서 이루어진 것이다. 그래서 베트남인의 성격은 첫째로 수도작 문명의 가치와 반가치로부터 생겨난 것이고, 둘째는 수도작 문명과 인도, 중국 그리고 서양문명의 교류로부터 발생된 가치와 반가치로부터 형성되었다고 말할 수 있다.

각 장의 서두에서 우리는 베트남인의 성격을 형성하는 요소에 대해서 깊이 알아보았다. 필자는 베트남인의 대표적 성격으로 공동체성 그리고 도덕성의 중시, 정감, 재치와 사려 깊은 마음씨, 미신, 의례와 페스티벌 선호, 문학 사랑이라고 꼽고 싶다.

1. 공동체 사회

공동체성은 베트남 문화의 두드러진 특징 가운데 하나이며, 이것에 관해서는 이 책의 여러 곳에서 많은 예들을 볼 수 있다. 베트남인들은 태어나서 죽을 때까지 한 공동체 혹은 특정한 몇몇 공동체 속에서 산다. 심지어 죽어서도 그들의 영혼은 조상이나 친구 그리고 동료들의 공동체 속에서 살게 된다. 호치민 주석도 공동체 성격을 분명히 드러내고 있다. 세상을 뜨기 전 유언에서 호치민은 저 세상에 있는 마르크스와 레닌 즉, 혁명동지들을 만날 준비를 하고 있다고 했다. 일생을 공동체 속에서 그리고 공동체와 결부되어 보내면서 베트남인들은 원하든 원하지 않든 간에 공동체를 중시하게끔 되었다. 사회구조의 공동체성, 문화의 공동체적 특징과 생활 속에서 공동체를 중시하는 정신은 대대로 전해지면서 그들의 성격으로 자리잡게 되었다.

우리는 의식주와 놀이, 결혼, 장례 등의 생활을 통해서 그들의 공동체성을 보았다. 여기에서는 그러한 예를 들기보다는 전통사회에서 베트남인들이 공동체를 중시하는가 그렇지 않은가 심지어 그들 개인의 이익보다 공동체의 이익을 우선했는가의 여부에 관심을 두고자 한다. 전통사회에서는 개인의 이익이 공동체의 이익보다 우선하는 것을 용납하지 않았을 뿐만 아니라 함께 죽는 것이 혼자 사는 것보다 낫다는 격언이 반영하고 있는 것처럼 극단적인 정도에 이르기도 했다.

공동체를 중시하는 베트남인들의 성격은 과거에도 일관된 것은 아니며 현재와 장래에 있어서도 그러할 것이다. 과거에도 공동체 정신은 위기에 처했을 때 강조되었고, 그 외의 시기에는 자치성과 개인의 이익 그리

산악지역의 시장 풍경. 북서부 산악지역에 거주하는 소수종족들이 장날 물건을 사고팔고 있다. 주로 토산품을 가져와 필요한 물건으로 바꿔간다.

고 소규모 공동체에 그 자리를 양보했다. 전 수상 팜반동은 "구국의 단결 정신과 생활 속에서의 대재난 앞에서 상부상조 정신은 풍부했으나 업무와 일상생활 속에서의 친밀한 협력 의식은 부족했다고 개괄한 것은 아주 이치에 맞는다"[5)]고 말했다. 유명한 소설가인 응웬카이는 "대부분의 베트남인은 집단 속에서, 대의의 깃발 아래에서는 각자가 영웅이 될 수 있다. 그러나 깃발을 접고 나면 각자의 집으로 돌아가 자신과 가족을 위해 살 때, 찌페오나 수언똑도의 입이 혈관 그 어디에 숨겨져 있어 기회만 되면 들고 일어날 수 있다는 것을 주의해야 한다"(찌페오는 남까오의 단편소설 『찌페오』의 남자 주인공으로 불량배이고, 수언똑도는 부쫑풍의 소설 『운수』의 남자 주인공으로 기회주의자를 말한다―역자주)고 말했다.

오늘날에 들어와 공동체의 기반인 수도작 문명은 공업문명 앞에 변하고 있으며 그로 인해 공동체를 중시하는 경향이 사라지고, 개인의 이익 중시 풍조가 증가하고 있다. 공동체는 앞으로 개인이 공동체와 동등하게 되는 쌍방관계에 따라 존재할 때만 중시될 것이다.

2. 뿌리 깊은 도덕의식

아주 옛날부터 베트남인은 윤리를 중시했다. 이러한 전통은 수도작 문명이라는 환경을 통해서 계속 발전되었고 성격의 결정체가 되었다. 도덕의 중시는 인의와 충효, 여성을 중시하는 행위를 통해서 실천되었다.

인의의 중시

베트남인들은 물질을 경시하고 정신을 중시하는데, 그중에서도 인의를 가장 중요하게 여긴다. 우선 인은 인애, 즉 인간 또는 동족을 사랑하는 것이다. 동족을 사랑하지 않고 무시하고 테러하고 죽이는 자는 언제나 미움을 받는다. 바로 그렇기 때문에 외세가 베트남을 침략하여 테러와 살인을 하게 되었을 때 베트남인들은 마음속에 깊은 복수심을 갖게 되었고, 그로부터 봉기하여 모든 침략을 물리쳤던 것이다.

인의를 지키고 사는 사람들은 언제나 사회의 모범인으로 대우받았고 심지어 사망 후에 신으로 모셔져 제사를 지내기도 한다. 인의는 또한 베트남 문학의 포괄적인 주제이며, 속세인이 수련을 통해 신선이 되기 위한 주요한 기준이기도 하다. 불교의 가치를 받아들여 베트남인들은 인의와 도덕, 복과 덕은 서로 인과관계가 있는 것으로 간주한다. 인의는 도덕으로 간주되기 때문에 덕을 잃거나 인을 행하지 못하는 것은 같은 것으로 간주한다. 실덕한 사람 즉 선을 행하지 않는 사람은 덕이 없는 사람으로 본다. 복이라는 개념은 운과 성공이라는 의미이고, 베트남인의 생활 속에서 최고의 가치를 갖는다. 사람들은 부자를 칭찬하는 경우는 적지만 복 있는 자를 칭찬하고 무복한 자를 조롱한다.[6]

충효의 중시

유교가 베트남에 들어오면서 베트남인이 중시하는 도덕 관념에 새로운 의미가 추가되었다. 그것이 충효이다. 비록 베트남에서 충효의 개념이 중국의 개념과는 다르다고 할지라도 충효는 베트남인의 윤리 기준을 더 풍부하게 만든 것이 사실이다. 베트남인은 공동체와 국가에 충성하지 않고, 부모에 효를 하지 않는 것은 부도덕한 사람으로 간주한다. 그러나 도덕을 너무 강조하고, 심지어는 인간을 평가하기 위한 유일한 기준으로

오늘날의 장례용품 거리. 베트남에서는 부모에게 효를 하지 않으면 부도덕한 사람으로 간주한다. 사진 배양수.

삼았기 때문에 여러 가지 소극적인 결과를 낳기도 했다. 단지 도덕에 의지한 사회는 좋은 사람은 있지만 재능 있는 사람은 없고, 사회는 평온하지만 발전이 없었다. 이러한 현상은 베트남과 일부 아시아 국가에서 수세기 동안 이어져왔다.

여성의 중시

베트남이 유교를 받아들였지만 베트남인은 유교의 공식인 중남경녀(重男輕女)를 따르지 않고 반대로 여성 존중을 도덕의 한 기준으로 삼아왔다.

앞에서 우리는 여성 존중의 예들을 많이 보았다. 여성과 어머니는 땅과 벼, 즉 삶의 근원으로 간주되었다. 여성은 성인의 경지로 받들어져 제사를 지내고 칭송을 받았다. 심지어 베트남에 유입되는 종교는 일부가 여성화, 즉 여신으로 바뀌게 되는 경우도 있었다. 그와 같은 여성 존중은 실제로 너무 과장된 것이 아니다. 왜냐하면 베트남 여성은 가정 내에서 안정을 유지하고 가장 오랫동안 인본의 가치를 보존하는 사람이었기 때문이다. 그들은 각종 페스티벌에서의 영혼이며 생명력이고, 정수였다. 그들은 수없는 외침과 상상할 수 없는 굶주림에 대해 한없는 사랑을 베푼 사람들이다.[7] 여성의 아름다움은 우선 도덕적 아름다움이었다. 품성이 미를 이긴다는 속담처럼 덕성이 좋은 여성이 인물만 좋고 도덕성이 부족한 여성보다 높이 평가되었다.

베트남인의 도덕 중시 성격은 어디에서 왔는가? 응웬홍퐁은 "도덕의 중시, 정신생활의 중시는 자급자족경제의 산물이다"[8]라고 설득력 있는 설명을 하고 있다. 자급자족경제가 상품경제로 대체되면서 도덕 중시 성격 또한 바뀌게 되었다. 실제로 지난 10년간 밀수와 부정부패 같은 도덕성의 타락현상이 경종을 울릴 정도로 심각해졌다. 마약과 매춘 그리고 사회부패가 증가하고 있다. 그것은 시장경제의 소극적인 결과이지만, 시장경제의 장점이 도덕을 기준으로 한 문화—덕치문화—와 대립했기 때문이라는 것을 시인하지 않을 수 없다.

고대부터 최근까지 베트남 문화는 덕치, 즉 선과 악의 체계를 가치의 척도로 삼았다. 그리고 사회는 옳고 그름을 가치의 척도로 삼는 법치문화이다. 베트남 사회가 자급자족경제에서 시장경제로 전환하면서 덕치문화가 법치문화로 전환되게 되었다. 그로 인해 도덕을 중시하는 베트남인의 성격이 근본적으로 바뀌게 되었다. 한편으로 그것은 법치문화 또는 시민사회와 대립되지 않는 수도작 문명의 일부 도덕적 요소를 유지하면서 다른 한편으로 그것은 옳고 그름을 기준으로 한 새로운 도덕적 기준을 받아들일 수밖에 없었다.

3. 정감 넘치는 사람들

도덕 중시 성격의 논리적 발전은 정감을 중시하는 것이다. 베트남인은 태어나서 죽을 때까지 정감의 세계에서 산다. 부자의 정, 모자의 정, 남녀의 정, 부부의 정, 형제의 정, 친척의 정, 마을의 정, 사제의 정, 친구의 정, 고향의 정 등은 베트남 문학의 원천이자 작품의 주제이다.

이러한 정감은 만날 때 인사를 통해서, 품삯을 받지 않고 도와주는 것을 통해서, 관심을 표명하는 것을 통해서 실현된다. 아는 사람을 만나서

인사를 하지 않으면 배움이 부족한 것으로 간주한다. 제사나 잔치가 있는 가정은 음식을 이웃집 아이들에게 나누어 준다. 멀리 오랫동안 출타했다 돌아오면 이웃에게 인사를 하고 비록 아주 하찮은 것일지라도 선물을 한다. 가난한 사람이 그러한 선물을 하면 관심 없는 부자보다 더 귀중하게 생각한다. 공동체 생활에서 서로 간에 다툼이 있을 때 베트남인은 이치를 따지기보다는 정감 있는 대화를 통해서 해결한다. 상대측의 잘못이 크지 않고, 정감과 예의 바른 태도로 사과할 경우에 피해자는 모든 것을 용서할 준비가 되어 있다.

또 베트남인은 다른 나라 사람들과는 달리 남녀 간의 사랑을 중시한다. 남녀 간의 지조와 절개는 대대로 칭송된다. 베트남에는 인간과 신선이 사랑했는데 옥황상제도 그것을 막지 못했다는 옛날 이야기가 있다. 사랑이라는 단어는 베트남어에서 의(義)라는 단어와 결합하여 정의(情義)라는 복합어로 쓰인다. 보통 남녀가 처음 만나 서로 사랑할 때는 정이 주

제수품 전문 거리. 하노이 구시가지에는 특정한 상품의 이름을 딴 36개 거리가 있다. 그곳 가운데 하나로 항마거리가 있는데, 여기서는 제사용품을 전문적으로 팔고 있다.

가 된다. 차후에 정이 식어가면서 부부는 의로 살게 된다. 그래서 정은 다 했지만 의는 남아 있다고 말한다.[9]

공업문명과 상업사회와는 달리 베트남의 수도작 사회는 순수한 농업사회로 토지 및 자연과 밀접한 관련을 맺고 있다. 따라서 베트남인은 조국과 고향의 자연에 대해 특별한 정감을 갖고 있다. 그들의 삶은 들판과 강, 산, 나무와 새 등과 결부되어 있다. 그들은 고향의 아름다운 풍경, 실제로는 그들의 생활의 원천을 칭송하는 수천 수의 까자오를 창작했다.

좁은 마을에서 가까이 살았기 때문에 베트남인들은 서로 또는 공동체에 의지하는 것 외에 다른 방법이 없었고, 그래서 서로간의 안정된 관계를 중시했다. 법에 의지하지 않고 상호 이해와 정감에 의해 안정은 이루어졌다. 모든 관계를 해결하기 위한 기준은 법률이 아니라 관습이었다 '백 가지 이치도 조그만 정만 못하다' 는 격언도 있다.

이치와 법률보다 정감과 관습에 의해 모든 문제를 해결하는 습관 때문에 베트남인들은 법률에 기초한 사회질서에 익숙하지 않다. 그들은 '첫째는 친척, 둘째는 안면, 셋째는 ······' 와 같은 격언에 따라 일을 처리하는 데 익숙해 있다. 친밀함과 안면, 즉 정감은 성공을 위한 첫번째 수단이다. 개인의 재능과 창의성도 정감관계를 수반하지 않는다면 발전할 수 없다.

4. 재치와 사려 깊은 마음씨

정감이라는 것 자체가 사려 깊은 것이다. 정감에 의한 교류를 좋아하는 사람은 정감을 표현하기 위해서 사려 깊은 방법을 사용하게 된다. 재치와 사려 깊음은 베트남인의 두드러진 성격 중 하나이다. 개인과 개인, 외국인과의 교류 그리고 적에 대한 대응방식에서도 사려 깊음은 중요한 위치를 차지한다.

식사 초대를 받았을 때 그것이 제사나 잔치 또는 일상의 식사이든 간에 베트남인은 즉시 수락하는 경우가 적다. 그들은 주저하거나 두 번 세 번 초청해주기를 기다린다. 일상의 교제에서 베트남인들은 자신의 의도가 무엇인지 분명히 드러내지 않는다. 심지어 자신의 의도를 결코 드러내지 않는 경우도 많고, 행동을 통해서 상대방이 문제를 알아차리게 한다. 모든 관계를 해결하는 통상적인 방법은 몇 가지 단계를 거쳐야 하고 보통은 반떤(소식 전달)이라는 시스템을 통해서 실천된다.

어떤 일을 하기 위한 첫번째 단계는 자신의 의견을 상대방의 귀에 들어가게 할 수 있는 제3자나 적절한 기회를 고르는 것이다. 두 번째 단계는 살펴보는 것이다. 상대방이 자신의 의견에 대해서 어떤 반응을 보이는지를 살피는 것이다. 순조로운 반응이 나오면 직접 대면할 방법을 찾고, 점점 자신의 의사를 분명히 드러낸다. 만일 좋지 않은 반응이 나오면 세 번째 단계로 넘어간다. 이것은 문제 해결의 결정적 단계이다. 이때 베트남인은 두 가지 반응을 나타낼 수 있다. 하나는 상대방이 자신의 의견을 받아들이도록 보다 강한 압력을 넣는 것이고 다른 하나는 상대방이 바라는 대로 자신의 의견을 조정하는 것이다. 세 번째 단계까지 갔으나 결과를 얻지 못하면 그만둔다.

매매, 교환, 개인과 사회관계의 해결에서 중개인을 통한 접촉은 아주 일반적인 일이고, 이때 앞에서 말한 반떤 시스템은 농민에서 지식인에 이르기까지 거의 모든 사람이 이용한다. 적지 않은 외국인들이 베트남인과 일할 때, 베트남인들이 무엇을 원하는지 이해할 수 없고 여러 번 만나고 많은 시간을 허비해야 비로소 상대방의 의도를 알 수 있다고 불평한다. 베트남인의 문제제기와 해결방식은 승자와 패자 모두가 마음을 상하지 않도록 하기 때문에 아주 사려 깊고, 정말 많은 시간을 허비하게 된다.

15세기의 전략가 응웬짜이는 당시 베트남을 침략한 명나라군에게 수백 통의 외교 편지를 보냈다. 실제로 이 편지는 반띤(소식)에 불과했다. 결과적으로 베트남군은 이 편지를 이용해서 적의 진지를 격파할 수 있었다. 아마도 세계 전쟁사에 그와 유사한 경우가 없을 것이다. 사려 깊음은 패배한 적에 대한 베트남인의 태도에서도 여러 번 나타났다. 매번 중국군을 물리치고 나서는 중국에 사과하고 주공을 바쳤다. 베트남은 명나라의 류승장군의 목을 쳐서 승리한 후에는 금으로 류승장군의 상을 만들어 보상했고, 청나라 장군의 목을 베고는 다시 사당을 세워 제사를 지냈다. 20세기에는 적이 패했을 때 그들이 명예롭게 물러가도록 길을 열어주었다.

베트남인은 어떤 제안을 할 때, 비록 그것이 그들의 이익을 위한 것이 아닐지라도 아주 예의 바르게 말한다. 베트남어의 명령어 형식에는 보통 동사 앞에 씬(xin)이라는 단어를 두어 보다 예의 바른 표현을 한다. 주의하시오(xin chuy), 감사합니다(xin cam on), 문을 닫으십시오(xin dong cua), 쓰레기를 버리지 마시오(xin dung bo rac), 오른쪽으로 도시오(xin re ben phai) 등의 명령어 표현에도 예의가 잘 나타나 있다. 심지어 욕을 할 때도, 특히 고대 농촌사회에서는 아주 사려 깊게 욕을 했다.

욕도 장문(長文)이며, 아주 심했지만 또 아주 수사적이었다. 예를 들어 농촌 여성이 닭을 도둑맞고는 이렇게 욕을 한다. "상놈의 자식이 내 닭

잡아갔네. 어제 오후에 모이 줄 때도 있었고, 오늘 아침 아들놈이 부를 때도 있었는데, 이제 어떤 놈한테 잡혀갔구나. 네 년이 남편과 자식과 같이 살고 싶으면 놓아줘서 내 집에 돌아오게 해라. 그 놈이 내 집에 있을 때는 닭이지만 네 년 집에 있을 때는 올빼미 되고 여우 된다. 그놈이 남편 쪼고 자식 쪼고 집안 모두를 쪼을 것이니 두고보겠다."[10] 부하잉은 속담도 너무나 수사적이어서 아주 이해하기 힘든 경우가 많고, 학식이 높은 지식인도 그 의미를 간결하게 해석하기 힘든데도 농민들은 일상 언행에서 정확히 사용한다고 말했다.[11]

왜 베트남인들이 절대 다수가 농민으로 공부를 못했음에도 재치와 사려 깊은 성격을 가지고 있는가? 이것은 그들 문화의 근원을 알면 이해할 수 있다. 그것은 수도작 문화이다. 수도작을 한 농민들은 논을 이전하는 것이 쉽지 않기 때문에 안정 즉 정을 중시하고, 그렇기 때문에 그들의 문화는 음에 치우치는 경향이 있다. 베트남인의 성격은 그로 인해서 음성적인 여자의 성색을 띤다. 그들은 능동적이 아니며 보통은 탐색(반띤)하고, 결정을 내리기 전에 아주 오랫동안 다시 생각하고 주저한다. 그리고 어떤 것을 받아들이지 않을 때도 화합을 유지하려고 하며, 상대방 기분을 상하지 않게 하려고 한다. 이러한 사려 깊은 사교방식은 소극적인 면이 적지 않다. 다방면으로 재보고, 모두가 만족하는 해결을 원하기 때문에 베트남인은 결단성이 부족하다. 그래서 많은 기회 즉 국가적으로 중요한 일과 역사성을 띤 기회도 잃어버린다.

공업문명을 받아들이는 과정에서 베트남인들은 대화의 간격을 줄였다. 오늘날의 젊은이들은 자신의 의견과 의사를 보다 직선적으로 발표하고, 먹고 마시는 것도 보다 자연스러워졌다. 그렇지만 재치와 사려 깊음은 적극적인 특징이 있고 수도작 문명의 문화적 가치를 갖고 있다. 만일 공업문명의 가치와 결합하여 현대화시킨다면 그것은 베트남인의 가장 두드러진 성격의 하나가 될 것이고 오랫동안 존재할 수 있을 것이다.

5. 미신과 신앙

전통사회에서 베트남인들은 미신에 둘러싸여 살았다고 해도 과언이 아니다. 농촌 사람들은 미신과 종교 및 신앙을 구별하지 못한다. 일생동안 수천 종류의 미신과 신과 마귀와 함께 살아왔다. 여기에서는 널리 알려진 몇 가지 미신에 대해 소개하고자 한다.

임신과 출산

임신한 여성에게는 많은 금기사항이 있는데, 예를 들어 토끼고기를 먹으면 토끼와 같이 언청이가 된다고 하여 먹지 않았다. 임신한 지 9개월 열흘이 지났으나 아이를 출산하지 못하면 물소를 임신했다고 하여, 남편이 몰래 물소를 묶어 놓은 끈을 자르면 빨리 아이를 낳는다고 한다. 또 출산시에 아이가 늦게 나오면 남편이 까우나무에 올라가 미끄러지기를 여러 번 한다. 아이를 낳지 못하는 여성은 제3장 '신에 대한 제사' 편(본문 147쪽)에서 언급한 유명한 사찰인 쭈어흐엉에 가서 자식을 낳게 해달라고 빈다. 자식을 낳는 대로 죽는 것을 겁순환(劫循環)이라 하는데, 이는 자식을 낳으면 죽게 되고 다시 잉태가 되고 출산하면 다시 죽는 것을 말한다. 이러한 겁순환을 다스리기 위해 아이의 시체에 묵초(墨草) 혹은 먹

으로 표시를 하거나 심지어 묻기 전에 귀, 코 혹은 팔, 다리를 자르는 경우도 있다.[12]

양육

어린아이가 병들어 치료가 안 되는 경우에 사람들은 신이 한두 개의 혼(남자는 일곱 개의 혼이, 여자는 아홉 개의 혼이 있다고 한다)을 가져갔다고 믿었다. 부모가 절에 제물을 바치고 가져간 혼을 돌려달라고 신에게 빌어야 자식이 낫는다고 생각했다. 또 절 등에 가서 빌어서 얻은 자식은 목걸이나 팔찌를 하도록 했다. 사람들은 그렇게 함으로써 마귀가 아이를 유인해가지 않고, 부모에게 묶어 둔다고 생각했다. 아이가 학교에 갈 나이가 되면 닭발을 먹지 못하게 했는데, 이는 수전증에 걸려 글씨를 못 쓴다고 믿었기 때문이다. 또는 닭이 잠을 자러 우리에 들어갈 시간에는 공

베트남 유치원. 근래 들어 서구에서 현대적 교육체계를 받아들였지만 아이들의 양육과 관련하여 여전히 많은 관습과 금기가 남아 있다. 사진ⓒ 배양수.

부를 못하게 했는데, 이는 밤에 닭이 비틀거리는 것처럼 사리분별을 못하게 된다고 여겼기 때문이다.

결혼

남녀가 결혼할 나이가 되면 처녀 총각의 출생년에 관심을 갖는다. 결혼을 하려면 반드시 삼합(三合)과 사행충(四行衝)을 보아야 한다. 만약 남녀의 나이가 쥐띠-용띠-원숭이띠이거나 물소띠(소띠)-뱀띠-닭띠이거나 호랑이띠-말띠-개띠이거나 고양이띠(토끼띠)-양띠-돼지띠의 세 띠 중 하나 혹은 둘 중에 태어나면 그 결혼은 행복하다고 했고, 이를 삼합이라 불렀다. 그리고 만약 남녀의 나이가 쥐띠-고양이띠-말띠-닭띠이거나 소띠-용띠-양띠-개띠이거나 호랑이띠-뱀띠-원숭이띠-돼지띠의 네 띠 중 하나 혹은 둘 중의 하나이면 사행충(어울리지 않는 4개 띠)이라 하고, 결혼을 안 하는 것이 좋다고 했다. 이는 서로 나이가 맞지 않아 충돌이 생긴다고 믿었기 때문이다. 남녀가 서로 사랑했지만 이러한 사행충에 걸리는 나이 때문에 결혼을 못하거나 가족의 완강한 반대로 결혼이 이루어지지 못하는 경우도 많았다.

외출

지금까지도 베트남인들은 집을 나설 때 문 앞에서 여자를 만나면 일이 잘 안 풀릴 거라고 믿으며, 남자를 만나면 일이 잘 풀릴 것이라 믿는다. 중요한 일을 하러 가는 사람은 먼저 문 밖에 사람을 보내서 살펴보도록 했고, 만약 여자가 다가오면 신호를 보내서 물러가도록 하는 경우도 많다. 또 길에서 새가 날아오거나 물고기가 뛰어오르는 것을 보면 좋지 않다고 여겼고, 거미나 뱀이 지나가는 것을 보면 좋다고 했다. 그러나 뱀이 자신과 반대 방향으로 가면 좋지 않다고 여겼다.

질병

시골이나 산골뿐만 아니라 도시에서조차도 집안에 환자가 있으면 여성들은 절에 가서 빈다. 특히 자신이 오랫동안 병을 앓고 있을 때는 신이 징벌을 한다고 생각하고 수시로 절을 찾는다. 약을 먹어 치료하는 것이 아니라 불공을 드리고 나서 제사용 금종이를 태운 것을 물에 타서 마신다. 많은 사람들이 건강할 때는 신을 믿지 않지만 병에 걸리고 나면 불교나 도교 신자가 되어 하루종일 목탁을 두드리며 불경을 외우거나 빈다.

묘지

베트남인은 조상의 묘와 관련해서 많은 미신을 갖고 있다. 풍수지리에 맞게 조상의 묘를 쓰면 자손의 사업이 번창하고 그렇지 않으면 병이 나고 재난을 당한다고 믿는다. 매장한 지 3년이 지나면 이장을 하는데, 이 때는 지관을 불러 풍수지리를 본다. 이것은 또한 조상에 대한 효를 드러내는 풍속이다. 그러나 이장 후에 좋지 않은 일들이 생기면 다시 이장을 하는 경우도 있다. 이장시에 묘에 뱀이 살고 있거나 관을 열었을 때 뼈가 서로 붙어 있으면 좋은 일이라 하여 다시 덮고 이장을 하지 않는다. 사람들은 죽은 사람의 영혼이 해를 끼친다 하여 묘를 밟고 지나가거나 대소변을 보는 것과 같은 묘를 범하는 행동을 하지 않는다. 사람들은 집안에 병이 나거나 재물을 잃거나 재난 등 우환이 생기면 조상의 묘에 사고가 있기 때문이라고 믿는다. 또 묘를 돌보는 것을 잊어서 가축이 파괴했거나 외부인이 침범했다고 믿었고, 즉시 제물을 들고 가서 제를 지내고 묘를 손질한다.

미신을 믿는 풍조가 많이 줄어들었지만 아직도 상당하다는 것을 인정해야 한다. 도이머이의 개방정책을 이용해서 미신의 풍조가 날로 늘어나고 있다. 학생들도 시험을 보기 전에 절이나 사당에 가서 시험에 붙게 해달라고 빈다. 정부 관리도 승진을 위해 조상의 묘를 손본다. 아가씨들은 좋은 남편을 만나게 해달라고 절을 찾는다. 총각들은 좋은 아내를 찾기 위해 손금을 본다. 농민들은 들판에 나가기 전에 가축들의 변화를 먼저 살펴본다. 운동팀은 경기시간을 고른다. 직장에서 퇴근하면 토꽁신에게 빈다. 사당이나 절 근처에는 살려고 하지 않는다. 이러한 미신은 이루 헤아릴 수 없다. 그것은 베트남인의 성격에 깊이 파고들었고 자연스럽게 일상의 행동으로 나타난다. 메콩강 근처에서 베트남 풍속을 연구하던 한 학자는 전혀 이해할 수 없는 것이 많다고 불평하였다. "그들이 믿는 것은 그들이 믿기 때문이고, 그들이 따르는 것은 그들이 따르기 때문이다. 아무도 왜 그들이 믿고 따르는지 묻지 않는다."[13]

필자 역시 여기에서 그것을 다 따지고 싶은 욕심이 없다. 다만 베트남인들이 미신을 따르는 몇 가지 원인을 알아보고자 한다. 첫째, 베트남인의 사고방식에 음양의 조화를 이루고자 하는 특징이 있어서 정신 생활에서 항상 산 자(양)와 죽은 자(음)가 서로 함께하고, 서로 예속되어 있다고 믿기 때문이다. 둘째는 백성들의 의식수준이 낮아서 도교와 불교를 받아들일 때 쉽게 받아들일 수 있는 미신적 요소만을 받아들였고, 두 종교가 갖고 있는 고차원적이고 심리학적인 면을 이해하지 못했다. 그러한 결과로 겹겹으로 둘러싸인 신선과 마귀 세계가 베트남인의 정신생활을 묶게 된 것이다. 이러한 낙후된 미신을 물리치기 위해서는 현재 베트남 정부가 주장하는 것과 같이 경제의 공업화와 사회의 현대화를 성공적으로 이루는 것 외에 다른 방법이 없다.

6. 다양한 의례와 페스티벌

의례

공동체성이 베트남인의 성격을 만들었다면 그 문화의 자치성은 의례를 좋아하는 특성을 만들어냈다고 볼 수 있다. 각 논농사 마을은 별도의 왕국과 같으며, 각 성 역시 별도의 왕국과 같다. 현재에도 많은 국가기관이나 조직이 별도의 왕국처럼 존재한다. 전에는 이러한 소규모 왕국에서 자치를 실현하기 위해 사회계층을 나누었고, 그러한 체제를 운영하기 위하여 의식을 만들어냈다. 유교가 베트남에 전해지면서 의식을 중시하는 습성이 더 배가되었으며, 종교와 국가에서 지원을 받기도 했다.

딩에서의 의식 예부터 가장 복잡하면서도 엄격히 지켜진 의식은 공동체의 생활 터전인 딩에서의 의례였다. 북부 평야지대의 논농사 마을은 좁은 땅에 밀집되어 있어서 비록 마을이 공동체의 기반 위에 세워졌다고 할지라도 아주 세밀한 의식을 규정하고 있었다. 각 자치 마을은 나이, 학위, 재산, 사회적 지위에 근거해서 주민을 대략 10등급으로 나누었다. 그러나 이는 인도 사회에서와 같은 계급 사회는 아니었다. 등급은 달랐지만 같이 먹고, 결혼하고 같이 생활했다. 단지 앉는 위치가 높고 낮았을 뿐이다. 그러한 10등급의 위치를 바꾸려면 재산, 학문, 사회적 지위, 도덕성과 같은 조건을 충족시켜야 했으며, 평생동안 그것을 충족시키지 못하는 경우도 많았다.

그렇게 나누어진 등급은 딩 생활에서 물질로 보상을 받을 때 나타난다. 예를 들어, 딩에서 제사나 그와 유사한 일이 있을 때 마을 주민들은 딩에 모여 잔치를 벌인다. 이때 차려지는 음식은 마을의 10등급에 따라 양과 질이 달라진다. 제사를 지냈으나 잔치를 베풀지 않을 경우에는 제물은 물론 신에게 입혔던 헌 옷까지도 아주 세밀히 나누었다. 일

딩에 모인 마을 사람들. 딩에서의 의례는 가장 복잡하면서도 엄격히 지켜졌는데 이 역시 논농사 문화에서 비롯된 공동체성을 반영한다.

부는 고위 등급에 있는 사람의 집에 가져다 주고, 나머지는 지위가 낮은 사람들에게 공평하게 나누어 주었다. 베트남인들은 자신에게 분배된 이 물질들에 대해 아주 자부심을 가졌다. 그것은 가정의 명예이며 행복으로 간주했다. 그들은 '마을의 한 조각의 고기는 시장의 한 쟁반의 고기와 같다'고 여겼다.

기타 의식 베트남인들은 잉태되면서부터 죽을 때까지 수백 가지 의식 속에서 살게 된다. 여성이 임신을 하면 건강한 아이를 낳기를 기원하면서 많은 의식을 치르게 된다. 아이가 자라면서부터는 신앙적인 또는 공부와 관련된 의식이 있고, 장성하여 결혼에 이르면서 또한 많은 의식을 치러야 한다. 집짓기, 효희, 호망, 문중 일, 선물, 마을의 위계질서를 준수

하는 일, 공동체 또는 프엉호이에 참여하는 일, 명절, 축제, 놀이에서부터 복장, 호칭, 식사 때의 자리, 집을 나서는 일, 멀리 출타했다 돌아오는 일 등에 이르기까지 모두 규정된 의식에 따라야 했다. 그것을 실천하는 것이 숨이 막힐 지경이었다.

이러한 수백 가지 의식은 베트남 전통사회에서 오랫동안 안정적으로 유지되어 왔다. 그리고 바로 그러한 의례의 세계 속에 사람들을 공동체의 자치성으로 묶어 놓았다. 교육과 종교의 가르침 그리고 정신생활의 존엄성이 베트남인들로 하여금 의례를 경시하지 못하게 만들었다. 그래서 사회는 평안하고 안정되었지만 노동 능률이 낮은 사회가 되었고, 성장은 하지만 발전은 없는 사회현상을 만들었다.

오늘날 그러한 의식들은 많이 줄어들었지만 일상생활에 끼친 영향이 적지 않다. 1970년대 이전에 태어난 세대들에게는 의식과 의례를 중시하는 생각이 깊이 각인되어 있다. 이러한 성격은 행정절차에서 가장 두드러지는데, 서류상의 절차는 복잡하고 관료적이다. 베트남의 관리자들은 여전히 너무 많은 문서에 예속되어 있다. 의식을 중시하기 때문에 베트남의 각 기관과 조직은 행정부분이 과도하게 크다. 많은 기관들의 조직과 계층이 복잡하고 책임 소재가 불분명하며 실질적인 권한이 없다. 이것 역시 현대화된 교육과 능률과 효과를 따지는 문화가 정착될 때 줄어들 것이다.

페스티벌

제3장 사회 풍습 가운데 '페스티벌' 편(본문 138쪽)에서 베트남의 여러 페스티벌에 대해서 알아보았다. 여기에서는 일상생활 속에서 페스티벌이 차지하는 비중을 보기로 하자.

정확하지는 않지만 베트남에는 약 700여 개의 페스티벌과 기념일이 있고, 그중에 약 600개는 베트남의 것이고 약 70여 개는 국제적인 기념행사이다.[14] 하루 평균 1.8개의 페스티벌이 있다. 특히 1월에는 168개의 페스티벌이 있으며, 그 가운데 음력 1월 4일에만 21개가 집중되어 있다. 페스티벌의 수와 빈도로 볼 때 옛날 베트남인들은 페스티벌과 밀접한 삶을 살았다는 것을 알 수 있다. 일생동안 페스티벌을 다녀도 다 보지 못할 정도로 많다. 어떤 페스티벌은 몇 주간이나 계속되기 때문이다.

600개 이상의 국내 페스티벌 중 421개가 민간 페스티벌이다. 이것은 베트남 전체 페스티벌 중에서 가장 중요한 부분이다. 이 민간 페스티벌을 고찰하는 일은 우리에게 흥미를 가져다준다.

베트남 민간 페스티벌

분류	내용	수	계	분류	내용	수	계
지역별	하노이	52	219	내용별	풍속	72	354
	하떠이	56			베트남신	111	
	하박	44			중국신	6	
	하이퐁	23			민족영웅	113	
	빙푸	44			유교	4	
					도교	8	
					불교	40	

이 표를 통해서 우리는 다음과 같은 평가를 내릴 수 있다.

- 민간 페스티벌은 북부 평야지대를 중심으로 집중되어 있다.
- 내용면에서는 민족영웅에 대한 것이 가장 많고, 다음으로 베트남 신 그리고 풍속 관련 페스티벌이다.
- 내용별로 보면 중국신에 관한 것은 아주 적다.(6/354)

- 유입된 종교 중 민간 페스티벌로 치러지는 것은 불교가 354개 중 40개로 압도적이고, 도교는 8개, 유교는 4개이다.
- 만약 유교가 의례를 중시하는 베트남인의 성격 형성을 촉진했다면 수도작 문명은 자신들의 고유한 페스티벌을 선호하는 성격 형성을 촉진시켰다.

20세기 중반부터 많은 민간 페스티벌이 사라졌지만 현재 다시 재현되고 있는 추세이다. 없어지는 페스티벌이 있는가 하면 새롭게 출현하는 페스티벌도 있다. 그 예로 국제기념일이 있는데 모두 66개이다. 또한 역사와 혁명 관련 페스티벌도 매년 104개가 있다. 각 분야별로 기념일이 있고, 그 아래 소분야별로 기념일이 있다. 그중에는 항공, 해상, 철도, 육로 등의 분야별 창립 기념일이 있다. 지방에도 각 지방조직의 설립일을 기념하는 페스티벌이 있고, 여성은 여성대로, 청년은 청년대로, 소년은 소년대로 별도의 기념일이 있다. 따라서 베트남인들은 언제나 페스티벌의 분위기 속에서 생활한다. 이러한 것은 많은 경우에 정도를 넘어서 사람을 모이게 하는 심리를 유발시킨다.

의식과 페스티벌을 좋아하는 것은 베트남인의 성격이 양면적이거나 혹은 일관성이 부족함을 보여준다. 한편으로는 의식 즉 질서와 안정을 중시하고, 다른 한편으로는 페스티벌 즉 개방적이고 소란스러움을 좋아한다. 그들의 성격 속에서 이러한 양면성은 수도작인들의 음양의 조화를 찾고자 하는 사고방식을 반영한 것이다. 정적이고 폐쇄적인 의식은 음이고, 동적이고 개방적인 페스티벌은 양이다. 토속적인 사고방식에서 유래했기 때문에 이 성격은 오랫동안 변함이 없을 것이다.

7. 문학 사랑

베트남 문화를 이야기하면서 문학을 언급하지 않는다면 아주 큰 잘못이다. 학술적으로, 베트남인은 역사와 문학에 치우친 민족이며 과학 기술적 재능은 적다. 앞에서 베트남의 대학자 다오주이아잉은 베트남인들이 실학보다는 문학을 더 좋아한다고 말했고, 판께빙은 한가함을 좋아하고 음풍농월을 즐긴다고 했으며, 응웬반후엔은 과학적 기질보다 예술적 기질을 갖고 있다고 했다.

실제로 그와 같음을 증명할 수 있다. 베트남인이라면 누구나 시를 지을 수 있다. 모내기를 하는 아가씨부터 왕에 이르기까지 누구나 적어도 몇 수의 시를 지을 수 있다. 레타잉똥은 베트남 쯔놈시를 창립한 사람이다. 혁명 지도자들 중에도 15세기의 응웬짜이와 20세기의 호치민이 있다. 이 두 사람은 뛰어난 전략가이면서 유명한 시인으로 유네스코에서 세계 문화 명인 칭호를 받았다.

거리의 잡지 가판대. 베트남인들은 문학적 재능이 풍부하여 많은 시가와 문학작품을 남겼다. 사진 ⓒ 배양수.

베트남인들에게 있어 어떤 것도 시가 될 수 있다. 기쁨과 슬픔, 성공과 실패, 삶과 죽음, 배고픔과 배부름, 엄숙함과 자유분방함 등 어떤 것도 시가 되거나 운문이 될 수 있다. 지식층의 시가보다도 일반 서민들의 시가가 엄청나게 많다. 베트남이 만든 고유의 시가형식인 6·8구체는 아주 독특하다. 그것은 여섯 자와 여덟 자의 2행으로 구성되어 있다. 2행시 혹은 4행시도 있고, 수천 행의 시도 만들 수 있다.

문학 특히 시가를 사랑하는 베트남인의 성격에 관해서 시인 또히우는 그의 시에 "옛날 우리 조상은 시 짓는 것, 적과 싸우는 것밖에 몰랐다네"라고 했다. 이러한 성격으로 인해 대부분의 인문, 사회과학 논문에서 시가를 인용할 정도이다. 과학적 논지를 증명하는 데 시를 이용하는 경우도 많다. 사회과학 연구서적 역시 1/3 정도를 시가에서 인용하기도 한다. 시를 인용하는 것 외에, 문학 논문이 아닌 경우에도 까자오나 속담을 인용해서 논지를 증명한다. 최근에 출판되어 좋은 평가를 받고 있는 베트남 문화에 관한 책은 속담과 까자오를 많이 인용하고 있으며 심지어 속담과 까자오를 300번 이상 인용하고 있다. 따라서 베트남인들이 과학적 기질보다 문학적 기질이 많다는 말은 정확한 지적인 것 같다.

문학을 사랑하는 것은 베트남인의 성격 중 하나다. 예로부터 지금까지 베트남인은 벼농사에 의지해서 살아왔다. 농업문화는 정적인 문화이고, 논농사에 기초한 문화는 더욱 정적이다. 논농사는 쉽게 이동할 수 없기 때문이다. 논농사를 짓는 사람들은 안정과 정적인 것을 좋아한다. 그들의 성격은 양보다는 음에 치우쳐 있어서 무보다는 문을 중시한다. 사회에서 공업문명이 압도할 때쯤이 되어야 베트남 문화의 정(靜), 음성(陰性)이 줄어들 것이며, 그때는 시가를 좋아하는 대신에 기술과 과학에 더 관심을 갖게 될 것이다.

1) Dao Duy Anh. 1938. **Viet Nam van hoa su cuong** (베트남 문화사 강). Sai Gon: NXB. Bon Phuong. pp.22~23.
2) Phan Ke Binh. 1992. **Viet Nam phong tuc** (베트남 풍속). HCM: NXB. TP. HCM. pp. 328.
3) Phan Ke Binh. 1992. 앞의 책. pp.330~331.
4) Thach Phuong, Ho Le va NNK. 1992. **Van hoa dan gian nguoi Viet o Nam Bo** (남부 베트남인의 민간문화). Ha Noi: NXB. Khoa hoc xa hoi. pp.559~562.
5) Phan Van Dong. 1994. **Van hoa va Doi moi** (문화와 도이머이). Ha Noi: Bo Van hoa thong tin. p.33.
6) Pham Ke. 1995. **Dan toc va tam hon Viet Nam** (베트남 민족과 심혼). Ha Noi: NXB. Lao Dong. p.80.
7) Do Huy, Truong Luu. 1993. **Su chuyen doi cac gia tri trong van hoa Viet Nam** (베트남 문화 속에서의 가치의 변화). Ha Noi. NXB. Khoa hoc xa hoi. pp.249~250.
8) Nguyen Hong phong. 1963. **Tim hieu tinh cach dan toc** (민족의 성격 고찰). Ha Noi: NXb. Khoa hoc xa hoi. p133.
9) Pham Ke. 1995. 위의 책. p.81.
10) Tran Ngoc Them. 1997. **Tim hieu van sac van hoa Viet Nam** (베트남 문화 본질에 대한 이해). HCM: NXB. TP.HCM. p.321.
11) Doan Quoc Sy. 1965. **Nguoi Viet dang yeu** (사랑스런 베트남인). Sai Gon: NXB. Sang Tao. p.145.
12) Cuu Long Giang, Toan Anh. 1967. **Nguoi Viet dat Viet** (베트남인, 베트남 땅). Sai Gon: NXB. Nam chi tung thu. p.313.
13) Cuu Long Giang, Toan Anh. 1967. 앞의 책. p.309.
14) Le Trung Vu, Nguyen Hong Duong. 1997. **Lich le hoi** (페스티벌 력歷). Ha Noi: NXB. Van hoa thong tin.을 근거로 작성.

제5장 일상의 열 가지 관습

제5장 일상의 열 가지 관습

일상의 관습은 그 민족의 풍속과 성격에서부터 발원하고, 그 풍속과 성격은 관습보다 적게 바뀐다. 베트남인들은 좋거나 나쁜 많은 관습을 갖고 있다. 또한 지역이나 종족에 따라 나름의 관습을 갖고 있다. 심지어 각 개인별로 독특한 습관을 갖고 있는 경우도 있다. 여기서는 베트남인들에게 가장 일상적으로 나타나는 열 가지 관습을 선택해서 여러분에게 소개하고자 한다.

1. 토지 숭배

베트남인들의 토지 숭배 관습은 아주 오래되었다. 기원전부터 흙을 먹는 풍속이 있었는데, 제3장에서 보았듯이 옛날 결혼식에서는 첫날밤을 보내기 전에 신랑 신부가 흙을 먹기도 했다. 또한 1970년대까지도 빙푸성의 여러 지역에는 식용 흙을 파는 시장이 있었다.

이 흙은 세 단계의 공정을 거쳐 만들어졌다. 먼저 지하 15~20m의 우물에서 흙을 퍼올린다. 다음에는 강한 햇빛에 완전히 건조시키는데, 이러면 밝은 회색으로 변한다. 마지막으로 훈제한다. 흙을 화로에 넣고 불을 지펴 흙에 연기를 쐰다. 보통 삼나무와 떼나무로 불을 때는데, 그 이유는 이러한 나무가 향이 많기 때문이다. 반나절 정도 훈제를 한 다음 식혀서 그 흙을 먹는다. 이 지역 주민들은 훈제 흙을 다논(어린 돌)이라 부른다. 그들은 이 어린 돌 먹는 것을 즐긴다. 친한 친구나 손님이 오면 어린 돌을 대접한다. 1899년 두모띠에르라는 한 프랑스인이 이 흙을 파리로 가져가서 실험을 했는데, 이 흙은 다른 지역의 보통 흙과 같다는 결론이 나왔다.[1] 이 어린 돌 먹는 습속은 토지 숭배의 신앙적 의미가 있다고 이해할 수 있다.

　농민에게 있어서 토지는 생존을 위한 식량의 공급원이기 때문에 가장 귀한 것이다. 베트남에는 '인간은 토지의 꽃이다' 라는 속담이 있는데, 인간이 땅에서 나왔다는 것을 의미한다. 베트남 문화의 발상지인 홍하델타

하노이 근교 원예마을. 토지는 생존을 위한 식량 공급원으로서 아주 귀하게 여겨진다.

주민들에게 있어 토지는 더욱 귀하게 여겨지는데, 그 이유는 농토는 적고 인구밀도는 높기 때문이다. 전에는 모든 일에 있어서 토지가 기준이 되었다. 왕의 토지를 마을에 분배해서 경작케 하고 세금을 거두었는데, 이를 공전이라 불렀다. 이 공전은 각 사회조직에 분배해서 경작하도록 했다. 예를 들어 병사에게 급여 대신 지급한 토지를 병전이라 했고, 고아에게 분배한 토지를 고아전이라 했다. 가난한 학생과 훈장에게 지급한 토지를 학전이라 했고, 마을 관직자에게 급여 대신 토지를 지급했다. 딩과 사원에 토지를 지급하고, 그 토지의 경작을 통해 얻은 이윤으로 딩과 사원을 유지했다. 씨족에게 사유지를 헌납하여 그 토지를 경작해서 얻은 이윤으로 조상에 대한 제사를 지내는 제사용 재산으로 사용했다.

오늘날에는 그와 같은 토지분배제도가 더 이상 존재하지 않지만 수천 년 동안 존재했기 때문에 토지를 중시하는 것은 베트남인들의 마음속에 깊이 새겨졌다. 20세기에 있었던 두 번의 전쟁에서 베트남인들은 '한 뼘도 안 물러나고, 한 치도 떨어지지 않는다' 는 구호를 외치며 땅을 지킬 것을 서약했다. 아마도 베트남인들이 외침을 물리칠 수 있었던 비결은 그들의 토지 숭배 때문이 아니었던가 싶다. 토지는 생활이며 그들의 고향이었다. 그곳에는 현재 살고 있는 세대와 이미 죽은 세대가 함께하고 있다. 그렇기 때문에 현재는 토지 숭배가 많이 줄었다고는 하지만 토지 숭배 관습은 여전히 널리 퍼져 있다. 이제 공업화 시대에 들어와 많은 토지가 건설 사업으로 사용되고 있다. 그러나 이러한 토지 수용은 언제나 많은 어려움 속에 진행된다. 이 때문에 외국투자자들은 시공이 늦어지는 것에 대해 불평이 적지 않다. 그러나 주민들은 타당한 보상을 받는다면 이주를 받아들인다. 특히 조상이 물려준 토지에 대해서 그렇다.

2. 상부상조

베트남인들은 어려운 사람들을 보면 서로 돕는다. 집짓기, 이사, 장례, 결혼, 집보기, 아이보기, 무거운 물건 들어주기, 심지어 다른 사람 집에 가서 하루종일 일을 하고도 돈을 안 받는 경우가 있다. 만일 길을 물으면 목적지까지 안내해주기도 한다. 만일 길을 모르는 경우에는 모른다고 하지 일부 국가에서처럼 잘못 알려주지는 않는다.

상부상조의 관습 역시 오래되었다. 아마도 그것은 씨족 내의 상부상조에서 발원한 것 같다. 씨족이 성립된 것은 대부분 새로운 개척지에 모여 거주하거나 주거지가 확대되면서이다. 초기 정착기에는 많은 어려움에 직면했고, 특히 혈통이 같은 사람들의 집단적인 도움이 필요했다. 그 후로 상부상조의 전통이 이웃으로 퍼졌다. 모내기, 논갈이, 수확, 수리사업, 집짓기 등은 일정한 짧은 기간에 많은 노동력을 필요로 한다. 그때 농민들은 같은 혈족 또는 이웃끼리 서로 도와주고 그것을 품앗이라고 했다. 그들은 하루종일 혹은 며칠 동안 무보수로 일했고 단지 주인이 접대하는 한두 끼의 식사만 얻어 먹었다. 어떤 사람은 식사를 하지 않고 한 사발의 쌀을 얻어가서 집에서 밥을 지어 먹었다. 그들 중 한 사람이 그와 유사한 일이 있을 때 품앗이를 해주었다.

오늘날 많은 외국 사람들은 베트남인들이 자원해서 돕거나 돈을 받지 않고 도와주는 것을 이해하지 못한다. 서양 사람들은 한 시간을 도와주고 돈을 요구하는 사람이 적지 않다. 베트남인들은 누구를 도와주고 돈을 받는 것은 머슴 사는 것으로 간주하고, 머슴 사는 것을 경시한다. 그래서 그들은 열성적으로 도와주고도 돈을 요구하지 않는다. 다른 사람이 필요할 때 도와주는 것은 도덕적인 일이라고 간주한다. 베트남인들은 항상 덕을 쌓고자 한다. 그들은 항상 덕 있게 사는 것은 자손에게 복을 주는 일이라고 마음에 새긴다.

3. 끼어들기

베트남을 가본 사람은 도로에서 많은 사람이 무질서하게 이동하고 사고가 많은 교통상황에 대해서 놀라움을 금치 못한다. 도시에서 교통체증이 빚어질 때는 차들이 마치 양손바닥을 맞댄 것처럼 서로 밀치고 있는 것을 보게 된다. 도로교통법에 우측 통행으로 되어 있지만 힘센 차가 밀고 들어가면 그만이다. 어떤 때는 교통체증이 불과 수백 미터에 불과한데도 한 시간이 지나야 겨우 통과할 수 있는 때도 많다. 체증이 없는 구간도 힘센 자가 먼저 가고, 길을 양보하는 경우가 없을 뿐만 아니라 한국과 일부 다른 나라에서처럼 보행자에게 차가 양보하는 경우는 더욱 없다.

도로교통에서 베트남인들이 갖고 있는 나쁜 습관은 앞서기를 좋아하고 뒤를 따라가는 것을 싫어하기 때문으로 수시로 충돌사고가 일어난다. 국도에서의 과속은 늘상 일어나는 일이고 그로 인해 매년 수천 명이 사고로 숨진다. 1995년의 통계를 보면 1만 4,000건의 교통사고가 발생해서 5,000명이 죽고 1만 5,000명이 부상을 입었다. 보행시에도 만일 좁은 구간을 지날 때 이쪽 입구에 있는 사람이 저쪽 진입자가 먼저 지나도록 양보해주지 않는다. 둘이 경쟁하듯 지나므로 결국에는 사고가 나기 마련이다. 현재 일부 지역에서는 교통신호등을 설치하여 조금 나아졌지만 빨간

혼잡한 도시 교통. 사거리에서 신호를 기다리고 있는데 무질서 속에도 질서가 유지된다. 간혹 이 질서를 깨뜨리는 사람에게는 심한 욕설이 따른다. 사진 배양수.

불이 들어왔을 때 기다리면서 서로 선두를 차지하려고 밀친다.

왜 이런 끼어들기 현상이 벌어질까? 베트남인의 공동체 심리의 특징을 알면 이러한 관습을 쉽게 이해할 수 있다. 그것은 그들이 항상 공동체의 안정을 중시하기 때문이다. 공동체에서 다른 사람보다 앞서가는 일은 모두 안정을 위협하는 것으로 간주된다. 어떤 사람이 앞서가면 다른 사람들은 자기가 그 위치로 올라가는 방법으로 그 앞지르기를 억제한다. 따라서 무질서가 일어난다. 이 끼어들기 관습은 수도작 문명에서 발원한 것으로 법률을 중시하기보다 항상 풍속을 중시하기 때문이다.

4. 손님 접대

베트남인의 손님이 되는 것은 정말 복이다. 손님이 집에 오면, 특히 멀리서 오랜만에 찾아오면 왕과 같은 접대를 받는다. 또한 외국에서 온 손님이라면 더욱 특별한 접대를 받게 된다.

『사랑스런 베트남인』의 저자 부하잉은 "그들은 손님을 귀히 여기는 민족이다. 마을 깊숙이 들어가면 들어갈수록 그 풍속은 더욱 발전한다. 베트남인들은 자신의 손님을 위해 모든 편의와 맛있는 음식을 준비한다. … 인물과 손재주가 아무리 잘난 여성이라도 손님의 마음을 상하게 한다면 베트남인들은 나쁜 부인으로 간주한다"고 썼다.

집에 온 손님에 대해서 주인은 접대할 수 있는 최고의 음식을 찾고, 어떤 경우에는 자신의 경제적 능력 이상으로 접대한다. 만약 집이 좁다면 손님에게 가장 좋은 방을 주고 그들은 응접실이나 부엌 심지어 남의 집에 가서 자기도 한다. 응웬반후엔은 그들이 비록 나중에는 많은 날들을 극히 검소하게 지내야 할지라도 친구를 위해 최고의 성찬으로 접대한다고 했다. 가까운 곳에서 온 손님은 반나절에서 며칠을 머물고, 먼 곳에서 온 손님은 몇 주에서 몇 달까지 머문다. 돌아갈 때, 주인은 그 가족을 위한 선물과 여비를 준다.

베트남을 방문한 대부분의 외국인들은 베트남인의 손님접대에 대해서 칭찬을 아끼지 않는다. 베트남 정부 혹은 당과 국가조직의 공식적인 손님은 아주 정중하고 특별한 봉사를 받기 때문에 귀국할 때 베트남에 대해 깊은 인상을 받는다.

손님 접대 관습은 베트남 공동체 사회의 적극적인 면이다. 그것은 논농사 문화의 휴머니즘을 표현한다. 그것은 또한 우리가 제4장 '뿌리 깊은 도덕의식' 편(본문 186쪽)에서 본 인간 존중 사상을 나타낸다. 그러나 특별한 손님 접대는 베트남인들의 명예 중시 성격에서도 출발한다. 명예를 중시하기 때문에 타인이, 특히 오랜만에 만난 사람이 자신에 대해서 나쁘게 생각하지 않기를 바란다. 또한 자신의 능력을 벗어나는 손님 접대에서 체면을 중시하는 면도 볼 수 있다.

5. 가부장제

가부장제는 농경사회의 오래된 관습이다. 옛날에는 가부장제의 정도가 그리 심하지 않았다. 그러나 유교를 받아들이면서부터 '수신제가 치국평천하(修身齊家 治國平天下)'라는 관념에 기초하여 가부장제가 급속히 성장하게 되었다. 이러한 가부장제는 1945년 베트남공화국이 탄생하면서 사라졌다. 그럼에도 불구하고 독단적인 가부장제는 여전히 많은 사람들의 마음속에 새겨져 있다.

현재 베트남의 각 기관과 조직은 모두 당과 정부, 노동연맹 삼자가 서로를 견제하는 권력의 삼각체제에 근거하여 민주적 체제를 갖고 있다. 그러나 가부장제는 신문지상이나 회의에서 항상 비판의 대상이 되는 문제라는 것을 인정하지 않을 수 없다. 많은 기관과 조직체의 우두머리가 자신의 독단적인 결정으로 업무를 집행하는 경우가 많다. 앞의 결정이 틀렸는데, 뒤의 결정이 독단적 체제에 의해서 실행되므로 당연히 틀린 결과를 얻게 되는 것이다.

베트남 농촌에는 유교의 유입이 늦었지만 서양문화의 유입 또한 늦었기 때문에 유교도 늦게 대체되었다. 그로 인해서 가부장제의 관습이 마을의 행정조직에서 분명히 드러났으며, 아직도 많은 가정에 존재하고 있다. 면장과 일부 소수가 공동체의 의견을 묻기보다는 자의적으로 결정을 하고, 그중에는 공동체의 장기적인 이익에 속하는 문제가 적지 않다. 농촌, 심지어 도시에서도 가장은 자식이 자기의 바람과 어긋나게 나가는 것을 용인하지 않는다. 만일 반대 의견을 고집할 경우에는 상속권을 박탈할 수도 있다.

가부장제 관습의 다른 원인은 베트남 사회의 가족주의 때문이다. 제3장 '사교' 편(본문 166쪽)에서 우리가 본 바와 같이 베트남인들은 사회관계의 호칭에서 가족화하고 있다. 기관이나 조직체 내에서의 호칭이 가족 내의 호칭과 같다. 여기에서 가족적인 분위기가 나타나고, 기관의 수장은 가족 내의 가장과 같다. 이것이 사회관계에서도 가부장적 성격을 띠게 만드는 지름길이 된다.

또 다른 원인은 견식의 부족이다. 현재 많은 베트남 관리자들이 과학 기술이나 견식이 부족한데도 새로운 지식을 습득하거나 쇄신하지 못하고 있다. 그들은 주로 경험에 의지한다. 그들은 계속 존재하기 위해서 독단적 권력에 의지한다. 그러나 가부장제는 베트남인의 두드러진 관습은 아니다. 그것은 농경사회의 산물이기 때문에 사회가 공업화되면 쉽게 물러갈 것이다.

6. 선물 주고받기

베트남인들은 노소, 직업, 장소를 불문하고 누구나 선물 받기를 좋아하고 또 타인에게 선물을 한다. 경제적 가치가 없는 아주 작은 선물일지라도 서로 주고받으며 중시한다. 기관이나 조직체의 수장은 기념일에 직원들에게서 선물을 받는 것을 아주 자랑스럽게 생각한다. 친구들끼리 조그만 선물을 주고받는 것 역시 자연스러운 일이다.

선물 주고받기 관습은 제4장에 언급한 것처럼 우선 정감 있는 성격에서 나온 것이다. 베트남인들은 서로의 관계에서 법보다는 풍속을, 이지적인 것보다는 정감을 우선시한다. 선물 주고받기는 관심의 표현이며, 그것은 귀한 정감의 표현으로 간주된다.

고대 베트남인들은 딩에서 항상 윗자리를 차지하고 싶어했다. 높은 자리는 권리가 수반되었고, 제물과 선물을 많이 분배받는다. 직급이 높은 사람은 결혼이나 장례 때 마을 각 가정에서 선물을 받았다. 그 선물은 한 줌의 찹쌀밥, 몇 개의 바나나, 25cm의 천(아주 작은 천조각, 즉 걸레로나 사용할 만한 작은 천조각도 자기 몫으로 챙긴다는 의미임-역자주)일 수도 있다. 물질은 아주 작고, 어떤 때는 딩의 성상을 닦는 걸레일지라도 받는 사람은 큰 자부심을 갖는다. 그러한 선물은 물질적 자부심과 정신적 만족 그리고 심령(종교)의 안정을 뜻하기 때문이다.

현대에 들어와 이러한 풍속은 많이 사라졌지만 선물 주고받기는 여전히 베트남인들의 관습이다. 명절이나 기념일 그리고 멀리 출타했다 돌아올 때 혹은 부탁할 때는 선물을 한다. 아주 작은 것일지라도 베트남인들은 자신이 존중받고 관심을 받고 있다고 느끼기 때문에 중히 여긴다. 그러나 선물 주고받기는 많은 경우에 잘못 이용되기도 한다. 최근에 특히 결혼식과 경사에서 축의금을 주는 관습은 뇌물이나 부정부패의 온상이 되고 있다.

7. 평균주의 (균등분할)

일도 같이 하고, 먹는 것도 같이 하고, 공부도 같이 하고, 노는 것도 같이 해야 한다. 그것이 베트남인들의 심리이다. 그들은 균등한 것 혹은 평균주의를 좋아한다. 누가 특별하게 뛰는 것을 좋아하지 않는다. 따라서 개인의 재능이 집단에서 받아들여지기 힘들다. 모든 성공은 보통 단체에 돌아간다. 현재 베트남 사회의 모든 직급은 세계의 일반적인 기준에 따라 분배되지만 베트남식으로 실시되고 있다. 그것이 평균주의이다. 기관장도 직원과 별반 다를 바 없다. 장관의 급여도 최하급 직원의 급여와 차이가 별로 없다. 박사학위 소지자의 소득도 고등학교 졸업자의 소득과 맞먹는다.

왜 베트남인들은 균등분할을 좋아하는가? 이것은 공동체 사회의 직접적인 산물이다. 베트남 전통 사회는 공동체성이 고도로 발전된 사회이고,

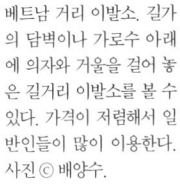

베트남 거리 이발소. 길가의 담벼이나 가로수 아래에 의자와 거울을 걸어 놓은 길거리 이발소를 볼 수 있다. 가격이 저렴해서 일반인들이 많이 이용한다.
사진 ⓒ 배양수.

공동체를 중시하는 것이 모든 구성원의 보편적인 성격이 되었기 때문이다. 이 문제는 우리가 이미 제4장의 서두에서 살펴보았다. 베트남 수도작 문명의 공동체성은 개인이 공동체에서 두드러지는 것을 용인하지 않는다. 그렇게 하는 것은 공동체의 안정을 위협하는 것으로 간주하기 때문이다. 베트남 속담에 '똑같이 나쁜 것이 몇이 잘하는 것보다 낫다'는 말이 있다. 공동체의 문화는 어떤 것이든 동일해야 한다는 것을 요구하고 있다. 책임도 같아야 하고 권리도 같아야 한다. 그렇기 때문에 수세기 동안 베트남 사회는 하향 평준화되었다. 그러나 이 관습은 베트남이 현재 자급자족의 경제에서 경쟁을 통한 우열을 가리는 시장경제로 전환 중에 있기 때문에 오래 가지 않을 것이다.

8. 외제 선호

외국인은 베트남에서 중시된다. 외국인이라면 교포를 포함해서 내국인보다 중시된다. 백인은 가장 중시된다. 전에는 백인 중에서도 러시아 사람이 가장 중시되었는데 그것은 베트남을 가장 많이 도와주었기 때문이고, 미국인을 가장 미워했는데 베트남을 가장 많이 파괴했기 때문이다. 오늘날에는 미국인을 높이 평가하는데 부강하기 때문이며, 스웨덴 사람은 그들의 인도주의적 심성 때문에 존중되고, 러시아 사람은 그들의 지조와 활달함으로 귀히 여긴다.

단 며칠일지라도 외국에 나가는 것은 베트남인들에게 큰 자부심을 갖게 한다. 여러 국가에 갈수록 그 자부심은 커지고, 외국에 나가보지 못한 사람들로부터 존중과 앙모를 받게 된다. 만일 외국에 유학한다면, 비록 그 나라의 수준이 베트남과 같을지라도 국내에서 공부한 것보다 높이 평가된다.

베트남인들은 외제를 아주 선호한다. 어떤 것이든지 외제는 국산보다 좋은 것으로 간주된다. 그래서 베트남에는 일본, 한국, 대만, 중국과 같은 국산품 애용의 관습이 없다. 심지어 선물도 외제일 경우 국산보다 높이 평가된다. 이러한 베트남인의 심리를 알고, 중국 국경지방에서는 질 낮은 제품들에 외국 유명상표를 부착하여 베트남 북부 시장에 아주 싸게 내다 팔고 있다. 이러한 제품들은 아주 잘 팔리는데, 그것이 외제이면서도 가격은 국산보다 싸기 때문이다.

외국을 선호하지만 베트남인들의 외국에 대한 이해는 아주 초보적이다. 예를 들어, 대다수의 사람들은 미국과 유럽 그리고 호주를 한 곳으로 이해하고 있다. 대학 교육을 받은 사람조차도 외국의 체제나 각국의 개략

하이바쯩 전자제품 상가. 베트남인들은 국산보다는 외제를 선호하지만 정작 외국에 대한 이해는 아주 초보적이다. 사진 ⓒ 배양수.

적인 위치에 대해서 잘 알지 못한다. 심지어 외국과 비즈니스를 하는 기업들도 국제 상거래에 관한 이해 정도가 초기 단계이다. 외제를 좋아하면서도 사실 품질에 대해서 잘 모른다. 그들은 상품의 품질에 따라 사는 것이 아니고 광고나 경험, 구매열기에 편승하여 구매한다. 베트남인들은 일제를 제일로 치고 다음이 미제, 독일제, 프랑스제 등이다. 예를 들어, 한국제 전자와 컴퓨터 제품은 일제에 비해 뒤떨어지지 않지만 베트남인들은 아래 등급으로 취급한다. 아마도 한국과 같은 신흥공업국은 베트남 고객 확보를 위해 특별한 방법이 필요한 것 같다. 최근에는 외국에 대한 이해가 넓어지고 전처럼 외국 선호도가 높지 않다. 그것은 현실적으로 외국인과 베트남 교포들이 베트남인들의 기대감을 충족시켜주지 못하였기 때문이다.

왜 베트남인들은 외국을 선호할까? 이것은 정말 이해하기 힘들다. 베트남과 같이 열대 논농사 지역은 식량의 자급자족이 가능하기 때문에 따로 외국과 교역할 필요가 없었다. 베트남 경제는 낙후되었지만 주민들은 의식주에 대한 최소한의 요구만 충족하면 되었을 것이다. 그들은 정신적 물질적 요구가 크지 않았고, 또한 더 올라가려고 하지도 않았다. 그들의 본성은 여유롭고 시문을 좋아하기 때문에 그들이 받아들일 수 있을 정도의 생활 수준에 만족했다. 그러다가 외국과의 교역이 시작되면서 그들의 수공업 제품과는 차이가 많이 나는 공업제품들이 신기했고, 그래서 외제를 선호하게 된 것이 아닌가 싶다. 그렇지만 베트남이 점차 공업화되면서 이러한 외제 선호 현상은 줄어들 것이다.

9. 술 마시기

여러분은 제3장의 호망 풍속을 기억할 것이다. 그것이 바로 술 마시기 관습의 뿌리이다. 베트남 전통사회에서는 즐거운 일, 심지어 장례와 같은 슬픈 일이 있을 때도 대부분 호망, 즉 접대를 해야 했다. 과거에 합격한 사람, 마을 평의회에 선출된 사람, 나이 들어 노인회 멤버가 된 사람 등은 모두 잔치를 베풀어야 했다. 이러한 잔치는 며칠 동안 계속될 때도 있었다.

오늘날 이 풍습은 사라졌지만 그 변형인 접대 습관은 매우 보편적이다. 접대에는 반드시 술 또는 맥주가 있어야 하고 오랜 시간을 끈다. 직원이나 간부의 급여나 직급이 오르면 접대를 해야 한다. 출장을 가도 접대한다. 복권에 당첨돼도 접대를 한다. 학생들이 시험에 합격해도 접대를 한다. 애인이 생겨도 접대를 한다. 이 접대는 어떤 경우에는 하루의 반을 끌기도 한다. 그 비용은 각자의 재정능력에 따른다고 하지만 보통은 그들의 소득 범위를 벗어난다.

이러한 술 마시기 관습이 보편적인 것은 남부 사람들이다. 제2장의 '음식' 편(본문 53쪽)에서 이미 이 문제를 살펴보았으므로, 여기에서는 보다 구체적인 것을 언급하고자 한다. 남부 사람들은 타지역 사람들에 비해 활달한 것으로 유명하다. 이러한 성격의 근원은 북쪽 이주민들이 남부로 이주한 3세기 전으로 거슬러 올라간다. 수세기 동안 남부는 땅은 넓고 인구는 적었으며 생산물이 넘쳐났다. 심지어 심을 필요도 없고 단지 수확만 하면 되는 야생벼도 있었다. 이곳으로 이주한 사람들은 자연과 싸울 필요도 없었으며, 절약하거나 비축할 필요가 없었다. 오늘 얻은 것은 당일로 소비해버렸다. 내일 소비할 것은 내일 다시 쉽게 찾을 수 있었다. 그러한 관습이 오늘날까지 깊이 새겨졌던 것이다.

현재 남부의 많은 지역에서 여성들은 하루에 두 번 시장을 간다. 점심과 저녁 식사 준비를 위해서인데, 그렇게 하는 것은 식품을 미리 사둘 필요가 없기 때문이다. 그리고 남자는 계속 술을 마신다. 많은 경우에 그들은 돈이 다 떨어질 때까지 술을 마시고는 다음날 다시 돈을 벌러간다. 이러한 술 마시기 관습은 최근 10여 년 동안에 북쪽에까지 퍼졌다. 시장경제체제하에서 사람들은 즐기기 위해서 술을 마실 뿐만 아니라 공무와 비즈니스를 위해 술을 마신다.

10. 사택 방문

같은 기관에서 일하는 두 사람 심지어는 같은 방에서 근무하는 두 사람도 가끔 서로의 집을 방문한다. 만일 직원이 기관장의 집을 방문하면 그 기관장은 자부심을 갖는다. 지방 행정기관장 집에 주민이 방문하면 권력과 위엄의 표시로 여긴다. 이것은 서양 또는 서양 문화를 따르는 나라와는 아주 다른 것이다.

베트남인이 사택을 방문하는 것은 귀하게 여기는 정감 때문이기도 하지만 또 다른 많은 이유가 있다. 세력가에게 부탁을 하기 위한 것이다. 심지어 많은 사람이 있을 때 하기 어려운 공적인 이야기를 하기 위해 사가를 찾기도 한다. 불화를 누그러뜨리기 위해서, 장래를 대비하여 관계를 돈독히 하기 위해서 등 다양한 동기와 형태가 있다. 그러나 사가를 방문하는 공통점은 (적어도 겉으로는) 존중과 존경의 표시이다. 그래서 모든 관계를 처리하는 일 속에서 쉽게 서로를 이해하게 만든다. 속담에 '겉으로는 이치, 속으로는 정'이라는 말이 있듯이 법과 이치는 겉포장에 지나지 않고, 문제 해결을 위한 실질적인 힘은 속에 있는 정감이다. 큰일이 있을 때 사가를 방문하지 않는다면 원하는 대로 완전하게 해결될 수 없다고 말할 수 있다. 그렇다고 하더라도 모든 일이 사가 방문을 통해서 해결되는 것은 아니며, 서로간에 이해하게 되는 것 역시 아니다.

사가 방문 관습은 마을 공동체에서부터 형성되었다. 좁은 골목에서 같이 살다보니 집을 찾아가는 것은 일상적인 일이었다. 오랜 시간이 흐르면서 사가 방문은 관습처럼 굳어졌고, 그 관습은 여러 형태로 나타났다.

오늘날 부탁을 하기 위해 사가를 방문하는 경우에는 언제나 선물이 수반되어야 한다. 순수한 감정으로 친구나 집안을 방문하는 것 외에 타인의 집을 방문하는 경우는 드물다. 그러나 서로 귀하게 여기고 좋아해서 방문하는 경우도 많다는 것을 부인할 수는 없다.

1) Vien Khao Co hoc. 1973. **Hung vuong dung nuoc** (훙왕의 건국). Tap III. Ha Noi: NXB. Khoa hoc xa hoi. pp.267~271.

제6장 외국인이 지켜야 할 예절

제6장 외국인이 지켜야 할 예절

이미 외국어로 쓰여진 몇몇 베트남 비즈니스 가이드북들이 출판되어 있으나, 이는 모두 외국 작가들이 쓴 것이다. 베트남 문화와 마찬가지로 베트남에서의 비즈니스에 대해 어떤 글을 쓸 때에, 작가가 베트남인이 아닌 경우 그 내용들은 보통 사건의 단순 묘사에 그치는 경우가 많다. 이 장에서 여러분들은 순수한 비즈니스 활동에 필요한 정보들뿐만 아니라 베트남에서의 비즈니스에 있어 매우 중요한 정보들을 얻을 수 있을 것이다. 작가가 베트남인인 경우에만, 더 나아가서 베트남에서 오랫동안 생활하고 일한 경험이 있는 베트남 국적의 사람인 경우에만 비로소 베트남의 비즈니스 환경에 대해 보다 실질적으로 세세한 속사정들까지 이해할 수 있기 때문이다.

우선, 여기서는 베트남 비즈니스에 대한 기본적인 문제들만을 언급하는 수준에 그칠 것임을 미리 밝혀 두는 바이다. 그리고 여러분이 이 책에서 소개된 베트남인의 풍속, 성격 및 관습을 보다 심도 있게 연구한다면 여러분은 베트남에서 비즈니스를 효과적으로 수행하는 방법을 스스로 찾을 수 있을 것이다.

1. 베트남의 외국 기업인

제5장 '외제 선호' 편(본문 222쪽)에서 베트남인들이 일반적으로 외국인들을 어떻게 인식하고 있는가에 대해 살펴보았다. 베트남인들은 심리적으로 외국인들을 높이 평가하는 성향을 가지고 있다. 비록 베트남보다 낙후된 나라의 국민일지라도 베트남인들은 항상 외국인들을 특별하게 대해준다. 이 점이 바로 외국인들을 차별하고 멸시하는 현상이 벌어지고 있는 일부 국가와는 다른 점이라고 할 수 있다. 베트남의 전통적인 관념에서 외국인을 부르는 두 가지 방법이 있는데, 그 첫번째가 중국인들이 옛날에 배를 이용해서 베트남에 온 것에 유래하여 중국인들을 따우(Tau 배)라 부르는 것이고, 두 번째가 서쪽으로부터 온 백인들을 일컬어 떠이(Tay 서쪽)라고 부르는 것이다.

예전의 지리적 개념으로는 서양 각국과 중국이 있고 그 사이에 베트남이 위치하고 있었다. 비록 이러한 관념들이 고전적인 것이라고는 하지만 오늘날에도 여전히 일상생활에서 통용되고 있다. 보통 중국 혹은 인도차이나의 각국을 제외한 다른 나라들을 떠이 곧 서양이라고 부르고 있는데, 그 예로 1999년 4월, 필자가 세미나 참석차 한국에 가기 전에 만난 안면 있는 사람들은 "또 서양으로 가십니까?" 하고 물어오곤 했다. 그러나 베트남인들은 서양 사람들(베트남인들이 가지고 있는 개념)을 서양 백인, 서양 황인종, 서양 흑인 등의 이름으로 피부색을 구분해서 부른다. 국제 사회에 대한 이해의 폭이 좁기 때문에, 베트남인들은 이 나라 사람과 저 나라 사람을 거의 차별하지 않는다.

베트남인들이 외국인을 구분하는 첫번째 기준은 피부색이다. 배웠다고 하는 사람들조차도 한국, 홍콩, 대만, 싱가포르가 어떻게 다른지 구별하지 못하는 경우가 많다. 왜냐하면 그들의 눈에는 이들 나라 모두가 아시아의 네 마리 용으로밖에 비춰지지 않기 때문이다. 그리고 일반 사람들은 심지어 한국과 필리핀 양국 사이의 경제 잠재력과 기술 수준에 어떤 차이가 있는지 모른다. 이러한 현상은 국제 사회에 대한 이해의 부족과 이성보다는 경험에 더 많은 무게를 두는 베트남인들의 성향 때문이다. 또한 외국인을 평가할 때 그 사람의 외양에 많은 비중을 둔다. 예를 들어 만일 한 외국인이 유색 인종이라고 할지라도, 좋은 차를 타고 멋있는 옷을 입고 다닌다면 이들을 거리의 백인 배낭족보다도 훨씬 높이 평가한다. 베트남에는 서양 배낭이라는 말이 있는데 이것은 백인들을 일컫는 말로 실제로는 서양 거지라는 의미가 내포되어 있다.

대우 하노이호텔. 하노이 동물원 옆에 세워진 대우 하노이호텔은 수도 베트남 발전의 경계표이자 한국 투자의 상징이다. 사진 ⓒ 배양수.

베트남 일반인들의 눈에 비춰진 외국 기업인들은 아마도 베트남에 있는 외국인들 중에서 가장 좋은 평가를 받고 있는 계층에 속할 것이다. 베트남인들은 외국 기업인들이 그들 나라의 부와 번영을 일구어낸 사람들이며, 현재는 베트남에 돈을 들여 투자를 하고 있는 거라고 평가하고 있기 때문이다.

거의 반 세기 동안 소련, 중국 그리고 동구 사회주의 국가들의 원조에 익숙해져 있던 베트남인들의 심리 속에는, 아직도 베트남에 있는 외국인들은 이윤 추구를 위해 온 것이 아니라 베트남인들을 돕기 위해 온 것이라는 생각이 남아 있다. 그러나 1990년대 초 5년 동안 일부 외국 기업과 베트남 노동자들 사이에, 특히 베트남의 한국 기업들과 노동자들 사이에서 충돌이 일어난 적이 있었다(본문 243쪽 '직원과 노동자의 채용' 편에서 다시 언급할 것이다). 그리고 일부 재외 베트남 교포들이 재산을 노리고 베트남 기업인을 속이거나 심지어 지방자치단체를 상대로 사기행각을 벌인 사건도 발생하였다. 이러한 경험들을 통해서 생겨난 불신들로 인해 이제 외국 기업인들에 대한 베트남인들의 선호도가 상당히 낮아졌으며 보다 현실적으로 변화했다.

오늘날의 베트남 기업인들은 베트남 주재 외국 기업인들을 상호 이윤을 추구하는 협력자로 인식하기 시작했다. 그리고 일반인들은 외국 기업인들을 그들에게 베트남 국내 기업 및 기관들보다 나은 수입과 일자리를 보장해주고 있는 사람들이라고 생각한다. 그러나 한편으로 그들은 외국 기업에서 일하게 되면, 노동 시간과 노동의 강도 면에서 국내 기업들보다 훨씬 더 큰 대가를 치러야만 하며 심지어는 가정과 친구까지도 멀리해야만 할 정도로 일에 자신을 희생해야 한다고 생각하고 있다. 그래서 베트남인들은 자신이 외국 기업에서 일을 하게 될 경우에, 애초부터 길어야 3~8년 정도만 일할 것이라고 마음먹는다.

2. 중개인과 파트너 만나기

중개인

베트남에 투자할 목적으로 온 외국 기업인들은 항상 중개인을 거치기 마련인데, 이는 베트남 기업들의 홍보가 매우 취약한 실정이기 때문이다. 외국 기업인이 중개인을 거치지 않고 자기 마음에 드는 파트너를 직접 만나는 경우는 극히 드물다. 베트남에서 만날 수 있는 중개인들은 크게 세 종류로 분류할 수 있다. 첫번째는 베트남상공회의소(Vietnam Chamber of Commerce and Industry; VCCI)이고, 두 번째가 개인 또는 개인이 운영하는 기관들, 세 번째가 베트남 주재 외국계 컨설팅 회사들이다.

베트남상공회의소는 체계적인 중개와 질 높은 자문을 해줄 수 있는 시스템을 가지고 있지만, 보통 관료주의와 탁상 공론이라는 장애물에 막혀 일들을 효율적으로 처리하지 못하게 되는 측면이 있다. 외국계 컨설팅 회사들은 국제 비즈니스 기준에 따라 일을 처리하므로 과학적이고 정확한 측면은 있으나, 이들 외국계 컨설팅 회사의 자문은 정부급 프로젝트 혹은 대규모 프로젝트에 보다 적합하다고 할 수 있다. 외국계 컨설팅 회사들은 기업 초기 설립 단계에 대해서는 매우 정통해 있지만, 기업관리 업무에서는 베트남의 풍속 및 문화에 대한 이해 부족 때문에 컨설팅 효과가 반감하는 단점이 있다. 마지막으로 개인 및 개인 기관들은 베트남의 풍속과 문화를 잘 이해하고 있기 때문에 외국 기업들과 외국인들의 마음에 맞는 파트너를 연결해줄 수 있고, 기업 운영 과정에서 여러 가지 유용한 자문을 해줄 수 있을 것이다. 그러나 그들은 국제 시장의 동태와 기업의 설립에 대해서는 정통하지 못하다는 측면이 있다.

이러한 이유들로 인해 많은 외국 기업들이 하나의 컨설팅 업체에만 의존해서 일을 추진하다 보면, 만족스러운 결과를 얻어내기 어려운 경우가 많을 것이다. 그러므로 세 종류의 자문 루트를 잘 이용하여, 이들 컨설팅 업체들이 제공하는 자문들의 장점을 잘 활용할 수 있어야 한다.

파트너

베트남인들에게 가장 중요한 것은 외국인을 파트너로 만났을 때의 첫인상이다. 만일 많은 외국 기업인이 우아한 옷차림과 고품질의 사무용품들을 구비하고, 값비싼 차를 타고 다니거나 최소한 씨클로가 아닌 택시라도 타고 다닌다면 처음부터 바로 좋은 인상을 심어줄 수 있을 것이다.

대부분의 베트남 기업인들은 국영 기업의 관리자 혹은 당 간부 출신이다. 그들은 기업 관련 정보가 많지 않아서 시티뱅크나 ANZ(호주계 은행)의 명함은 아무런 의미도 가지지 못한다. 또한 그들은 국제 기준으로 외국 기업들을 평가할 능력을 갖추고 있지 않기 때문에, 외국인들의 매너와 옷차림에서 받는 인상들을 매우 중요하게 생각한다.

북부에서 기본적인 옷차림은 짙은 색의 정장(여름은 보다 밝은 색을 입을 수도 있다)에 흰색 혹은 밝은 색의 셔츠와 넥타이에 검정색의 서류가방과 잘 준비된 서류는 필수적이며, 남부와 중부는 기후가 더우므로 밝은 색의 셔츠에 넥타이 차림이면 족하다.

하이퐁 항구. 북부 최대의 무역항으로, 즐비한 컨테이너가 베트남 경제의 역동적인 모습을 보여주고 있다.

여러분들은 베트남 기업인과의 첫번째 만남에서 구체적인 어떤 것을 얻을 것이라고 기대하지 않는 것이 좋다. 만일 여러분들이 제4장의 '재치와 사려 깊은 마음씨' 편(본문 191쪽)을 읽어보았다면, 어떤 일의 본론으로 곧바로 접근하는 것이 얼마나 어리석은 일인가를 잘 알고 있을 것이다. 베트남 기업인들의 절대 다수는 처음 만남에서 외국인 파트너의 능력과 일의 본질에 대해서는 관심을 보이지 않을 것이다. 보통 자신들의 회사보다 훨씬 높은 기업 매출액과 같은 수치 이외에도, 여러 만남들 속에서 이루어지는 대화를 통해 외국인들에게 여러 가지 유용한 정보들을 제공하게 된다.

제3장의 '사교' 편(본문 166쪽)에서, 우리는 이미 베트남인과의 만남에 대한 방식들을 개략적으로 살펴보았다. 만일 이 만남의 예술을 베트남 기업인들과의 만남에서 적용해본다면 높은 효과를 거둘 수 있을 것이다.

그러나 베트남측 기업인들과의 만남에서 주의해야 할 몇 가지 점들이 있다. 그것은 첫째 말을 많이 하지 않을 것, 둘째 자신의 회사에 대한 자랑을 지나치게 하지 말 것, 그리고 베트남의 정세에 대해서 수다스럽게 이야기 하는 것을 삼가할 것 등이다. 무엇보다도 그들에게 보다 서서히 정보들을 제공해주는 것이 좋을 것이다. 첫번째 만남부터 너무 많은 이상들과 너무 많은 문제들을 제기한다면, 오히려 이해의 부족에서 오는 부작용만 남게 될 것이다. 그리고 더욱이 베트남측 파트너 앞에서 어려운 문제들을 한꺼번에 풀어 놓지 않도록 주의해야 한다. 만일 앞에서 언급한 점들을 주의한다면, 베트남측 파트너는 여러분들을 높이 평가하게 될 것이다. 이에 한가지 덧붙인다면, 만일 당신이 재정적인 면에서 여유가 있고 시장성이 높은 계획을 가지고 있다면, 이미 여러분들은 베트남측 파트너와의 관계에서 반 이상을 성공했다고 해도 과언이 아니다.

3. 합의에 이르는 길

외국 기업인들이 베트남에 처음 왔을 때 가장 많이 하는 질문 가운데 하나는, 누구를 만나야 그리고 몇 번을 만나야 기업 활동을 위한 합의에 도달할 수 있는가 하는 것이다.

베트남의 각종 기관들의 체제와 마찬가지로, 기업들의 체제 또한 공동체 문화, 곧 논농사 사회 문화의 그것과 같은 방식으로 이루어져 있다. 그래서 우리가 이미 알고 있듯이, 베트남의 정치구조 또한 집단지도 체제로 구성되어 있다. 이와 같은 맥락에서, 최고경영자라고 할지라도 어떤 문제를 결정하는 데 있어 절대적 권한을 행사할 수 없을 때가 많다. 이러한 문제들을 해결하기 위해 베트남측 파트너들에게 자신의 의사를 어떻게 직접적으로 전달할 수 있을 것인가에 대해서 생각해보아야만 한다. 만일 베트남측 파트너가 사장단(보통 사장 및 부사장 그리고 회계 책임자로 구성된다) 회의에 불참했다면, 여러분들은 그들과 한꺼번에 또는 개별적으로라도 비공식적인 만남(예를 들어 회식)을 가지는 것이 좋다.

제4장에서 사려 깊은 베트남인들의 성격에 대해 이미 설명한 바 있다. 베트남인의 여성적이고 내향적 성격은 논농사 문화가 낳은 산물이다. 그래서인지 베트남인들은 어떠한 결정을 하기 전에 지나칠 정도로 신중하다. 여러분들은 아마도 처음 두 번 정도는 파트너와 대여섯 번의 만남을 거친 후에야 비로소 당신의 계획을 달성할 수 있을지도 모른다. 마일 중 개인이 제대로 자기의 역할을 수행하지 못했을 경우, 목적 달성을 위해 열 명이 넘는 파트너를 만나야 할지도 모른다. 이와 같은 타협에 이르기까지 허비되는 시간을 절약하기 위해 회사에서 짧은 만남을 통해서든, 위에서 이미 언급한 것같이 회식 자리를 빌어서든 파트너측의 사장단 개개인과 비공식적인 만남을 가지는 것이 좋다.

또 하나 중요한 것은 이러한 개별적 접촉 혹은 회식 자리를 마련할 때에는 반드시 작은 선물이라도 준비하는 것이 좋다. 제5장 '선물 주고받기' 편(본문 219쪽)에서 이미 언급한 것처럼 베트남인은 선물을 받는 일에 특별한 의미를 부여한다. 다른 사람에게서 선물을 받았다는 사실은 자신이 높은 평가와 존경을 받고 있다는 의미와 상통한다. 이 때문에 비록 크지 않은 선물이라고 해도, 그것이 정말 실용적인 것이라면 좋은 선물이 될 것이다. 그러나 많은 경우에 외국 기업인들은 이 사실을 알지 못하고,

매우 값비싼 그러나 베트남인들에게 그리 실용적이지 않은 물건들을 선물하는 경우가 많다.

4. 삼각관계(베트남측, 투자자, 유관기관)

다른 여러 나라들과 달리 베트남에서의 비즈니스는 정부 기관들의 엄격한 감시하에 놓여 있다. 여러분들은 자신의 경제적인 능력과 머리 그리고 기술만으로도 마음에 드는 파트너와 협력관계를 쉽게 맺을 수 있을 것이다. 그러나 이것은 단지 베트남 내에서의 비즈니스 활동에 있어 일부분에 지나지 않는다. 여러분들이 고객에 못지 않게 많은 관심을 가져야만 하는 또 하나의 대상이 유관기관에 근무하는 사람들이다. 만일 여러분들이 이 일을 게을리하게 되면, 복잡한 여러 가지 문제들에 직면하게 될 수도 있다.

여기서 유관기관이라고 하는 것은 지방자치단체, 외국기업을 직접적으로 관리하는 기관들, 세관, 세무서, 재정, 회계, 교통기관, 노동조합 그리고 매스컴 등을 의미한다. 그들은 국가 이익을 위해서 외국의 기업에 관심을 가질 본분과 책임을 가지고 있다. 일부 외국 기업들은 흔히 교통 경찰들을 무시해서, 그들의 차량들에 자주 범칙금이 부과되는 경우가 많다. 한 번은 품질이 떨어져 사고의 가능성이 높은 상품을 베트남 시장에 내놓았다가 매스컴의 질타를 받은 대만 기업도 있었다.

베트남은 집단지도체제와 집단관리체제를 유지하고 있다. 만일 여러분들이 이것을 정확히 이해하지 못했을 경우에, 베트남의 정치체제가 매우 복잡하고 수많은 겹으로 이루어진 관료조직으로 느껴질 수도 있을 것이다. 베트남인들은 의례적인 것을 좋아하는 동시에 정감을 중시하기 때문에 이 점이 더욱 명확히 나타난다. 앞에서 이미 인용한 것처럼 베트남 격언에는 '첫째가 안면, 다음이 권력'이라는 말이 있다. 만일 외국 기업들이 이러한 안면과 정감에 기초한 관계를 맺을 수 있다면, 이들 관료조직과 쉽게 화합할 수 있을 것이다. 여러분들은 사업 시작의 처음부터 이러한 유관기관들과 좋은 관계를 맺어 두는 것이 좋다.

　베트남인들은 정감과 명예를 중시하고 조심스러운 동시에 어느 정도의 물질적인 욕구도 가지고 있다. 그러나 그렇다고는 해도 여러분들이 만일 그들에게 값비싼 선물을 선사하려 한다면, 부정에 얽혀들 것을 두려워하여 선물을 받으려 하지 않을 것이다. 그러나 만일 베트남인에게 적당하고 실용적인 선물을 한다면, 여러분들은 그들로부터 보다 손쉽게 협력을 얻어낼 수 있을 것이다. 요약하면 그들과의 관계에서 감정적인 관계가 80~90% 정도를 차지하고, 10~20% 또는 5~10% 정도로 물질적인 측면이 작용하고 있다고 말할 수 있다. 어떤 선물을 하기 전에 여러분들은 반드시 선물을 받을 사람과 가까운 사람을 찾아서 조언을 구해보는 것이 좋다.

　베트남은 현재 행정개혁을 진행중이다. 행정기관의 감사는 날로 줄어들 것이다. 지금까지도 정부는 모든 행정기관의 기업에 대한 감사를 1년에 한 번으로 제한하고 있다. 그렇지만 베트남에 있는 외국 투자자의 일은 해당지역 행정기관과 잘 협조해야 할 뿐만 아니라 베트남 파트너-외국 파트너-행정기관의 삼각관계를 잘 유지해야 한다. 이것이 이미 시장경제로 전환하고 일찍 공업화 사회를 이룬 다른 나라와 비교할 때 특수한 점이 될 것이다.

5. 기공식

합작 합의에 도달한 이후, 베트남 경영 풍토에 있어 중요한 사항의 하나는 기공식이다. 따라서 이 행사를 잘 치러야 하나 적지 않은 기업들은 이를 무익한 일로 간주하고, 관심을 기울이지 않는다. 이 행사를 추진하기 전 제3장 '페스티벌' 편(본문 138쪽)과 제4장의 '다양한 의례와 페스티벌' 편(본문 200쪽)을 참고하면 좋을 것이다. 여기서는 이 행사를 진행함에 있어 유념해야 할 몇 가지 세부사항을 보충하려고 한다.

제4장에서 언급한 것과 같이, 베트남인들의 기본적인 성향 중의 하나는 미신을 따르는 것이다. 기공식이라는 그 자체가 이미 미신적인 요소를 갖는 의례이므로, 베트남인들의 미신적인 심리를 만족시킬 수 있도록 세

기공식. 기공식은 베트남 경영 풍토에서 중요한 사항의 하나이다.

밀하게 준비할 필요가 있다. 먼저 베트남측 파트너가 기업 부지의 풍수에 대해 어떻게 평가하는가를 살펴야 한다. 그리고 풍수적인 요건과 경제적인 요건이 합치될 수 있도록 함께 의논할 필요가 있다. 둘째는 기공식을 진행할 시간에 관한 것이다. 베트남인들은 이 의례가 앞으로 회사의 흥망을 좌우한다고 여기므로, 의례진행 시간을 매우 신중하게 결정해야 한다. 따라서 이런 미신적인 성격을 지닌 일들은 베트남측 파트너에게 맡기고 여러분들은 좀더 실질적인 일들을 준비하는 것이 나을 것이다.

　베트남인들의 심리에 있어 기공식은 중요한 행사이므로 이후 최대의 경영 효과를 달성할 수 있도록 이에 관심을 기울일 필요가 있다. 먼저 행사 참석자 명단을 확정한다. 이때에 기관장들과 위에 언급한 삼각관계에 속하는 기관의 대표자들이 빠져서는 안 된다. 둘째, 기공식을 마치고 적어도 기자회견과 가벼운 만찬을 베푸는 것이 좋다. 가능하다면 비디오 촬영을 해서 경제나 텔레비전 시사 프로그램에 내보내도록 한다. 조그만 선물을 준비하여 운전사, 종업원들을 포함하여 기공식에 참석한 모든 사람들에게 나누어 주는 것도 잊지 말아야 한다. 또한 선물에 기업 소개와 향후 프로젝트에 관한 설명서를 첨부하는 것도 잊어서는 안 된다. 이 행사를, 정부기관과 방송 관계자들과 친분을 쌓고 장래 고객들에게 친근감을 유발할 수 있는 기회로 적극 활용할 필요가 있다.

6. 직원과 노동자의 채용

　직원이 없으면 회사가 돌아갈 수 없다. 그리고 노동자가 없으면 공장이 존재할 수 없다. 기업인들이 가장 간단한 이 원칙을 자주 잊어버리는 것이 아쉽다. 그들은 합작 파트너, 고객과 정부기관 관계자들은 중요시하면서 자신들의 직원과 노동자들에 대해서는 적절한 관심을 보이지 않는다.

    1990년부터 1995년까지 베트남 노동자들과 베트남 주재 외국인 관리자들 사이에 발생한 분규가 100여 건에 이른다. 이 분규 중 거의 50%가 한국기업에서 발생했다. 여직원이 늦게 출근했다는 이유로 한국인 지사장이 여직원의 얼굴에 책을 집어던졌다. 같은 이유로 한국인 현장 관리자는 여공으로 하여금 운동장을 돌게 함으로써 다른 노동자들의 비웃음을 사도록 만들었다. 어떤 사업체에서는 노동자들이 매일 12시간씩 몇 달을 일했는데도 월급 지급이 연기되었다. 월급을 제때 못 받게 되니 배가 고프기도 하고 피곤하기도 하여 작업시간에 쓰러졌다는 이유로 해고되었다. 또 어떤 남자 노동자는 점심시간 후 공장 생산라인 안에서 잤다 하여 한국인 조장에게 맞은 경우도 있다. 여공이 사적인 문제로 회사 밖으로 나갔다 하여 대만 노동관리자는 햇빛이 내리쬐는 옥상에 앉아 있도록 하기도 했다. 이외에도 수백 가지의 기이한 일들이 발생했다.

    이는 베트남 주재 한국과 대만 기업체에 종사하는 노동자들이 집단적 시위와 파업을 일으키는 결과를 초래했다. 예를 들면 쏭베성에 위치한 Fine 신발업체와 붕따우에 있는 Nado-Vina 회사의 경우 이와 같은 사건이 두 번 발생했으며, 쏭베에 있는 신발제조업체 Delta, 리영 가방공장, 호치민시에 위치한 삼양에서는 세 번 발생했다. 이와 같은 충돌 상황은 현대그룹 노동자들이 1997, 8년 울산의 자동차공장을 점령하고 한국 정부가 수백 명의 경찰을 동원하여 이를 진압해야 했던 정도로 심각하지는 않다.

한국 투자기업에 근무하는 베트남 노동자. 베트남 하노이 전자회사와 대우전자의 합작공장인 대우하넬 공장에서 텔레비전을 생산하고 있다. 이 기업은 베트남에서 성공적인 투자회사로 자리잡고 있다.

그러나 지난 반세기 동안 수백 명의 노동자들이(1996.7.29. Juan Viet사에서 발생한 사건의 경우는 심지어 2,000명에 달한다) 회사 간부들에 반기를 들고 일어난 적은 없었다. 따라서 이 사건들의 역효과는 괄목할 만한 것이다. 결국 한국 기업들과 베트남 노동자들의 위신이 모두 떨어지게 되었고 이것이 바로 한국 기업들이 베트남에서 가장 성공한 기업으로 성장하지 못한 이유인 것이다.

왜 이와 같은 안타까운 일들이 발생할까? 먼저 실수를 한 것은 베트남 측 노동자들이다. 그들은 농사꾼으로 지내다 외국 기업에 들어가고, 소규모 장사에 익숙해져 있고, 공업화된 생활양식에 대해 알지도 못하며, 책임감도 부족하고, 비조직적이고, 일부는 미미한 견식을 가지고 일자리를 주선하는 소개소들에 의해 초고속으로 양성되어진 인력이다. 사무실이나 공장에서 직접 고용한 다른 일부는 공업생산에 대해 거의 무지한 상태이다. 또 다른 일부는 일자리를 가져야만 하는 어쩔 수 없는 상황에서 시작한 일이므로 어떠한 손실도 받아들이고 묵묵히 참고 일을 한다. 오랜시간 쌓아 두었던 것들을 기회가 닿으면 한꺼번에 터트리는 것이다.

베트남 노동연맹과 언론의 평가에 따르면, 이러한 충돌에 이르는 가장 주요한 원인은 기업들이 아직까지 베트남 노동법을 존중하지 않기 때문이라고 본다. 기업들은 최대로 저렴한 노동시장을 개척하고 최상의 수익을 추구함으로써 베트남 노동자들에게 물질적인 손실을 안겨주고 있다. 또 다른 원인으로는 기업가들이 베트남의 문화와 전통문화에 있어 금기시되는 것들과 역행한다는 것을 들 수 있다. 베트남인들은 본래 명예를 중시하고, 여성들을 존중하며, 정감 있고 섬세한 것을 좋아하는데, 치욕을 당하고 여성들이 무시되고 명예를 훼손당하는 것이다. 이와 같은 정신적 물질적 압력이 그들로 하여금 투쟁하도록 하는 것이다. 여기서 주의할 것은 충돌 사건의 80%가 한국과 대만 기업에서 발생했으며 유럽의 기업들은 조용한 상황 속에서 효과적인 경영을 한다는 점이다.

최근 몇 년 동안은 베트남 노동연맹의 적극적인 중재 노력과 외국 기업인들의 능동적인 협력으로 인해 충돌 사건이 대폭 감소하였다. 하지만 충분한 노력 없이 발등에 떨어진 불만 끄고 보자는 발상보다는 서로의 문화를 알고 서로의 풍속, 성향, 습관을 이해하는 것이 장기적으로 볼 때 효과적이다. 또 다른 방법은 교육이다. 어느 누구도 태어나면서부터 모든 일들에 능숙할 수는 없기 때문이다. 베트남 주재 외국기업인들이 공업생산 분야에 있어 베트남 노동자보다 특출할 수는 있지만 수경벼 재배에 있어서는 베트남인들에게 뒤질 것이 분명하다. 따라서 베트남 노동자가 공업화된 생활양식에 적응할 수 있도록 시간을 주고, 그들을 교육하고 지속적으로 견식을 넓혀주기 위해서는 베트남측과 외국측의 상호협력이 전제되어야 된다는 것을 인지해야 한다.

7. 동기 부여와 격려

어떠한 기업체가 값싼 임금, 저렴한 생활비, 비교적 안정적인 정치, 외국인에 대한 매우 특별한 존중과 같은 이점들을 이용하여 베트남에서 장기적으로 사업을 하고자 한다면 사업 관련자들에 대한 동기 부여와 격려 정책이 있어야 한다. 이러한 방법들은 단지 한 번으로 그치는 것이 아니라 베트남에서 사업을 하는 전 기간을 통해 지속적으로 이루어져야 한다. 기업체들은 이를 위한 예산을 마련할 필요가 있다. 이 예산은 광고를 위해 편성된 예산에서 뽑아낼 수 있는데, 이는 베트남에서 광고는 매우 새로운 분야이고 베트남인들은 일반적인 구매경향과 경험에 의해 상품을 구입하기 때문이다. 그러므로 베트남에서 광고에 투자하여 큰 효과를 기내하는 것은 합리적인 경영전략이 아니다. 그러나 선진국 시장의 사업방식에 익숙한 기업체들은 지속적으로 큰 규모의 예산을 광고 분야에 할애하고 있다.

우선은 회사에서 지속적으로 동기 부여를 하고 격려할 필요성이 있는 대상자 명단을 파악해야 한다. 언론의 조사에 따르면 가장 좋은 명단은 위에서 언급한 삼각관계에 근거해 작성하는 것이다. 그러나 이 일에 있어, 베트남 파트너측의 대상범위를 확대할 필요가 있으며 이는 베트남 파트너측 간부, 베트남 사무직과 근로자로 나누어볼 수 있다.

정부 기관측은 앞의 '파트너' 편에서 언급한 기관들이 이에 해당한다. 동기 부여와 격려 정책은 정신적인 부분과 물질적인 부분으로 나누어 생각할 필요가 있다. 정신적인 부분은, 합작사 내의 최고경영진들을 포함한 모든 외국인 직원들이 지속적으로 안부를 묻고 관심을 기울여야 한다.

자동차 조립공장. 한국 업체가 투자한 최초의 자동차 조립공장인 메콩자동차 공장 내부 모습이다. 그 이후로 많은 자동차 회사가 베트남에 진출하였다.

그리고 그룹 회장이 사업차 베트남을 방문한 경우라면 모든 베트남 파트너들과 정부기관 인사들과 만남을 가지는 것이 좋다. '인사 한 마디가 잔칫상보다 낫다' 는 속담이 있음을 유념하기 바란다. 그 밖에 회합을 하거나 설날, 베트남 국경일(9.2), 국제 여성의 날(3.8), 국제 노동자의 날(5.1)과 같은 큰 행사가 있을 때 모임을 갖는 것이 좋다. 또한 서로의 문화를 이해하고 함께 즐길 수 있는 모임을 가지는 것도 좋은 방법이다.

제5장에서도 밝힌 바와 같이 수도작 문명은 공동체적인 성향이 강하다. 베트남인들은 상품무역 문화권에서와 같은 경쟁심리는 없으나 서로 겨루어보고자 하는 심리가 있다. 실제로 서로 겨루어보는 것은 하나의 건전한 경쟁방식이다. 그러므로 서로 겨루어볼 수 있는 기회를 제공함으로써 이러한 건전한 심리를 유발할 필요가 있다. 매번 이러한 겨루기가 끝난 후에는 이에 상응하는 정신적 물질적 포상을 하는 것이 좋다. 제4장에서 살펴본 바와 같이 베트남인들은 놀이문화를 매우 즐긴다. 이와 같은 것들을 그들을 위한 놀이문화로 조성해도 좋을 것이다.

앞에서 언급한 것과 같이, 베트남인들은 공동체적인 성향을 가진다. 그래서 그들은 공동책임, 공동권리적인 심리를 지니고 있다. 만약 어떤 사람 혹은 어떠한 연관 단체로부터 배제될 경우 그들은 무시당했다는 느낌을 받을 것이고, 그 사람의 일을 방해할 방법을 모색할 것이다. 그러므로 호맹 풍속과 선물 주고받기를 좋아하는 성향을 기억할 필요성이 있다. 있을 수 있는 여러 기회들을 이용하기 바란다. 예를 들어, 위에 언급한 네 번의 기념일에 그들을 접대하고 선물을 하는 것이다. 큰 비용을 지출하지 않는 것이 좋으나 정신적 격려 요소와 물질적인 격려 요소가 결합되어야 함을 인지하기 바란다.

8. 알아 두면 좋은 정보

해서는 안 되는 일

금기시하는 것이 없는 사회는 문명사회라 할 수 없다. 제3장에서는 베트남 사회에서 일반적으로 금기시하는 것들에 대해서 언급했다. 그렇다면 기업 내에서 금기시하는 것들 혹은 하지 않는 편이 나은 것들은 무엇일까?

첫째로는 교만한 태도를 취하지 않는 것이 좋다. 프랑스 대통령 미테랑을 보라. 1995년 처음으로 베트남을 방문했을 때, 그는 하노이 고시가지를 걷고 싶다고 했다. 처음에는 베트남 경호원들마저 부담스럽게 여겼지만, 이는 아주 성공적으로 진행됐다. 항응앙, 항다오거리에 거주하는 시민들은 기쁜 표정으로 손을 흔들어 미테랑 대통령을 열렬히 환영했다.

그들은 그가 베트남에 아픔과 상처를 남긴 한 나라의 대통령임을 잠시동안 잊어버렸다. 베트남인들은 그만큼 정감 넘치는 공동체적 분위기를 좋아하기 때문이다. 그렇다면 여러분들의 기업은 베트남 노동자들과 함께 화합하고 그들의 단결성을 발휘할 수 있는 분위기를 조성해주었는가? 아니면 여전히 17세기적인 교만하고, 거만하고, 돈 있는 고용자가 노동자를 고용했으니 그들은 봉사해야만 한다는 뿌리박힌 고정관념을 가지고 있는가?

둘째는 베트남인들의 명예를 훼손해서는 안 된다. 생각해보라, 단지 외국인들로부터 치욕을 당하지 않기 위해, 베트남인들은 몇 번이나 그들의 침략을 물리치지 않았는가. 최근에도 베트남인들은 미국의 군사적인 간섭을 물리치고, 독립과 명예를 되찾기 위해 궁핍하고 낙후된 삶을 견디고 수백만 명의 인명을 희생해야만 했다. 만약 여러분들이 직원이나 노동자들의 명예를 손상시킨다면 언젠가는 그들이 맞설 것이고, 공개적이 아니라면 비밀스럽게라도 그렇게 할 것이다.

셋째는 결코 그들은 낙후되었다거나 자신보다 덜 문명화되었다고 여기지 말라는 것이다. 반대로, 불행하게도 많은 전쟁을 겪어 경제발전이 지체되었고, 그래서 제대로 된 공부를 할 여건이 되지 않았다고 생각할 필요가 있다. 여러분들이 돈과 기술을 들고 베트남에 사업을 하러 온 것이 베트남에 은혜를 베풀기 위한 것이라거나, 노동자들에게 은혜를 베풀기 위한 것이므로 그들이 여러분들에게 봉사해야 한다고 생각해서는 안 된다. 엄밀히 말하자면 이는 양측 모두에게 이익이 되는 합작인 것이다. 만약 여러분늘이 이와 같이 금기시되는 것들을 어긴다면 식민주의적인 생각을 가지고 있는 사람으로 여겨질 것이며, 결코 그들과 진정한 의미의 합작을 할 수 없을 것이라고 확신한다.

하면 좋은 일

여러분들은 베트남 법률과 전통문화에 어긋나지 않는 그 어떠한 것도 할 수 있다. 그러나 갑자기 불가피한 상황이 발생하는 경우가 많다. 여기서는 베트남측과 여러분 기업들의 공동이익을 위한 합작에 도움이 될 만한 가장 일반적인 것들만을 다루어보고자 한다.

제5장에서 살펴본 바와 같이, 베트남인들은 개인의 집을 방문하기를 좋아한다. 필자 역시 베트남에 있는 외국인 친구들이 집을 방문한 경우가 있었다. 필자는 매우 즐거웠고 그들이 어떠한 것을 요구하거나 도움을 청할 때 할 수 있는 최상의 배려를 했다. 그러나 여러 가지 개인적인 사유로 외국인들이 자신의 집을 방문하는 것을 좋아하지 않는 베트남인들도 있다. 그러므로 구체적인 대상, 즉 누구의 집을 방문할 것인가, 언제 가는 것이 가장 좋은가 하는 것을 살펴볼 필요가 있다.

또한 제5장에서 베트남인들의 정신생활에 있어서 설날이 얼마만큼 중요성을 가지는가를 살펴보았다. 또한 베트남인들이 정감을 중시한다는 것도 알았다. 물질이 동반된 정감의 표현은 최상의 평가를 받는다. 왜 여러분들은 설날을 맞이하여 여러분들의 파트너에게 정감을 표시할 수 있는 기회를 활용하지 않는가? 설날 이틀 전 그들의 집을 방문하라. 이때 어린이들에게 나누어줄 소액의 돈을 빨간 봉투에 넣어 준비하고 주인에게는 약간 큰 액수의 돈을 마련하는 게 좋다(아마도 100달러를 넘을 필요는 없을 것 같다). 이는 통상적인 것이다. 안주인에게 선물을 할 경우라면 다음과 같은 방법을 권하고 싶다. 회사 직원을 시켜 베트남의 부자들이 주로 이용하는 설날 용품들을 구입하도록 한다. 다섯 가지 종류 정도로 많이 필요는 없고 모든 종류를 조금씩 준비한다. 이때 각 지방의 풍속에 따라 그 지역에 부합되는 것을 선정하도록 한다. 이것들은 각각 빨간 종이로 포장하여 여러분들이 생각해 두었던 대상에게 선물한다면 여러분들은 영원히 기억되는 사람이 될 것이다.

여러분의 관심과 정감을 표현할 수 있는 또 다른 두 번의 기회가 있다. 이는 결혼식과 장례식이다. 먼저 장례식에 대해 살펴보겠다. 통상 사회적으로 중요한 인물이 사망한 경우를 제외하고는 베트남에 상주하는 외국인들이 장례식에 참석하는 경우는 드물다. 그러나 매우 절친한 관계이거나 필요한 경우라면 참석하는 것이 좋다. 여러분들이 한 다발의 꽃을 들고 조문을 한다면 그들의 특별한 친구가 될 수 있을 것이다. 결혼식의 경우는 조그마한 선물을 들고 결혼식장을 찾는 방법이 있다. 다수의 외국인들은 일부 베트남인들의 방식대로 신랑 신부에게 돈을 건네는 경우가 있다. 그러나 베트남인들이 돈을 필요로 하는 것은 사실이나 머릿속 깊숙이 뿌리박힌 사고는 여전히 명예와 정감을 중시한다. 그러므로 돈을 건네는 대신 값비싼 것은 아니지만 오래도록 유용하게 사용할 수 있는 물품을 선물해보라. 매번 사용할 때마다 그들은 여러분들을 기억하고 문화수준이 높은 사람이라고 여길 것이다.

역자 후기

2000년 1월 말에 내가 하노이에서 연구하고 있을 때 서울에 있는 필자로부터 한 통의 메일을 받았다. 필자는 원고 일부를 첨부해서 보내면서 번역해 달라고 요청하였다. 그때까지 우리는 서로 면식이 전혀 없는 상태였다. 나와 필자의 만남은 그렇게 시작되었고, 우리 사이의 주 통신수단은 메일이었다.

필자는 원고의 한 장이 끝날 때마다 메일로 보내왔고, 나는 번역본을 메일로 보내주었다. 내가 귀국한 뒤로도 서울과 부산이라는 공간은 베트남과 한국이라는 공간과 별로 다를 바 없었다. 우리가 대면을 한 것은 필자가 베트남으로 귀국하기 직전에, 이 원고를 출판하기로 한 대원사를 방문하는 자리에서였다.

이 책은 필자가 고려대학교에 연구과정으로 1년 동안 머물면서 베트남의 풍속과 베트남인의 성격, 관습에 관해서 올바로 소개하려는 의도에서 집필한 것이다. 1년이라는 짧은 기간 동안이지만 필자는 베트남 문화와 한국 문화가 많은 유사성이 있음에도 불구하고 각론에서는 많이 다르다는 것을 느끼고 베트남 문화를 한국의 독자들에게 바로 소개함으로써 한·베트남의 이해 증진에 기여하고자 한 것이다.

필자는 이 책을 쓰면서 객관성을 유지하기 위한 많은 노력을 하였다. 물론 어떤 부분은 나의 의견과 다른 부분도 없지 않았다. 그러나 필자는 우리가 베트남을 잘 이해할 수 있는 귀중한 정보를 제공하고 있다. 그러한 정보는 우리가 그 어느 서적에서도 구하기 힘든 것이다. 한국과 베트남이 수교를 한 지도 이제 10주년이 된다. 그간 많은 인적 교류가 있었음에도 베트남과 베트남인들을 쉽게 이해할 수 있는 서적이 부족했던 것도 사실이다. 필자가 서문에서 언급한 것처럼 이 책은 베트남에 대한 부족한 정보를 채워주는 데 도움을 줄 것으로 확신한다. 또한 이 책은 베트남어로 쓰여졌지만 한국에서 최초로 출판되는 책이다. 베트남에서 출판된 것이 아니라 한국의 독자를 위해서 쓰여진 것이다.

끝으로 원고를 쓰고, 사진을 수집하는 과정을 옆에서 지켜본 나로서는 필자의 수고에 대해서 감사하지 않을 수 없다. 무엇보다도 이 책이 나올 수 있었던 것은 대원사 사장님과 편집부의 노고 덕분이다. 모든 분들께 감사드리고, 번역의 오류를 줄이기 위한 많은 노력이 있었음에도 미진한 부분에 대해서는 독자 여러분들의 양해와 지적을 바란다.

2001년 12월

배양수

참고문헌

1. 베트남어 문헌

Ban chỉ đạo tổng kết chiến tranh trực thuộc Bộ chính trị. 2000. **Chiến tranh Cách mạng Việt Nam 1945-1975**(1945-1975 베트남 혁명전쟁). Thắng lợi và Bài học. Hà Nội: NXB Chính trị quốc gia.

Bùi Huy Đáp. 1985. **Văn minh Lúa nước và nghề trồng lúa Việt Nam**(수도작 문화와 베트남 벼농사). Hà Nội: NXB Nông nghiệp.

Bùi Thiết. 2000. **Việt Nam thời cổ xa**(고대 베트남). Hà Nội: NXB Thanh niên.

Bùi Văn Vượng. 1998. **Làng nghề thủ công truyền thống Việt Nam**(베트남 전통 수공예 마을). Hà Nội: NXB Văn hoá dân tộc.

Cửu Long Giang, Toan ánh. 1967. **Người Việt đất Việt**(베트남인 베트남땅). Sài Gòn: NXB Nam chi-Tùng thư.

Dào Duy Anh. 1938. **Việt Nam văn hoá sử cương**(베트남 문화사강). Sài Gòn: NXB Bốn Phương.

Doãn Quốc Sỹ. 1965. **Người Việt đáng yêu**(사랑스런 베트남인). Sài Gòn: NXB Sáng tạo.

Đinh Gia Khánh. 1993. **Văn hoá dân gian Việt Nam trong bối cảnh văn hoá Đông Nam Á**(동남아 문화배경 속의 베트남

민간문화). Hà Nội: NXB Khoa học xã hội.

Đỗ Huy, Trường Lưu. 1993. **Sự chuyển đổi các giá trị trong văn hoá Việt Nam**(베트남 문화 속에서의 가치변화). Hà Nội: NXB Khoa học xã hội.

Hồ Đức Thọ. 1999. **Lệ làng Việt Nam**(베트남 마을 풍속). Hà Nội: NXB Hà Nội.

Hồ Sỹ Vịnh(c/b). 1993. **Tìm về bản sắc dân tộc của văn hoá**(문화 속에서의 민족의 본질 고찰). Hà Nội: Tạp chí Văn hoá nghệ thuật xuất bản.

Hoàng Đạo Thúy (chủ biên - c/b). 1989. **Đất nước ta**(우리나라). Hà Nội: NXB Khoa học xã hội.

Lê Trung Vũ, Nguyễn Hồng Dương. 1997. **Lịch lễ hội**(페스티벌력). Hà Nội: NXB Văn hoá-Thông tin.

Lê Xuân Quang. 1996. **Thờ thần ở Việt Nam**(베트남 신에 대한 제사), tập I & II. Hải Phòng: NXB Hải Phòng.

Mã Giang Lân. 2000. **Quá trình hiện đại hoá Văn học Việt Nam 1900-1945**(1900-1945 베트남 문학 현대화 과정). Hà Nội: NXB Văn hoá thông tin.

Ngô Đức Thịnh(c/b). 1993. **Văn hoá vùng và phân vùng văn hoá ở Việt Nam**(문화지역 및 베트남에서의 문화지역 구분). Hà Nội: NXB Khoa học xã hội.

Nguyễn Chí Bền(c/b). 2000. **Kho tàng lễ hội cổ truyền Việt Nam**(베트남 고전 페스티벌집). Hà Nội: NXB Văn hoá dân tộc.

Nguyễn Hồng Phong. 1963. **Tìm hiểu tính cách dân tộc**(민족 성격 고찰). Hà Nội: NXB Khoa học.

Nguyễn Khắc Viện. 1993. **Bàn về đạo Nho**(유교에 관한 토론). Hà Nội: NXB Thế Giới.

Nguyễn Tài Thư(c/b). 1993. **Lịch sử tư tưởng Việt Nam**(베트남 사상사), tập I. Hà Nội: NXB Khoa học xã hội.

Nguyễn Văn Huyên. 1995. **Góp phần nghiên cứu văn hoá Việt Nam**(베트남 문화연구에 대한 기여), tập I. Hà Nội: NXB Khoa học xã hội.

Nguyễn Văn Huyên. 1996. **Góp phần nghiên cứu văn hoá Việt Nam**(베트남 문화연구에 대한 기여), tập II. Hà Nội: NXB Khoa học xã hội.

Nhiều tác giả. 1999. **Phong tục tập quán các dân tộc Việt Nam**(베트남 각 종족의 풍속과 관습). Hà Nội: NXB Văn hoá dân tộc.

Phạm Kế. 1995. **Dân tộc và tâm hồn Việt Nam**(베트남 민족과 심혼). Hà Nội: NXB Lao động.

Phạm Văn Đồng. 1994. **Văn hoá và Đổi mới**(문화와 도이머이). Hà Nội: Bộ Văn hoá-Thông tin.

Phan Kế Bính. 1992. **Việt Nam phong tục**(베트남 풍속). TP. Hồ Chí Minh: NXB TP. Hồ Chí Minh.

Phan Ngọc. 1998. **Bản sắc văn hoá Việt Nam**(베트남 문화의 본질). Hà Nội: NXB Văn hoá-Thông tin.

Phuong Thach; Ho Le; Huynh Lua; and Nguyen Quang Vinh. 1992. **Văn hoá dân gian người Việt ở Nam Bộ**(남부 베트남인의

민간문화). Hà Nội: NXB Khoa học xã hội.

Thu Linh, Đặng Văn Lung. 1984. **Lễ hội truyền thống và hiện đại**(전통 및 현대의 페스티벌). Hà Nội: NXB Văn hoá.

Toan Ánh. 1966. **Phong tục Việt Nam**(베트남 풍속). Sài Gòn: NXB Khai Trí.

Toan Ánh. 1968. **Nếp cũ xóm làng Việt Nam**(옛 베트남 마을 풍속). Sài Gòn: NXB Phơng Quỳnh.

Toan Ánh. 1970. **Nếp cũ con người Việt Nam**(베트남인의 옛날 생활). Sài Gòn: Nhà sách Khai Trí.

Toan Ánh. 2000. **Thờ cúng trong gia đình Việt Nam**(베트남 가정의 제사). Hà Nội: NXB Văn hoá thông tin.

Trần Ngọc Thêm. 1997. **Tìm về bản sắc văn hoá Việt Nam**(베트남 문화의 본질 고찰). TP. Hồ Chí Minh: NXB TP. Hồ Chí Minh.

Trần Quốc Vượng. 1993. "**Văn hóa tết và tết văn hóa**(명절 문화와 문화 명절)". Tìm về bản sắc dân tộc của văn hóa. Hà Nội: Tạp chí Văn hóa dân gian.

Trương Thìn, Hoàng Quốc Hải, Huy Thắng(c/b). 1990. **Hội hè Việt Nam**(베트남 페스티벌). Hà Nội: NXB Văn hoá dân tộc.

Văn Tạo(c/b). 1989. **Đô thị cổ Việt Nam**(베트남의 옛 도시). Hà Nội: Viện Sử học xuất bản.

Viện Khảo cổ học. 1970. **Hùng Vương dựng nước**(훙왕의 건국), tập I. Hà Nội: NXB Khoa học xã hội.

Viện Khảo cổ học. 1972. **Hùng Vương dựng nước**(훙왕의 건국), tập

II. Hà Nội: NXB Khoa học xã hội.

Viện Khảo cổ học. 1973. **Hùng Vương dựng nước**(홍왕의 건국), tập III. Hà Nội: NXB Khoa học xã hội.

Vũ Ngọc Khánh. 1994. **Tín ngưỡng làng xã**(마을 신앙). Hà Nội: NXB văn hoá dân tộc.

Vũ Ngọc Phan. 1977. **Tục ngữ ca dao, dân ca Việt Nam**(베트남 속담, 까자오, 민요). Hà Nội: NXB Khoa học xã hội.

2. 베트남어 신문 잡지류

Tuổi Trẻ(뚜오이째), Thời báo kinh tế VN(베트남경제시보),

Thời báo kinh tế Sài Gòn(사이공경제시보), Lao Động(노동),

Diễn đàn doanh nghiệp(기업연단), Đầu Tư(투자),

Tuần báo Quốc tế(주간국제), Phụ nữ(부녀), Tiền phong(선봉)

3. 영어 문헌

Alhady, Alwi Bin Sheikh. 1962. **Malay Customs and Traditions**. Singapore: Eastern Universities Press Ltd.

Cha Jae-ho; Chung Bom-mo; and Lee Sung-jin. 1977. **"Boy Preference Reflected in Korean Folklore"**. In Mattelli, S (ed.). 1979. Virtues in Conflict: Tradition and Korean Woman Today. Seoul: Royal Asiatic Society.

Claire Ellis. 1996. **Culture Shock! Vietnam**. Oregon: Graphic Arts

Center Publishing Company.

Cormak, J. G. 1943. **Everyday Customs in China**. London: The Moray Press.

Ivanova, R.; Astrinidis, A.; Vu Trieu, A. N.; et al. 1999. **"Mitochodrail DNA Polymorphism in the Vietnamese Population"**. Eropean Journal of Immunogenetícs, Vol. 26, No. 6.

Keyes, Charles. 1995. **The Golden Peninsula. Culture and Adaptation in Mainland Southeast Asia**. Honolulu: University of Hawai'i Press.

Le Ba Thao. 1997. **Vietnam: The Country and Its Geographical Regions**. Hanoi: Thegioi Publishers.

Taylor, Keth. 1983. **The Birth of Vietnam**. University of California Press.

Tonkin, Derek; and Kongsiri, Visnu. 1998. **The Simple Guide to Thailand Customs and Etiquette**, 3rd edition. England: Global Books Ltd.

Unger, A. H.; and Unger, W. No date. **Pagodas, Gods and Spirits of Vietnam**. New York: Thames and Hudson.

베트남어 찾아보기

ㄱ

게(ghe) • 129

까오다이(Cao Đài)교 • 36

까우(cau) • 99, 160, 195

까이르엉(cải lương) • 39, 41

까자오(ca dao) • 57, 76, 191, 206

깟뜨엉(Cát Tường) • 69

꺼우머(cậu mợ) • 105

꺼우몽(cầu mộng) • 159

께오(Keo)사 • 143

껨떳니엔(cơm tất niên) • 134

꼬로아(Cổ Loa)성 • 21, 127

꼬허우(cổ hậu) • 109

꼰(con) • 105

꽌호(quan họ) • 141

꽝쭝(Quang Trung) • 24, 149

끄년(cử nhân) • 71, 72

끼라오(kỳ lão) • 125

끼묵(kỳ mục) • 125

끼엡박(Kiếp Bạc) • 146, 158

끼엡박(Kiếp Bạc)제 • 145

ㄴ

남비엣(Nam Việt) • 21

낭텀(Nàng thơm) • 55

낭흐엉(Nàng hương) • 55

냄(nem) • 136

냐터(nhà thờ) • 147

녀우(nhậu) • 62

노이담(nổi đám) • 139, 140

논(nón) • 66, 67

놉쩨오(nộp cheo) • 89, 116

느억보이(nước vối) • 62

느엉쭈이(nướng trui) • 60

니(nhị) • 81

ㄷ

다낭(Đà Nẵng) • 19, 35

다논(đá non) • 212

다랏(Đà Lạt) • 103

다오꾸엇(đảo quát) • 134, 135

다오주이아잉(Đào Duy Anh) •

262

134, 135

다이꼬비엣(Đại Cồ Việt) • 22

다잉꽈이(đánh quay) • 80

다잉다오(đánh đáo) • 80

다잉데(đánh đề) • 82

다잉벗(đánh bắt) • 80, 86

다잉캉(đánh khăng) • 80

다잉펫(đánh phết) • 80

단(Đàn) • 150

단다(Đàn đá) • 41

단다이(Đàn đáy) • 42, 81

단땀텁룩(đàn tam thập lục) • 81

단뜨릉(Đàn T'rưng) • 41

단버우(Đàn bầu) • 42, 81

단응웻(đàn nguyệt) • 81

단짜잉(đàn chanh) • 81

단크롱풋(Đàn Klông pút) • 41

당싸(Đặng Xá) • 118, 122

당응와이(Đàng Ngoài) • 24, 43

당쫑(Đàng Trong) • 24, 43

덴(Đền) • 150

도싸(Đồ Xá) • 118, 122

도이머이(Đổi mới) • 28, 43, 46, 47, 48, 104, 130, 153, 163, 199

돗붕(đọt vừng) • 60

돗응에(đọt nghệ) • 60

동꼿(đồng cốt) • 158

동나이(Đồng Nai) 문화 • 20

동다(Đống Đa) 페스티벌 • 145

동선(Đông Sơn) • 68

동선(Đông Sơn) 문화 • 20, 103

동호(Đông Hồ) 민화 • 39

디엔(Điện) • 150

디엔비엔푸(Điện Biên Phủ) • 26

딩(đình) • 39, 126, 138, 139, 140, 142, 147, 150, 151, 162, 163, 182, 200, 201, 213, 220

딩랑(đinh lăng) • 58

딩(Đinh)왕조 • 22

따오꽁(Táo Công) • 132

따우(Tàu) • 232

따이반(tài bàn) • 80

딱께(tắc kè) • 62

땀응웬(tam nguyên) • 72

땀텀(Tám thơm) • 55

땀푸(Tam Phủ) • 152

땐투이(tên Thủy) • 110

떠이(Tây) • 232

떠이꼰링(Tây Côn Lĩnh)봉 • 13
떠이닝(Tây Ninh)성 • 36
떠이도(Tây đô) • 127
떠이썬(Tây Sơn) • 24, 25
떠이썬(Tây Sơn)왕조 • 24
뗏(Tết) • 131, 136
뗏따(Tết ta) • 131
뗏응웬단(Tết Nguyên Đán) • 131
또똠(tổ tôm) • 80, 82
또안아잉(Toan ánh) • 74, 76, 121
또히우(Tố Hữu) • 206
뚜따이(tú tài) • 71, 72
뚜옹(tuồng) • 39, 41
뜨벗뜨(Tứ Bất Tử)) • 152
뜨푸(Tứ Phủ) • 152
띠바(tỳ bà) • 81
띠어마(tía má) • 105
띠에우(Tiêu) • 55
띠엔딩(Tiên Định) • 157
띠엔스(Tiên sư) • 150
띠엔시(tiến sỹ) • 72, 73
띠엔종(Tiên Rồng) • 152
띠엔쭈(Tiên chủ) • 150
띠엔찌(tiên chỉ) • 140

ㄹ

라이꽈(lại quả) • 91
람낑(Lam Kinhz) • 98
랑(làng) • 122
레(lễ) • 131, 138
레뀌돈(Lê Quý Đôn) • 65
레녑퐁(lễ nhập phòng) • 92
레떼남자오(lễ tế Nam Giao) • 151
레뗏(lễ tết) • 131
레라이맡(lễ lại mặt) • 92
레러이(Lê Lợi) • 22, 98
레부뀌(lễ vu quy) • 92
레쑤언꽝(Lê Xuân Quang) • 147
레(Lê)왕조(전) • 22
레(Lê)왕조(후) • 22, 23, 69, 154
레자띠엔(lễ gia tiên) • 92
레쭈어(lễ chùa) • 143
레찌에우통(Lê Chiêu Thống) • 24
레타잉똥(Lê Thánh Tông) • 22, 88, 205
레타잉혼(lễ thành hôn) • 92
레포(Lê Phổ) • 69
록쑤언(lộc xuân) • 136
롱수엔(Long Xuyên)성 • 18

르엉반깐(Lương Văn Can) • 73

르엉테빙(Lương Thế Vinh) • 71

리(Ri) • 55

리꽁우언(Lý Công Uẩn) • 22, 70, 98

리남데(Lý Nam Đế) • 148

리비(Lý Bí) • 21

리에우하잉(Liễu Hạnh) • 148, 149, 158

리(lý)왕조 • 22, 33, 70, 71

리직(lý dịch) • 125

리타이똥(Lý Thái Tông) • 140

리트엉끼엣(Lý Thường Kiệt) • 148

ㅁ

마이툭로안(Mai Thúc Loan) • 21

막당중(Mạc Đăng Dung) • 22

막(Mạc)왕조 • 22, 23

만느엉(Man Nương) • 33

머우트엉응안(mẫu Thượng Ngàn) • 158

메돈짜드어(mẹ đón cha đưa) • 114

메콩(Mekong)강 • 16, 199

메콩델타(Mekong Delta) • 16, 18, 24, 35, 41, 55, 56, 60, 129

모옴(mò om) • 60

몽(mộng) • 102

묘(Miếu) • 147, 149, 150, 151

므엉(Mường)족 • 111

미에우(miếu) ⇒ 묘

밍맹(Minh Mệnh)왕 • 69

ㅂ

바다(Bà Đá)사 • 33

바다잉(Bà Đanh)사 • 33

바동(bà đồng) • 158

바라몬(Bà La Môn)교 • 35, 147

바마(ba má) • 105

바오담(vào đám) • 139

바익당(Bạch Đằng)강 • 146

바잉수세(bánh su sê) • 90

바잉자이(bánh dày) • 90

바잉짱(bánh tráng) • 60

바잉쯩(bánh chưng) • 90, 132, 136, 138

바잉푸테(bánh phu thê) • 90

바저우(Bà Dâu)사 • 33
바찌에우(Bà Triệu) • 21
박닝(Bắc Ninh)성 • 32, 140, 141, 142
반(Ban) • 150
반띤(bản tin) • 192, 193, 194
반랑(Văn Lang)국 • 21, 68
반하잉(Vạn Hạnh) • 70
방마(vàng mã) • 138
버우(Vâu) • 55, 59
번쭈어(bần chua) • 60
보마(bọ mạ,) • 105
보메(bố mẹ) • 105
보범(bố bầm) • 105
보이(vối) 잎사귀 • 62
부하잉(Vũ Hạnh) • 194, 217
붕따우(Vũng Tàu) • 244
브라만(Bà La Môn)교 ⇒ 바라몬교
비엣-므엉(Việt-Mường) 어군 • 19
비엣-므엉(Việt-Mường)족 • 70
비엣쿠에(Việt Khuê) • 111
빈랑(quả cau) • 81, 141

빙롱(Vĩnh Long)성 • 46, 93
빙투언(Bình Thuận) • 15
빙푸(Vĩnh Phú)성 • 88, 211

ㅅ

사오(sáo) • 81
사이공(Sài Gòn) ⇒ 호치민(도시)
사후잉(Sa Huỳnh) 문화 • 20
선비(Sơn Vi) 문화 • 20
섭(sập) • 78
소이(sỏi) • 81
소이(xôi) • 54
속디아(xóc đĩa) • 80
수상인형극(Múa rối nước) • 39, 40, 80, 144
쌍깟(sang cát) • 155
쎔쩐조(xem chân giò) • 159
쏙테(xóc thẻ) • 159
쏨(Xom) • 122, 123, 124
쏭냐(xông nhà) • 137, 164
쏭베(Song Bé)성 • 244
씨클로(xích lô) • 129, 236
씬베(xin về) • 87, 88

씬테(xin thẻ) • 159

씽펀(sinh phần) • 110

ㅇ

아오자이(áo dài) • 65, 67, 68, 69, 92

아잉(anh) • 169

안뗏(ăn tết) • 131

어우락(Âu Lạc)국 • 21

옥-에오(óc-eo) 문화 • 21

옹꽁(Ông Công) • 132, 136

옹따오(Ông Táo) • 132, 136

음펀(âm phần) • 95

응아이싸앗쭈(ngày sát chủ) • 161

응아이즈엉꽁(ngày dương công) • 161, 164

응아이쫀남(ngày tròn năm) • 108

응아이쫀타앙(ngày tròn tháng) • 108

응아이토이노이(ngày thôi nôi) • 108

응오(Ngô) • 122, 124

응오꾸엔(Ngô Quyền) • 21, 22

응오(Ngô)왕조 • 22

응웬낌(Nguyễn Kim) • 22, 23, 24

응웬냑(Nguyễn Nhạc) • 24

응웬득후엔(Nguyễn Đức Huyên) • 154

응웬르(Nguyễn Lữ) • 24

응웬반후엔(Nguyễn Văn Huyên) • 152, 182, 205, 217

응웬빙키엠(Nguyễn Bỉnh Khiêm) • 69

응웬아이꾸옥(Nguyễn ái Quốc)
 ⇒ 호치민(인명)

응웬아잉(Nguyễn ánh) • 24, 25, 33

응웬(Nguyễn)왕조 • 25, 26, 98

응웬짜이(Nguyễn Trãi) • 22, 205

응웬타이혹(Nguyễn Thái Học) • 26

응웬트엉히엔(Nguyễn Thượng Hiền) • 73

응웬푹쭈(Nguyễn Phúc Chu) • 65

응웬푹코앗(chúa Nguyễn Phúc Khoát) • 69

응웬호앙(Nguyễn Hoàng) • 23

응웬홍퐁(Nguyễn Hồng Phong) •

188
응웬후에(Nguyễn Huệ) • 24
잇시(ít xì) • 80

ㅈ
자담(rã đám) • 139, 142
잠(Dăm) • 55
재(Ré 거위/생강) • 55
쟈롱(Gia Long) • 25
쟈롱(Gia Long)법 • 108
쟈롱(Gia Long)왕 • 102
쟈잉(Giành)강 • 24
잡(giáp) • 114, 116, 124
저호앙다오(giờ Hoàng Đạo) • 160, 161
조(giò) • 133
즈억느억(rước nước) • 139
즈엉꺼(dương cơ) • 95
짜(chả) • 133
짜이디에우(trái điều) • 60
쩌우(trầu) • 81
쩌우까우(trầu cau) • 90, 91
쩐꾸옥뚜언(Trần Quốc Tuấn) • 145, 146
쩐꾸옥브엉(Trần Quốc Vượng) • 131
쩐꾸옥(Trấn Quốc)사 • 102
쩐꿔깝(Trần Quý Cáp) • 73
쩐(Trần)왕조 • 22, 71
쩐응옥템(Trần Ngọc Thêm) • 146, 171
쩐흥다오(Trần Hưng Đạo) • 22, 145, 148
쩨오(chèo) • 39, 40, 41
쩨오노이(cheo nội) • 90
쩨오응와이(cheo ngoại) • 90
쭈반안(Chu Văn An) • 71
쭈어흐엉(chùa Hương) • 195
쯔놈(chữ Nôm) • 77, 205
쯔동뜨(Chử Đồng Tử) • 148, 149
쯔싸(Chữ Xá) • 118, 122
쯔엉선(Trường Sơn)산맥 • 13, 15
쯩니(Trưng Nhị) • 21
쯩둑즈어이(trứng đúc rươi) • 60
쯩짝(Trưng Trắc) • 21
찌에우다(Triệu Đà) • 21
찌엠도안(chiêm đoán) • 154, 159

찌엠응히엠(chiêm nghiệm) • 154, 160
찡끼엠(Trịnh Kiểm) • 23
찟칸(chít khăn) • 92

ㅊ
참파(Champa)왕국 • 20, 24, 32, 43
참파(Champa)탑 • 39

ㅌ
타이빙(Thái Bình)강 • 16
타이빙(Thái Bình)성 • 124, 143
타이응웬(Thái Nguyên) • 62
타익끄어이(thách cưới) • 91
타익프엉(Thạch Phương) • 60
타잉동(thánh đông) • 158
타잉종(thánh Gióng) • 145
타잉호아(Thanh Hoá) • 15, 98
탕롱(Thăng Long) ⇒ 하노이
터이(Thầy)사 • 144
터이우(thầy u) • 105

턴따이(Thần tài) • 36, 150
턴띠엔쭈(thần tiên chủ) • 36
토꽁(Thổ Công) • 36, 132, 150, 199
토아이(Thoải) 성모 • 149
투옥 라오(thuốc lào) • 63
툭판(Thục Phán) • 21
트엉응안(Thượng Ngàn) 성모 • 149
티엔다오(thiến đào) • 135, 136

ㅍ
판께빙(Phan Kế Bính) • 103, 121, 152, 153, 157, 158, 162, 181, 205
판딩풍(Phan Đình Phùng) • 72, 73
판보이쩌우(Phan Bội Châu) • 26, 73
판시판(Phanxipăng)봉 • 13
판쭈찡(Phan Chu Trinh) • 26
팜반동(Phạm Văn Đồng) • 185
팜응우라오(Phạm ngũ Lão)제 • 145
포히엔(phố Hiến) • 127

푸난(Phu Nan)왕국 • 21, 32, 35
푸쑤언(Phú Xuân) ⇒ 후에
푸토(Phú Thọ) • 87
풍비엥(phùng viếng) • 112
풍응웬(Phùng Nguyên) 문화 • 20
풍흥(Phùng Hưng) • 21
프억롱(Phước Long)성 • 46
프엉호이(phượng hội) • 124, 202

ㅎ

하노이(Hà Nội) • 19, 22, 23, 24, 26, 28, 39, 40, 59, 60, 65, 71, 72, 83, 98, 102, 103, 127, 128, 130, 140, 153, 249
하떠이(Hà Tây)성 • 87, 88, 142, 144
하띵(Hà Tĩnh)성 • 154
하락(Hà Lạc) • 157
하롱(Hạ Long)만 • 144
하이바쯩(hai Bà Trưng) 사원 • 102
하이바쯩(hai Bà Trưng)제 • 145
하이즈엉(hải dương)성 • 145

하이퐁(Hải Phòng) • 19, 111
핫꽌호(hát quan họ) • 42
핫도이(hát đối) • 141, 142
핫반(Hát văn) • 43
항꽛(Hàng Quạt)거리 • 153
항다오(Hàng Đào)거리 • 249
항마(hàng mã)거리 • 153
항응앙(Hàng Ngang)거리 • 249
항쫑(Hàng Trống) 민화 • 39
해느억(họ nước) • 60
호꿔리(Hồ Quý Ly) • 22
호아르(Hoa Lư) • 98, 127
호아방(hoá vàng) • 137
호아빙(Hoà Bình) 문화 • 20, 38, 96
호아찡(Hoà Chính) • 154
호아하오(Hoà Hảo)교 • 33
호앙리엔선(Hoàng Liên Sơn)산맥 • 13
호앙지에우(Hoàng Diệu) • 73
호(Hồ)왕조 • 22
호이(hội) • 138, 140
호이림(hội Lim) • 141
호이안(Hội An) • 127

270

호이쩌우비엔(Hội Chân Biên) • 149

호이쯔바(hội chư bà) • 116

호치민(Hồ Chí Minh 도시) • 19, 27, 28, 65, 83, 130, 244

호치민(Hồ Chí Minh 인명) • 26, 73, 184, 205

홍(Hồng)강 • 16

홍덕(Hồng Đức)법 • 22

홍하델타(Đông bằng sông Hồng) • 16, 19, 20, 32, 39, 55, 122, 124, 135, 212

후에(Huế) • 24, 25, 39, 67, 98, 102

후에(Huế)음악 • 43

후옌똥(Huyên Tông) • 69

후잉툭캉(Huỳnh Thúc Kháng) • 73

훙브엉(Hùng vương) 시대 • 111

훙(Hùng)왕 • 21, 70, 87, 145, 149

흐엉(Hương)사 • 144

흐엉썬(Hương Sơn) • 144

베트남 언론인의 생생한 현지 리포트
베트남
베트남 사람들

초판 1쇄 인쇄 | 2002년 1월 20일
초판 5쇄 발행 | 2015년 7월 25일

지은이 | 부썬투이
옮긴이 | 배양수

발행인 | 김남석
발행처 | ㈜대원사
주　소 | 135-945 서울시 강남구 양재대로 55길 37, 302
전　화 | (02)757-6711, 6717~9
팩시밀리 | (02)775-8043
등록번호 | 제3-191호
홈페이지 | http://www.daewonsa.co.kr

값 13,000원

Daewonsa Publishing Co., Ltd
Printed in Korea 2002

이 책에 실린 글과 사진은 저자와 주식회사 대원사의 동의 없이는
아무도 이용할 수 없습니다.

ISBN | 978-89-369-0964-9